Le Code de l'indigénat

ou le fondement des États autocratiques en Afrique francophone

Collection « Études africaines »

dirigée par Denis Pryen et son équipe

Forte de plus de mille titres publiés à ce jour, la collection « Études africaines » fait peau neuve. Elle présentera toujours les essais généraux qui ont fait son succès, mais se déclinera désormais également par séries thématiques : droit, économie, politique, sociologie, etc.

Dernières parutions

Mpunga WA ILUNGA, *Lexique des noms lubà (République démocratique du Congo)*, 2017.

René NGATSAKO, *Une société traditionnelle du Congo-Brazzaville. La dynamique des Moye*, 2016.

Claudine-Augée ANGOUÉ, *Les fondements religieux du pouvoir néocolonial au Gabon La construction de l'ethnie philosophique*, 2016.

Lambert MOSSOA, *Gestion, maîtrise et aménagement des ressources naturelles en Afrique de l'Ouest et du Centre*, 2016.

Ghislain M. MABANGA, *Le principe de la continuité de l'Etat : issue de secours à la prohibition du troisième mandat, Analyse critique de l'arrêt de la Cour constitutionnelle congolaise du 11 mai 2016*, 2016.

Jean-Bertrand AMOUGOU, *Réflexions sur la rationalité, Tome 1. Variations culturelles d'un thème chez P.M Hebga*, 2016.

Jean-Bertrand AMOUGOU, *Réflexions sur la rationalité, Tome 2. Sciences (a)normales et problèmes de méthode(s)*, 2016.

Rodrigue TEZI (dir.), *Former les personnels soignants en Afrique. De l'utilité d'enseigner les sciences humaines et sociales de la santé dans les programmes de formation*, 2016.

Sokhna BAO DIOP, *Le baynunk guñaamolo, une langue du sud du Sénégal. Analyse phonologique, morphologique et syntaxique*, 2016.

Yapi YAPO (dir.), *Étudier les représentations sociales*, 2016.

Ibrahim MALAM MAMANE SANI, *Repenser la gouvernance alimentaire et nutritionnelles au Niger. La crise alimentaire dans le département du Gouré (2005)*, 2016.

Guy MVELLE, *L'aide française en Afrique. Les mutations via les contrats de désendettement et de développement (C2D)*, 2016.

Gaston MUTAMBA LUKUSA, *L'économie congolaise de 2007 à 2016, Persistance des facteurs d'enlisement en RDC, 2016*

Hervé LADO, *Dynamiques politico-économiques dans l'histoire du Nigéria, Évolution historique des rapports de force entre élites et non-élites*, 2016.

Gilbert DOHO

Le Code de l'indigénat

ou le fondement des États autocratiques en Afrique francophone

L'Harmattan

Du même auteur

La Cicatrice, New Jersey : Africa World Press, 2014.

Le Chien noir : *La Confession publique au Cameroun*, Collection « Dialogue Postcolonial », Paris/Yaoundé : L'Harmattan, 2013.

Désastre à Fodong : *Le Devoir de Résistance*, Collection « Lettres camerounaises », Paris : L'Harmattan, 2013.

People Theater and Grassroots Empowerment in Cameroon, New Jersey : Africa World Press, 2006.

Au-delà du lac de nénuphars, Montréal : Malaika, 2004.

Zingraff and the Battle of Mankon, Yaoundé : Bumakor, 1998.

Noces de cendres, Yaoundé : Éditions Clé, 1996.

Le Crâne, Yaoundé : Éditions Clé, 1995.

Théâtre camerounais/Cameroonian Theatre, Yaoundé : CEPER, 1988.

Au cœur de L'Homme Dieu de Bisso, Yaoundé : SOPECAM, 1986.

5-7, rue de l'École-Polytechnique, 75005 Paris
http://www.editions-harmattan.fr
ISBN : 978-2-343-09945-3
EAN : 9782343099453

SOMMAIRE

Avant-propos

C'est depuis les années 90 que je rumine l'insidieuse politique française consistant à injecter dans les constitutions et autres lois des nouvelles nations africaines, de nombreux éléments de ce qui est encore appelé « code de l'indigénat ». Monstrueux instrument d'embrigadement, les infractions spéciales constituèrent aussi et avant tout un ensemble d'instruments de pillage. Infractions, c'étaient des décrets et autres arrêtés pris par des administrateurs enclins à la vengeance et l'arbitraire. Parler de lois, contradictoirement débattues et votées par une assemblée du peuple, est donc pure méprise. L'administrateur colonial, raciste et imbu de sa supériorité raciale, punit parfois par pur caprice. Manière d'enfant gâté, il supporte mal la contradiction venant de l'indigène, fût-il un vaillant tirailleur, un de ces rares spécimens d'indigènes qui allèrent mourir en masse pour la République française pendant les deux grandes guerres. Non seulement la France mit savamment en place ces instruments de répression, elle se servit de ses coopérants, anciens administrateurs coloniaux pour coopter ceux qui allaient poursuivre sa politique. Il apparaît donc logique de dire que les lois contre la subversion hier et contre le terrorisme aujourd'hui s'inspirent du « code matraque », car tous nos présidents, depuis la nuée des indépendances, ne sont que de pâles versions du 'bon tyran' colonial [Voir infra, 'Monstruosité, Survivances et Exorcisation'].

C'est d'un vétuste bureau de l'université de Yaoundé que s'incrusta en moi l'inévitable, la claire certitude et conviction de cette orientation de la politique française de décolonisation. Nous partagions à trois : Lucienne Ngoué, Maxime Meto'o et moi-même cet espace hâtivement conçu pour compléter les structures de cette université créée en 1963. En ce début de décennie 1990, elle était devenue un véritable volcan. Conçue pour abriter 6.000 étudiants, la structure accueillait 60.000 en 1990. Cités et mini-cités étaient alors les foyers de contestation et de « contre-contestation », véritables nids abritant agneaux et prédateurs de tous ordres, « parlement » estudiantin et « autodéfense ». Cet ouvrage est un appel, un hommage aux patriotes, aux dé-constructeurs de notre néo-colonie, aux parlementaires, aux bâtisseurs d'aujourd'hui et de demain. S'approprier sa narration, c'est savoir faire la différence entre l'anathème et la vérité.

Notre bureau, annexe du bâtiment principal de la faculté des lettres et sciences humaines, était devenu un haut lieu intellectuel. Lucienne Ngoué assumait alors la responsabilité éditoriale de la revue *Ecritures* du département de français, tâche qui me reviendra après son retour précipité en France. Elle y était la colle qui rassemblait tout. Elle scintillait en intellect et en pratique. Nous débattions dans ce vétuste bureau les grands problèmes de la nation et du continent. Qu'était-ce que la démocratie pour de pauvres culs-terreux ? Et la légitimité alors en contexte de « pouvoir de sabre » ? Qu'était-ce que le passé pour les uns et pour les autres ? Pouvait-il en constituer la pierre de la légitimité ? Qu'est-ce qu'une économie véritable en contexte néocolonial ? Nous ne reculions devant aucun sujet. L'université était en remous. Les mouvements estudiantins s'étripaient avec d'un côté le « Parlement » et de l'autre, l'« autodéfense ». C'est en forgeant mon fer avec celui de mes deux éminents collègues, Lucienne Ngoué et Meto'o que me vint l'idée d'un profond travail sur le régime de l'indigénat. En effet, Meto'o eut l'ingénieuse idée de nous proposer *Le Code Noir ou le calvaire de Canaan* de Louis Sala Molins [Paris : Presses Universitaires de France, 1987] comme sujet de débat. Il fut si passionnément débattu que l'idée d'en faire le thème majeur de la revue *Ecritures* du département de français de l'université de Yaoundé fut unanimement acceptée. Elle progressa pour aboutir à un colloque que Ngoué et Ambroise Kom publieront sous le titre : *Le Code noir, l'Afrique et 1789* [Paris : Nouvelles Sud, 1991].

Notre collègue Ngoué jouait parfaitement le rôle d'harmonie, car des collègues s'invitaient. Était-ce le charme de Ngoué, son doigté dans la direction de la revue, le café qu'elle nous faisait ou tout cela qui faisait courir ce beau monde ? Certains comme Daniel Abwa en étaient venus à croire qu'ils étaient d'office acceptés. Il me souvient avoir lancé à tous réunis ce jour-là que je ferai un papier sur « Le Code noir et le Code de l'indigénat ». Abwa était présent. Volubile, il sauta sur l'idée et je fus écœuré, mais pas surpris lorsqu'il proposa : « Code noir et Code de l'indigénat ou la permanence d'une attitude » qu'on peut lire dans *Le Code noir, l'Afrique et 1789* (52-59). Ramassis de généralités puisées ici et là, l'article ne touche en rien le fond du problème. La légèreté sur le fond et sur l'approche est on ne peut plus navrante, car Abwa a ignoré jusqu'à la citation, ne serait-ce de quelques lois des deux codes. Par conséquent, le travail de comparaison des deux instruments de répression reste à faire. Bien plus, comparer les instruments d'asservissement des esclaves et des colonisés aidera à mieux comprendre ce que nous sommes aujourd'hui, pourquoi la francophonie est un fourre-tout où démocrates et dictateurs se pavanent main dans la main [Voir infra, 'La République indigénisée']. Par conséquent, ce travail consiste avant tout à rassembler une grande partie des infractions spéciales diverses et éparpillées dans plusieurs anciennes colonies pour que des chercheurs puissent y avoir un accès facile. En d'autres termes, il faut faire mieux qu'ouvrir les archives. Encore faut-il les mettre à la disposition de tous. Comment en effet croire que les chercheurs du Sud auront accès aux archives militaires et autres savamment sélectionnées et stockées en Occident ? La dispersion géographique des archives coloniales, l'énorme gouffre entre les moyens mis à la disposition des chercheurs et les résultats attendus vont contribuer à perpétuer la hiérarchisation du savoir et donc la permanence de la 'Bibliothèque coloniale'. Ce travail vise à combler ce fossé pour ce qui est du code de l'indigénat.

Mais au-delà de la facilitation de la circulation des infractions spéciales, j'argumente que pour mieux gérer les colonies, la République-empire s'inspira des exceptions en contexte esclavagiste. M'intéressant à la pratique des décrets et arrêtés, à leur impact sur les assujettis, je maintiens surtout que les assistants techniques, les coopérants, bref le colonat reconverti en un immense ministère de la Coopération, reprirent les mêmes instruments pour mieux contrôler les nations indépendantes, pour continuer les crimes [Voir infra, 'Monstruosité, Survivances et Exorcisation']. Toute lecture des archives participe, soit de leur enrichissement, soit de leur mise à nu. Comment ne pas chaleureusement remercier Charles Didier Gondola qui a lu mon texte et m'a fait d'excellentes suggestions. Il adopte une position similaire vis-à-vis des africanistes de Paris dans sa caustique critique, *Africanisme : La Crise de l'illusion* [Paris : L'Harmattan, 2007], véritable bras intellectuel du foccartisme aux origines de la Françafrique. Ainsi que le définit Jean-François Médard :

« *Au plan formel, la Françafrique se caractérise par un certain nombre d'institutions, comme le ministère de la Coopération, aujourd'hui absorbé par le ministère des Affaires étrangères, la zone franc, la francophonie, les accords de coopération civils et militaires et la présence militaire française en Afrique... Sur le plan informel, elle repose sur une infrastructure de réseaux de nature très variée, souvent occultes et illicites.* » *Cahiers du Centre de Recherches Historiques* n° 30/2002.

Le courage de Gondola c'est de pointer du doigt ces réseaux occultes et illicites dont font partie les africanistes qui sont au service du néocolonialisme, mais qui enrobent leurs discours dans des formules d'amis d'Afrique. Chercheur au centre de recherches historiques, Jean-François Médard fait partie du cercle des africanistes de Paris. Comment alors s'étonner qu'il soit précautionneux dans ses propos ? Tout le contraire de François-Xavier Verschave dont les ouvrages *La Françafrique : le Plus long scandale de la République* [Paris : Stock, 1999] et *Noir silence* [Paris : Les Arènes, 2000] font œuvre de pionniers dans cette historiographie. En décolonisant, Charles de Gaulle met en place, avec l'aide de Foccart, un subtil système maffieux qui perpétue la doctrine coloniale. Il continue à nous ruiner. Gondola indexe la branche intellectuelle de cette mafia bien française et les africanistes du cercle parisien, mais aussi de l'intérieur d'Afrique qui expliquent, justifient et encouragent la politique africaine que met en place l'autocrate de général [Voir Infra 'Charles de Gaulle et l'exemplarité de l'autocratie']. C'est bien ce que nous faisons ici, nous les indexons sans état d'âme, car plus que jamais, le discours postcolonial est d'actualité. Tout Africain soucieux du devenir du continent doit comprendre les méandres des soi-disant spécialistes africains du Nord, du fonctionnement du système qu'ils défendent.

Or, le souci de collecter les textes du code de l'indigénat et de les mettre à la disposition des chercheurs de tous bords est, pour moi, majeur. Je les lis selon mes fantaisies, selon mes passions. Aux autres de voir autrement. Il nous faut comprendre la nature des monstruosités sur lesquelles nous sommes assis depuis l'aube de la colonisation. On ne peut les exorciser complètement qu'en connaissant leur origine, leur nature et leur fonctionnement. Je remercie Charles Didier Gondola qui m'a fait d'importantes suggestions à propos de la structure et du contenu de ce livre. Je remercie aussi mes collègues et amies Cheryl Toman et Laura Hengehold qui m'ont soutenu tout au long de mes recherches et de mes responsabilités administratives à Case Western Reserve University. Ensemble, nous avons fait de l'Afrique francophone, un sujet de débat, d'études, une destination pour les jeunes avides des savoirs sur l'autre. Comment ne pas mentionner nos étudiants de maîtrise qui ont été les premiers récepteurs et commentateurs des infractions spéciales ? On ne peut enseigner le monde francophone sans débattre les codes, véritables instruments d'embrigadement de l'esclave et du colonisé. Je remercie mes doyens qui m'ont permis d'avoir les moyens nécessaires pour parcourir la plupart des capitales africaines où sont éparpillés les résidus d'archives coloniales. Car il ne fait aucun doute que Paris a sélectionné ceux des textes qui auraient incriminé le régime pour les stocker en métropole. Je remercie mon jeune collègue Roger Fopa qui, ayant lu ce texte et bien d'autres de moi, se sent gonflé d'inspiration. Un récent message de lui m'informe qu'il s'engage à faire une comparaison entre les infractions et les constitutions des pays d'Afrique centrale. C'est encourageant de savoir qu'un écrit peut susciter des ambitions. La mienne est avant tout d'inspirer.

Le parti pris de structurer l'ouvrage en quatre parties et de ne pas renvoyer les infractions en annexe participe de ma volonté de les montrer, de les donner à voir, au premier plan. Il faut les lire, sans préalable, sans parti pris, pour comprendre et dire que les cerveaux humains ont pondu et continuent de pondre des monstruosités. Se refuser de mettre l'esclavage, le colonialisme, le nazisme sur le même plan est pire scandale. Ne pas voir l'apartheid en Palestine d'aujourd'hui, mais aussi la françafrique comme version des monstruosités d'hier n'est ni plus ni moins que simple myopie. Ce qui compte, ce n'est pas ma lecture, mais celle de tous ceux qui seront inspirés par ce passionnant sujet. Rassembler et laisser à lire les différentes versions du code de l'indigénat qui varie d'une colonie à l'autre, d'un administrateur à l'autre, participe de la déconstruction de la bibliothèque coloniale que suggérait déjà Yves-Valentin Mudimbe dans ses productions majeures telles que *The Idea of Africa : African Systems of Thought* [Bloomington : Indiana University Press, 1994] ; *The Invention of Africa* [Bloomington : Indiana University Press, 1988], donc d'un projet.

Introduction :
Au-delà du code matraque, permanence et révisionnisme

> « *Asservir, contenir et réprimer : tels sont donc les buts essentiels du Code de l'Indigénat*[1], *une pièce maîtresse dans la justice d'exception...*"
>
> Olivier Le Cour Grandmaison

L'espace francophone avant ou après la nuée des indépendances vit sous des lois d'exception. Le nier est pure amnésie, car une telle option d'administrer les nations nouvelles fut un acte pensé et exécuté à la lettre comme le fut la colonisation. Nous ne pouvons que dire, après bien d'autres auteurs, que coloniser participe du nazisme [Aimé Césaire. *Discours sur le colonialisme*. Paris : Présence Africaine, 1959]. Le nier est pure hypocrisie. Tout aussi outrageante est l'option d'absoudre et de payer les crimes de Vichy en métropole et n'en faire pas autant pour les crimes de la République-empire. Année après année, l'empire mutilé exhale jusqu'au nez de la République ses puanteurs vainement couvertes. On a beau ensevelir les crottins, leurs exhalaisons jaillissent des profondeurs du sol. Ainsi que le rappelle Achille Mbembe dans un article sur la question coloniale et son corollaire, l'immigration, la France tente en vain de gommer les faits historiques :

« *Aujourd'hui, la tentation chez beaucoup, en France, est de réécrire l'histoire de la colonisation en faisant une histoire de la "pacification", de la "mise en valeur des territoires vacants et sans maîtres", de la "diffusion de l'enseignement", de la "fondation d'une médecine moderne", de la "création d'institutions administratives et juridiques", de la mise en place d'infrastructures routières et ferroviaires.*

L'on retrouve, dans cet argument, tous les ingrédients du vieux paradigme de la colonisation comme entreprise humanitaire et de modernisation de vieilles sociétés primitives et agonisantes qui, laissées à elles-mêmes, auraient fini par se suicider.

En traitant ainsi du colonialisme, l'on prétend que les guerres de conquête, les massacres, les déportations, les razzias, les travaux forcés, les expropriations et toutes sortes de destructions - tout ceci ne fut que " la corruption d'une grande idée. » [Achille Mbembe, *Le Messager*, 2005 ; Remarque reprise dans *Sortir de la grande nuit*, Paris : La Découverte, 2010].

Coloniser fut un crime pensé et la République se doit de payer l'addition. Bien pire, le régime de l'indigénat dans la République-empire, fut un 'monstrueux' instrument entre les mains du 'bon tyran' qu'est l'administrateur colonial. Il le demeure en néo-colonie. Conséquemment, on ne peut comprendre notre aujourd'hui qu'en plongeant au tréfonds de notre hier.

Historiquement, 1887 marque le début de l'application du code de l'indigénat en Afrique. L'Algérie en est l'espace d'essai. Si conquérir demande des efforts, administrer les conquis en exige encore plus. Dès 1830, les préoccupations de la puissance impériale portent sur l'administration des territoires à prédominance indigène. Comment gérer au quotidien une masse de peuples barbares, indociles et prompts à la révolte ? Cette même question s'est posée au lendemain des indépendances : comment administrer les masses qui aspirent à la liberté tout en les asservissant ?

La monarchie chancelante de Louis Philippe trouve que pour l'Algérie et sans aucun doute le reste de l'Afrique noire, il faut un « régime de sabre », c'est-à-dire un système de gouvernance dominé par les militaires, pour mettre au pas les peuples barbares. Bien mieux, dans cette colonie de peuplement, il devient essentiel, pour la survie du Blanc, de circonscrire les Algériens dans une catégorie coloniale bien distincte, vulgairement dite indigène. Le code algérien, comme tous les autres, participe d'une ceinture de sécurité. Il protège le colonisateur, métaphore de la France civilisée contre la France indigène. À la suite de l'Algérie devront être forgés d'autres codes, plus contraignants, plus sécurisants. Ainsi, les codes dans l'espace francophone sont avant tout des chaînes qui permettent de contrôler et de réprimer, donc de prévenir l'indocilité. Spoliés de leurs terres et parqués dans des espaces arides, les indigènes sont *ipso facto* conçus comme un danger potentiel en Algérie. Les cités indigènes deviennent alors les lieux de menace permanente, les espaces qu'il faut surveiller. En conséquence, l'indigène, prisonnier sur sa terre, doit être surveillé et puni, car cela est conforme au *Traité élémentaire de législation algérienne*. Ainsi que le remarque Michel Foucault dans *Traité élémentaire de législation algérienne : Naissance de la prison* [Paris : Gallimard, 1975], le fait de surveiller, punir et réprimer s'inscrit dans les préoccupations régaliennes. La République conçut et publia alors un ensemble d'infractions et de punitions y afférentes dans différentes colonies. Ces dispositions qui consistent à protéger le colonat local et ses biens sont connues sous l'expression régime de l'indigénat. Ces dispositions mettent une distance considérable entre les races. Car les lois qui visent à maintenir la paix et l'ordre social, les infractions spéciales ou régime indigénat sont au service de la race blanche.

De l'Algérie, l'empire les étend aux territoires de l'A.O.F [Afrique occidentale française] et de l'A.E.F [Afrique équatoriale française]. Plus qu'instruments de paix, les infractions spéciales institutionnalisent le racisme et bien d'autres injustices. Elles préservent aussi bien la pureté que les intérêts de la race blanche. Aucun espace sous la domination de la France n'en est épargné. C'est ainsi qu'elle administrera les anciennes colonies allemandes que lui confia la SDN [Société des nations] à la fin de la Première Guerre mondiale. Plus que des colonies, ces territoires sont des espaces potentiels de dissidence. Deux cas précis aident à mieux comprendre la répression républicaine française : Le Kamerun et le Togo allemands.

La France pensa, de 1917 à 1922, qu'il était vital de mettre au pas le Cameroun et le Togo. Elle forgea des chaînes pour mieux surveiller ces peuples susceptibles d'indocilité. Car l'injonction de la SDN selon laquelle les nations administrantes, la France et l'Angleterre, devaient aider les ex-colonies allemandes à cheminer vers leur indépendance, ouvrait la porte aux révoltes. Les Camerounais rejetèrent le statut de colonie sous l'administration française. À plusieurs reprises, Ruben Um Nyobé, secrétaire de l'UPC [Union des populations du Cameroun], rappela le statut particulier du Cameroun. Il maintint que ce territoire ne devait pas être administré comme l'étaient les colonies françaises (« Le Problème National Kamerunais », ONU, 1952). Ces paroles de protestation sur le plan national et international poussèrent la France à prendre des mesures draconiennes contre le Cameroun. Il apparut donc aux yeux de la France qu'il était impossible d'administrer le Cameroun autrement que comme colonie (2). Cette idée est déjà acquise alors même que la SDN n'est pas formée. Rappelons qu'en 1917, la France, non seulement conçoit et met à exécution les lois et sanctions relatives aux infractions, mais les peaufine aussi bien en qualité qu'en quantité. Par exemple, la loi du 4 octobre 1924 que signa le gouverneur Marchand comptait 34 infractions alors que l'arrêté du 17 mars 1917 n'en comptait que 20. Aux yeux des Français, le Cameroun devait être administré comme une colonie sinon pourquoi, alors même que la guerre n'est pas finie, le gouverneur des colonies, commissaire de la République française dans les territoires occupés de l'ancien Cameroun, publie-t-il l'arrêté du 14 mars 1917 déterminant les infractions spéciales à l'indigénat ? La France ne donnait-elle pas, pour ainsi dire, le signal que ce territoire serait mis au pas sinon plus, du moins comme les autres colonies ? En d'autres termes, en quoi le régime de l'indigénat au Cameroun fut-il similaire à celui appliqué en Algérie ?

Projet raciste, les infractions spéciales sont conçues pour diviser la colonie en classe d'hommes et de sous-hommes, des Prospéro, Ariel et Caliban (Aimé Césaire, *Une Tempête*, Paris : Seuils, 1969). Acte juridique de normalisation de la société coloniale, le régime identifie et codifie trois catégoriques sociales bien distinctes : les Français, les citoyens ou évolués, et les indigènes. La pyramide coloniale est ainsi conçue qui place le Blanc à l'apex et l'élite européanisée comme un tampon entre l'apex et la base. Citoyens français et évolués sont exemptés des infractions spéciales ; tout le contraire des indigènes qui en sont les principales victimes. Une telle société met en place une suite d'obstacles que l'indigène doit franchir pour accéder à la strate supérieure.

Par conséquent, il y a en colonie des systèmes signifiants qui marquent le passage d'une couche sociale à une autre. Ainsi, la couleur de la peau, la langue française, les insignes officiels et militaires indiquent qu'on appartient, soit à l'apex de la pyramide, soit au groupe des évolués. L'appartenance aux deux premiers groupes confère des privilèges et protège contre les abus et autres pratiques dégradantes réservés aux indigènes, aux sous-hommes. En colonie, on est indigène comme on est esclave. Comme l'ont bien démontré Albert Memmi dans *Portrait du colonisé*, [Paris : Buchet/Chastel, 1958], Frantz fanon dans *Les Damnés de la terre*, [Paris : Maspero, 1961] et Aimé Césaire dans *Discours sur le colonialisme*, [Paris : Présence Africaine, 1955], les colonisés sont des rebelles en puissance comme les esclaves étaient de potentiels marrons. Les plus dociles d'entre eux aspirent au statut du citoyen pour échapper aux corvées ou pour se tailler une portion du pouvoir colonial. Les discours de catégorisation sont inscrits aussi bien dans les actes juridiques que dans l'organisation des espaces sociaux, des cérémonies officielles, des vêtements et autres insignes. Du coup, les codes préviennent pour mieux sévir. Ils mettent donc de côté les hommes, ceux qui ont des privilèges, ceux qui jouissent de tous les avantages en colonie contre ceux qui n'ont rien et qui y sont «corvéables à souhait ». En effet, les infractions de l'indigénat indiquaient déjà, par la seule introduction des concepts juridiques 'infractions spéciales', des sanctions hors du commun dont tout fautif serait l'objet. Le paradigme indique le manquement ['port illégal d'insignes...', 'Abandon de poste ou de service', 'Refus de payer...', 'Abus de...'] en même temps qu'il annonce la sanction y afférente. Paradigme de la terreur destiné aux indigènes, ces vocables ont pour objectif de frapper les indigènes de stupeur. Il y a comme pré jugement de l'indigène, car le langage juridique condamne bien avant le jugement. Bien plus, si les infractions sont dites 'spéciales', c'est que les sanctions doivent être aussi spéciales, pour ne pas dire spectaculaires. Il y a donc double injonction à la fois au groupe dit indigène et à la catégorie Hommes et aspirants Hommes. Si les sous-hommes se doivent d'obtempérer, il revient aux Hommes de veiller au bon ordre colonial.

Les infractions ont donc ceci de particulier qu'elles constituent des instruments terribles entre les mains des gouverneurs, hauts-commissaires et autres chefs de subdivision. Le commandement est entre les mains des Hommes. Ils sont engagés dans une aventure, autant dire qu'ils sont en guerre. Il arrive que leurs femmes les accompagnent, mais c'est pour humaniser la jungle. Femmes de foyer, elles y attendent les hommes pendant des jours, car les tournées de commandement sont avant tout des campagnes guerrières, soit de pacification, soit de recouvrement d'impôts. Ces hommes [Le pouvoir colonial est avant tout militaire et masculin] sont, dans leurs unités administratives, les représentants de l'État fort. Ils sont juges et parties. Militaires de carrière ou anciens combattants, ces administrateurs coloniaux doivent transpirer et semer l'effroi. L'exemplarité de la punition est fortement recommandée. Elle doit laisser les populations dans l'effroi. Ainsi, la bastonnade, la mort et la déportation sont fortement prescrites. Les administrateurs coloniaux, seuls juges de la situation, peuvent librement décréter l'état d'urgence et/ou s'adjuger les tâches de la recherche et de la punition des coupables (3). Représentants de l'État central fort et puissant, ils doivent administrer la sanction de façon à frapper les esprits de stupeur. L'exemplarité de la terreur à la Robespierre et la nature jacobine de l'État sont de mise (4). D'où la théâtralisation du pouvoir. Car le spectaculaire doit être permanent pour que punir, arrêter ou exécuter soit véritablement efficace en colonie. On comprend dès lors la pléthore des lois d'exception, les exécutions sur la place publique, la multiplication des prisons et autres centres de détention. Ces instruments de contrôle et de répression essaiment la colonie et resteront comme ciment des nouvelles nations.

Dans l'ouvrage intitulé : *Anatomie d'un « monstre » juridique : le droit colonial en Algérie et dans l'Empire français* [Paris : Zones, 2010], l'éminent juriste Olivier Le Cour Grandmaison analyse brillamment le « Code de l'indigénat » ou « Code matraque » algérien. Travail fouillé, œuvre d'engagement parce que fervent plaidoyer pour les sans-voix d'Algérie. Bien des textes, avant et à la suite de cet ouvrage, jettent une brève lumière sur le reste de l'empire français. Car autant le lecteur est comblé de voir exposés au grand jour les crimes de la France en Algérie, autant l'on reste sur sa faim quant à l'Afrique noire. Ce vide est volontaire. Il est le résultat d'un accord tacite entre l'action politique et le discours pseudo-intellectuel dont celui que met à nu Charles Didier Gondola dans son *Africanisme* : *La crise de l'illusion* [Paris : L'harmattan, 2007]. Gondola convoque le passé et le présent de la France pour dire que les gesticulations indépendantistes de la fin de la Deuxième Guerre mondiale participent d'une savante mise en place d'un groupe de pseudos africanistes dont l'œuvre a consisté à asseoir l'hégémonie prédatrice d'une nation, la France, qui n'a jamais eu les moyens de ses ambitions. À la suite de ces quelques voix dissidentes ayant pour objet l'Afrique au sud du Sahara, j'ai pris la résolution de m'interroger et de mettre à jour une des pierres d'un système qui hypothèque, depuis des décennies, la vie en Afrique à savoir le régime de l'indigénat.

Loin des préoccupations juridiques, mon ambition ici consiste à rassembler en un volume facilement exploitable par les chercheurs, étudiants et autres Franco-français les infractions spéciales, véritables instruments de contrôle, de répression et du tondage des indigènes africains. Mon propos est qu'il y a principe de continuité pour ce qui est du passage du système colonial aux nations décolonisées. Dans le but de sauvegarder ses intérêts, la France a toujours voulu que les nations nouvelles soient administrées comme des colonies. Indépendants, les Africains sont demeurés, dans l'esprit, la politique et la culture français, des indigènes. Par conséquent, cet ouvrage met l'accent sur ce principe de continuité pour dire, toute proportion gardée, que les nouvelles nations ne sont ni plus ni moins que des États d'exception, des pouvoirs militaires réels ou déguisés. Achille Mbembe, dans *De la Postcolonie,* fait un portrait on ne peut plus clair de ce corps mou qu'est l'Afrique selon la France et ses africanistes, sans clairement isoler et analyser les bases, les pierres qui en forment l'ossature et la fondation. En fouillant dans les archives coloniales et en mettant à la disposition du public toutes ces lois d'exception, j'amène les uns et les autres à comprendre que, de de Gaulle, militaire qui se donne les pleins pouvoirs, à Hollande, la France se forge et reverse en Afrique une pâle copie de soi, une vulgaire reproduction de soi. Les militaires de la colonie annoncent donc les guides suprêmes des nouvelles Républiques. Plus précisément, en contexte de l'indigénat les hauts-commissaires comme Marchand, Fourneau, Carde sont tout-puissants. Ils sont l'État comme l'était Louis XIV. Ils font arrêter, condamner et exécuter les présumés coupables avant que de rechercher les preuves. Car ce qui doit primer, c'est le bon ordre colonial. Il en ira de même dans les nouvelles nations. Elles seront tout sauf des États de droit. Elles sont liées à la France, leur bienfaitrice, leur 'dieu'. Ce lien serait naturel, inconditionnel, incontournable, conçu et appliqué par un militaire ayant des ambitions politiques, de Gaulle. « Comment mieux décrire cette relation symbiotique entre la France et l'Afrique qu'en termes de « famille mafieuse » ? s'interroge Dongola [(2007) : 52]. J'y reviendrai.

Ainsi donc, la nuée des régimes militaires réels ou déguisés en francophonie participe de cette continuité. 'Le pouvoir de sabre' en constitue le fondement. Décoloniser revient, pour la France, à s'assurer que les nations francophones fonctionnent comme des États d'exception. Ainsi, les nations francophones sont, toute proportion gardée, une reprise de la colonie. En matière de constitution, d'économie, de forme et de fonctionnement des États, de système éducatif, de politique culturelle, etc., les nations francophones ne sont que de pâles versions des colonies. Ainsi, les lois des nouvelles Républiques issues de l'acte de la décolonisation ne sont ni plus ni moins qu'une copie de celles dont la France se servait pour embrigader les colonies. En colonie comme en Afrique indépendante, l'état d'urgence est institué de fait.

Ce projet est donc un parcours des différents pays où fut appliqué le code de l'indigénat. Mon objectif consiste à montrer que la manie de la répression, la propension à la spoliation des indigènes furent inoculées dans l'agir quotidien, dans les habitudes des « évolués » à qui la France remettra le pouvoir au moment où le général de Gaulle décide de décoloniser. Complot à la fois conscient et inconscient, l'inoculation du « code matraque » est menée de telle manière que ces instruments rejaillissent aujourd'hui dans la gestion des nations nouvelles. L'arbitraire administratif au cœur de la gouvernance en Afrique francophone n'est donc pas un fait de hasard. Alors, je maintiens que c'est avec la même morgue, le même mépris du temps des colonies que nos évolués d'aujourd'hui 'gèrent' nos nations. L'insignifiant fonctionnaire d'administration est, là où il/elle travaille, une espèce de 'bon tyran' comme le voulurent Arthur Girault, *Principes de Colonisation et de Législation coloniale* [Paris : Larose, 1895] et Jules Ferry, *Le Gouvernement de l'Algérie* [Paris : Armand Colin, 1892] pour les administrateurs des colonies. Bien pire, je maintiens que Pierre Messmer et autres assistants techniques qui aidèrent à doter les nations nouvelles d'institutions se contentèrent d'insérer les infractions dans les constitutions africaines, pâles versions de la Constitution de la Cinquième République. En les chargeant de lois d'exception, ils préparaient, *a posteriori*, les « monstruosités » juridiques de l'Afrique francophone d'aujourd'hui. En truffant ces constitutions de décrets et d'arrêtés légalisant les contenus des infractions dites spéciales, ils en ont fait de terribles instruments de gestion entre les mains de l'exécutif. Il n'y a donc pas séparation des pouvoirs dans ces nouvelles nations. Les corps judiciaire et législatif n'existent pas en tant qu'entités de pouvoir, mais simplement comme une pure formalité institutionnelle. En Afrique francophone, le code de l'indigénat aida donc à poser les bases d'un exécutif tout-puissant. Comme en colonie, l'autorité de l'exécutif en nations indépendantes est souveraine. En d'autres termes, on ne questionne ni ne s'oppose au pouvoir exécutif en Afrique francophone. Tout acte de rébellion contre le pouvoir exécutif y est considéré comme subversif et est sévèrement puni. L'exécutif conçoit et applique une multitude de décrets et arrêtés qui gèrent la vie quotidienne. Il les conçoit au gré de ses humeurs, de ses caprices, puis le législatif et le judiciaire s'exécutent. On comprend l'inutilité d'un Sénat dans un tel contexte.

Il y a donc crimes pensés et exécutés au lendemain des indépendances. Mon propos consiste à repérer et à analyser les traces des infractions pour montrer que l'État francophone, tout comme l'État colonial, est en permanence un État d'exception, fondé sur le modèle et l'esprit du « pouvoir de sabre ». L'État francophone asservit, surveille, contrôle et réprime. L'État colonial, puis néocolonial, prescrit et consacre un homme tout-puissant, au-dessus de la loi. Le mal, il faut le reconnaître, remonte à une lointaine époque.

Il ne peut qu'être intolérable de vivre dans les nations nouvelles africaines. L'obsession aujourd'hui consiste à fuir l'arbitraire comme ce fut le cas en contexte d'indigénat. On faisait alors tout pour ne pas être indigène. Hier comme aujourd'hui, les indigènes des nations indépendantes font tout pour éviter l'ignoble régime. Ils font tout pour se soustraire à l'arbitraire. D'où la ruée vers la métropole, une sorte de 'Colonialisme à rebours' (5). Aujourd'hui, il est préférable d'être Franco-français habitant la France que d'être francophile en Afrique francophone. Marginalisés, humiliés, ces indigènes de la République mangent et boivent en paix, plus en paix qu'en AOF et AEF, ces prisons coloniales qui deviennent l'Afrique francophone.

Vivre en Afrique francophone c'est vivre sous le régime de l'indigénat. La Françafrique y est pour beaucoup. Charles de Gaulle, président du Gouvernement provisoire de la république française [GPRF] et ses conseillers spéciaux pour l'Afrique s'y emploient dès la libération. Avec Jacques Foccart comme cheville ouvrière, le contrôle du continent est magistralement mené de telle manière qu'aujourd'hui les présidents y sont de simples gouverneurs, lieutenants-gouverneurs, chefs de cercle et de subdivision. Minables 'autocrates-présidents', ils ne sont en fait que des agents de la France. Est en danger celui qui questionne leur autorité. Pour la maintenir, ils répriment et spolient. Obéir à l'État et à son appareil est un devoir. Payer les impôts pour le fonctionnement de ces structures de répression est un devoir. Avec ou sans avoir, on doit payer les impôts. Comment échapper à ces vampires si ce n'est en prenant le chemin de l'exil ?

Ainsi donc, pour comprendre pourquoi les indigènes des colonies colonisent à leur tour aujourd'hui, on se doit de visiter les infractions spéciales ; autrement dit l'indigénat. Plus précisément, la France aujourd'hui récolte les fruits de son acte de coloniser. L'immigration ou ce que j'appelle le 'Colonialisme à rebours' doit s'affirmer. Cet assaut de la métropole doit s'accompagner d'une exégèse affirmative, d'une colonie d'experts. Pour que les indigènes de la République s'affirment, il leur faut un contre africanisme. Comment soutenir ces jeunes dans le 93 en France que j'ai eus récemment dans une téléconférence sans leur joindre la voix d'un africanisme nouveau ?(6) L'immigration, autrement dit, les sans-papiers, la racaille africaine en France, est la conséquence directe de l'impérialisme ainsi que de la survivance des méthodes coloniales. De même, les États pervertis en francophonie par la corruption, la violence et la paupérisation des plus faibles constituent la moisson de l'acte de coloniser comme le sous-entend Mbembe.

Pourtant, un ultime acte de provocation survient en France, car c'est ainsi qu'il faut lire la loi du 3 février 2005 portant entre autres sur l'apport du colonat aux colonies et à la nécessité de les glorifier. Majoritairement soutenue par l'extrême droite qui prescrit une reconnaissance du rôle positif de la colonisation française, cette loi qui légitime le crime colonial a donné cours à de nombreuses exégèses d'historiens, d'africanistes mercantilistes comme le dénonce Gondola.

Or, en France aujourd'hui sont liguées les unes contre les autres, deux écoles, deux lectures de l'aventure coloniale. D'un côté, les zélotes historiens orthodoxes, ceux qui nient l'évidence à la manière de Jacques Marseille, Daniel Lefeuvre et les autres. Ils se veulent porte-parole et défenseurs des prophètes et agents porteurs du fardeau de l'homme blanc. Dans *Empire colonial et capitalisme français. Histoire d'un divorce* (Paris : Albin Michel, 2005) et *Pour en finir avec la repentance coloniale* (Paris : Flammarion, 2006), ces historiens, pince-sans-rire, soutiennent que les conquêtes coloniales furent un désastre économique pour la métropole et une énorme source d'enrichissement pour les colonies (7).

Pure amnésie ! soutiennent Gondola et Mbembe dont les réflexions vont au-delà de la thèse d'Olivier Le Cour Grandmaison dans *Coloniser - Exterminer : Sur la guerre et l'État colonial* (Paris : Fayard, 2005). Penser et exécuter un crime est crime, condamnable, mais susceptible de grâce. Mais planifier et poursuivre le même acte, adopter la même voie, les mêmes méthodes, dans un même espace est acte véritablement génocidaire. Bien plus, si pour quelques postmodernistes francophones, coloniser participait d'un crime pensé et exécuté, donc d'un génocide, l'acte néocolonial avec sa cohorte d'africanistes, de révisionnistes est doublement condamnable. Aller au-delà de Fanon, Césaire et autres rares voix, telle est la démarche des voix nouvelles qui s'élèvent de l'intérieur du continent comme de l'extérieur [Fabien Eboussi Boulaga, Aboubacar Boris Diop, Achille Mbembe, Charles Didier Gondola, Ngugi wa Thiongo, Zeleza Thiyembe, Yves Mudimbe et bien sûr de François-Xavier Verschave, Louis Sala-Moulins, Olivier Le Cour Grandmaison]. Coloniser, soutint alors Césaire, participait, entre autres de la «chosification» du colonisé, des meurtres d'hommes et de cultures. Coloniser était en fait la manifestation de la face lugubre du monde soi-disant civilisé. C'est sans aucun doute à cause de cette planification du crime que Césaire parlait déjà de génocide. Notre devoir aujourd'hui est de démontrer la véracité des propos d'hier en mettant au grand jour les vérités et actes cachés, les secrets d'État.

Redisons-le, le crime colonial n'est pas seulement planifié, mais il est légiféré et légalisé. À la suite d'Emile Larcher auteur de *Traité élémentaire de la législation algérienne* (Paris : édit. A. Rousseau, 1923), Le Cour Grandmaison considère un des instruments de répression, le régime de l'indigénat, ni plus ni moins que comme une « monstruosité juridique ». Coloniser n'est donc pas un fait de hasard. Combien d'intellectuels ont lu ce terrible instrument sans doute conçu à la lumière du Code noir ?

En dehors de quelques spécialistes, le régime de l'indigénat est peu connu, peu mentionné dans des ouvrages de recherche, soutient Le Cour Grandmaison.

Le présent projet consiste avant tout à collecter les différentes infractions et à les situer dans leurs contextes, tout en en montrant l'impact sur les générations d'aujourd'hui ainsi que sur les constitutions des nations nées de l'acte de décoloniser. Ainsi, comme le précise Le Cour Grandmaison, le monstrueux fut plus qu'une «… violation manifeste des lois communes, qu'elles soient des lois de la nature ou des lois humaines… » (2005 : 250). Le monstrueux fut la fondation du futur sur un volcan. Les lois qui légitiment les nouvelles nations sont un brûlot sur la tête des citoyens. Elles préparent aussi l'échec des nouvelles nations.

Or, dans les colonies africaines, il y a un code comme il y a eu, dans les possessions françaises des Antilles, un certain Code noir, instrument de chosification du Noir [(8)]. La colonisation, tout comme l'esclavage, fut un calvaire pour l'Africain. Prétendre le contraire n'est que pure hypocrisie. *Le Code noir ou le calvaire de Canaan* que Louis Sala-Molins publié aux Presses universitaires de France en 1987 remit alors à l'ordre du jour l'acte majeur d'embrigadement des esclaves. Dépoussiéré et mis en circulation pendant la décennie des grands bouleversements, le Code noir a aidé à la révision des idées sur le fait esclavagiste. Bien mieux, l'obstination de Sala-Molins de rappeler la France conservatrice à la raison a conduit à un autre texte, *Misères des Lumières : Sous la raison, l'outrage* (Paris : Hémisphères, 2008). Ce texte est un puissant acte de déconstruction de l'humanisme français construit sur un fond d'ambiguïtés. Car si le Code noir, acte juridique d'«animalisation » de l'homme noir, ternit la radiance du Roi-Soleil, il en va de même des positions ambiguës des philosophes des Lumières qui dénoncèrent les injustes d'un côté et les soutinrent de l'autre. Le courage de Sala-Molins consiste à déconstruire tous les discours qui présentent les Lumières comme un ensemble de discours qui conduisent à l'abolition de l'esclavage alors qu'individuellement les Voltaire, Rousseau, Diderot et autres Condorcet le soutiennent par leur implication directe ou indirecte dans les affaires au centre desquelles se trouvaient les esclaves noirs.

Ainsi, derrière la mission civilisatrice se profile une entreprise de génocide, car les discours des Lumières ne dénoncent pas tacitement le Code noir. Depuis les années 80, Louis Sala-Molins est une voix singulière qui, de la tour d'ivoire française, pointe du doigt l'outrage fait aux Noirs, le complot que la France ourdit depuis des siècles contre les peuples de couleur. Il y a donc un besoin urgent de relire les Lumières avec modestie. Elles portent en elles-mêmes les germes de leurs turpitudes. Soit elles brillent pour tous et mettent à nu les injustices qui conduisent à 1789, soit elles reflètent des zones d'ombre et par conséquent, perdent de leur splendeur. Prendre la Bastille d'un côté, pratiquer l'esclavage et coloniser de l'autre conduit à des conséquences à long terme.

De *Le Code noir ou le calvaire de Canaan* à *Les Misères des Lumières : Sous la raison, l'outrage,* Sala-Molins rappelle que malgré la Révolution et plus tard, l'acte de décoloniser, la raison a toujours été pervertie par les intérêts égoïstes. La Révolution n'a jamais servi les Noirs ni pendant ni après 1789. Les grands principes de liberté qui en résultèrent ne changèrent en rien le destin du Noir des Antilles et d'Afrique. Et c'est bien à partir de ce point de vue que l'anecdote de l'avocat malien, personnage du spectacle *Bleu Blanc Noir*, conçu pour célébrer le bicentenaire de la Révolution devient intéressante et mérite considération. M. Diallo affirme, pince-sans-rire, qu'il a longtemps été, dans son propre pays, fait singe "à l'ère du Code de l'Indigénat." Singe donc [c'est- à -dire indigène], il est demeuré dans ce statut aussi longtemps qu'aurait duré la colonisation. Mais avec la décolonisation, affirme Diallo, tout aurait changé. « Je devenais homme le jour, à l'heure, à l'instant où mon pays accédait à la souveraineté. Le jour où je devenais, chez moi, citoyen de chez moi. Le jour où le langage du colon cessait de parler à ma place, de me définir » (2008 :97).

Et c'est ici que nous devons nous poser des questions. C'est ici que l'Africain doit entendre la voix singulière de Sala-Moulins et d'autres nouveaux africanistes. C'est ici que nous devons interroger les textes fondamentaux des nations nouvelles. En d'autres termes, quelle est cette humanité dont parle Diallo en Afrique francophone ? Avons-nous jamais cessé d'y être définis par la France ? L'Afrique francophone indépendante est-elle mieux que l'A.O.F (l'Afrique occidentale française) et l'A.E.F (l'Afrique équatoriale française) ? Nos constitutions et autres lois ne sont-elles pas de simples lois d'exception ? Nos chefs d'État, ministres sont-ils différents des gouverneurs et autres hauts-commissaires, chefs de subdivision, commandants de cercle ?

Et Louis Salas-Molins de commenter : "On ne devient pas forcément homme le jour où on se donne les instruments de son propre destin, mais à l'instant où l'on peut raconter, pour en rire ou en pleurer, ses souvenirs de singe." Le singe colonial est devenu le babouin néocolonial. Autrement dit, l'auto-narration dont parle M. Diallo n'est qu'une vue de l'esprit. Depuis que les Africains sont au pouvoir, ils ne se narrent pas. Ils ne mettent pas en place une économie, une politique et une culture qui servent les Africains. Tout est encore perverti et extroverti. Les présidents militaires ou fortement soutenus par les militaires se dotent de lois d'exception pour mieux contrôler les populations indociles du fait de l'immense pauvreté. L'économie est toujours portée vers l'exportation des matières premières et en retour, les pays francophones sont des foyers où s'écoulent les produits de basse qualité venus du Nord. Aujourd'hui en Afrique francophone, l'État animalise autant que le faisait l'administration coloniale. Aussi pouvons-nous dire qu'avec *Les Misères des Lumières : Sous la raison*, l'outrage interpelle l'Afrique francophone, mais surtout une certaine France qui persiste à fermer les yeux sur la continuité de la logique coloniale dans l'espace francophone. Il me semble que M. Diallo et bien des francophones sont demeurés des singes de l'époque coloniale. Car se narrer c'est se construire du triple point de vue politique, économique et culturel. Se narrer, c'est tenir un discours qui rime dans son espace, avec ses aspirations, avec sa praxis. Se narrer, c'est transformer son espace de façon à ce que cela profite à soi et ses concitoyens. Se narrer c'est forger des valeurs au-dessus de l'État ; des valeurs qui célèbrent l'homme. Or, peut-on dire que le Mali, le Togo, le Bénin, la Côte d'Ivoire, le Cameroun, etc., se narrent depuis les indépendances pour le bien-être des peuples y résidant ? Que nous disent les pogroms de la Côte d'Ivoire de Laurent Gbagbo et d'Alassane

Ouattara ? Les enfers que sont les deux Congo à la suite de l'horreur rwandais ? Comment alors justifier l'exode massif des jeunes et moins jeunes vers la métropole ? Telles sont les questions que le texte de Salas-Molins nous pousse à nous poser. Elles commandent que l'on interroge les lois coloniales dans le but de mieux comprendre celles qui les substituent au lendemain des indépendances.

Car si, toute proportion gardée, on peut affirmer que le code de l'indigénat fut une simple reprise du Code noir promulgué par le Roi-Soleil (9), il est tout aussi aisé de démontrer que les lois que les nations nouvelles se forgent au lendemain des indépendances s'inspirent énormément des deux codes. En colonie comme en néo-colonie, les lois sont faites pour protéger le colonat local, pour préserver leurs privilèges injustifiés. En colonie, l'indigène est toujours perçu comme un danger pour le colonat local. Il faut donc surveiller et contrôler ce danger potentiel. Au colonat local, il faut ajouter les « citoyens », cette couche intermédiaire entre les masses et les privilégiés. On dit aujourd'hui élites. Le citoyen qui prend la place du colonat local au lendemain des indépendances sait les masses contre lui parce que ses privilèges énormes sont avant tout injustes. Il doit donc les défendre, c'est- à -dire contrôler son propre peuple, le réprimer au besoin. Le haut-commissaire, le commandant du cercle, voilà ses modèles de gouvernance. Souverainement militaires !

Il devient capital, au regard de l'activisme consistant à embellir le colonialisme, d'indiquer que la pratique coloniale porte en elle-même des effets pervers d'autodestruction. Pour mieux cerner les nations ogres nées des cendres des colonies, il convient de relire les lois sous-jacentes à la conception et à la réalisation des outrages. Ainsi m'apparaît l'urgence de réunir les codes de l'indigénat, acte de légitimation des outrages en Afrique colonisée, en un volume accessible à tous. Il permettra aux uns et aux autres de mieux se regarder avant que de se jeter dans les joutes. Comme on le dit en contexte Fu'nda, on ne crache pas en l'air pour voir ses crachats sur un visage autre. La France d'aujourd'hui doit assumer les conséquences de son impérialisme.

Ainsi donc, *Code de l'indigénat ou fondement des États autocratiques en Afrique francophone* aide à bien comprendre ce qui se passe en France et sur la scène francophone aujourd'hui. Que les sujets coloniaux et néocoloniaux montent à l'assaut de la métropole était inscrit dans les lois qui aident à gouverner les anciennes possessions. Collecter, imprimer et faire circuler les codes de l'indigénat, telle est la démarche qui permettra à l'empire et ses victimes de bien saisir que l'immigration actuelle ou le colonialisme à rebours[10] est inséparable de la question coloniale. Il en va de même de la nature des États tortionnaires aujourd'hui en Afrique francophone. Leurs racines plongent dans les lois d'exception, de l'impôt de capitation, des corvées, des travaux forcés que régulaient les codes. Ainsi, *Code de l'indigénat ou fondement des États autocratiques en Afrique francophone* commande un cheminement historique de l'espace colonial.

Ces infractions sont amplement commentées pays par pays, avec un accent sur leur actualité. L'important est, selon Françoise Verges s'entretenant avec Aimé Césaire, de bien dire les survivances d'hier en notre aujourd'hui [11]. Quelles sont les marques des infractions qui gouvernent Algériens, Camerounais, Congolais, Gabonais, Kanaks, Ivoiriens, Maliens, Togolais, et autres Sénégalais, Tchadiens d'aujourd'hui ? En quoi les chefs d'État francophones ne sont-ils que de pâles copies des gouverneurs et autres hauts-commissaires de l'époque coloniale ?

Code de l'indigénat ou fondement des États autocratiques en francophonie démontre que ces nouvelles nations ne sont que des espaces où tout détenteur de pouvoir a le visage hideux du « père fouettard », du militaire perverti. Le comprendre conduit au nécessaire changement.

Je reprends dans leur intégralité les textes région par région, colonie par colonie, ainsi que ceux de certaines autorités de l'époque. La communication de R. Ruyssen lors du congrès international de Paris en 1908 sur l'Afrique du Nord éclaire du point de vue du gouvernement français, le choix des infractions comme méthode de gouvernance en Algérie. Ces raisons sont tout aussi valables pour les autres colonies. Ruyssen énonce les différents champs d'infractions ainsi que les sanctions y afférentes avec un accent sur la prison et les amendes. Ce qui transparaît dans cet essai, c'est la militarisation de cette méthode de gouvernance. Comme le note si bien P. Pommier dans sa thèse de 1925 (« La Législation du travail dans les colonies françaises », Paris : Jouve), « La colonisation est une lutte et à la guerre comme à la guerre » ; tous les moyens sont bons, pourvu que les intérêts des Français soient sauvegardés. Les positions des lieutenants-gouverneurs, principaux initiateurs des infractions dans les colonies, participent de la même vision que la défense de Ruyssen.

Que depuis 1960, les nations francophones soient en permanence entre des mains militaires n'est pas un fait de hasard. On est président en Afrique francophone comme l'était le lieutenant-gouverneur. Qu'on soit Paul Biya, Denis Sassou Nguesso, Blaise Compaoré, Idriss Déby pour ne citer que ceux des dictateurs qui ont le plus tué et volé pour perdurer au pouvoir, gouverner, c'est contrôler une masse d'affamés qui sont toujours au bord de la révolte. Le pouvoir de sabre cimente les cœurs des Africains qui remplacent les Français. Il est source de légitimité du pouvoir et de l'État. À la suite de l'Algérie au lendemain des indépendances, surgiront des régimes militaires au Tchad, au Gabon, au Congo, en République centrafricaine, au Bénin, en Mauritanie, au Mali, au Burkina Faso, en Guinée. Si le Cameroun et le Sénégal sont, depuis leur indépendance, gouvernés par des civils, il n'en demeure pas moins que les militaires y constituent l'épine dorsale des différents régimes(12).

Notes et références à l'introduction

1. « Pour apprécier sainement » le « régime disciplinaire » imposé aux autochtones d'Algérie, « il ne faut pas se placer du point de vue d'un Français du XIXe siècle, habitué à toutes les garanties constitutionnelles issues des principes de 1789 : il paraîtrait monstrueux ». Publiées en 1895, ces lignes, qui s'achèvent sur cette caractérisation *a priori* singulière qu'il serait tentant de tenir pour excessive et insignifiante, n'ont pas été écrites par un farouche adversaire de la colonisation dont le jugement serait altéré, voire discrédité, par ses engagements politiques. Il ne s'agit pas non plus d'une appréciation rétrospective portée longtemps après les faits par un homme ou une femme qu'indignerait la découverte de certaines dispositions du droit colonial en vigueur dans ce territoire, et le statut des « Arabes ». Nulle sensibilité ou passion anachronique, aveugle à la différence des temps, des mœurs et des pratiques, n'est à l'origine de cette situation. Aucun souci de critique non plus, puisque la suite est un plaidoyer en faveur de mesures extraordinaires, mais nécessaires pour assurer la pérennité de la domination française. « Les indigènes auxquels [les] notions [de 1789] sont absolument étrangères » trouvent ce régime « naturel puisque nous sommes les plus forts. Il fournit un moyen de répression souple, commode, rapide, qui évite de recourir à d'autres procédés plus rigoureux », précise l'auteur. « C'est, en d'autres termes, l'arbitraire administratif, mais ses inconvénients sont moins sensibles qu'en Europe et ses avantages sont beaucoup plus grands ». C'est Arthur Girault qui disserte en 1895 dans son *Principes de colonisation et de législation coloniale* (Paris, Larose).

2. L'enseignement du français normatif est prépondérant en Afrique francophone. Pendant des années, cette approche du français fut renforcée par la lecture des grands classiques de la littérature française tels que Montaigne, Racine, Molière, Corneille, Voltaire, Victor Hugo, Jean-Paul Sartre. On lit rarement des ouvrages marxistes dans le Cameroun d'Ahmadou Ahidjo et les anciens étudiants en URSS y sont souvent marginalisés. Les auteurs de *Kamerun !* [Paris : La Découverte, 2011] reprennent les

autres pour insister que c'est du pareil au même, car tout instituteur qu'il est, Gaston Donnat ne dispensa jamais ses cours sur le marxisme dans un établissement officiel. C'est dans la nuit que les Um Nyobé et les autres se frottent à Karl Marx et au communisme comme système de gouvernance.

3. J'entends par "Colonialisme à rebours" ce vaste mouvement social en francophonie qui consiste à conquérir les îlots de bonheur par les masses paupérisées depuis au moins 1884. Ces îlots sont aussi bien la métropole et singulièrement la France que les lieux du pouvoir, de l'avoir et du savoir confisqués par l'élite gouvernante en Afrique. Aussi, les gesticulations d'un Nicolas Sarkozy comme d'un Jean-Marie Le Pen ne mèneront à rien si on se refuse à accepter l'idée d'un changement profond de cap. Ma position est qu'on ne mettra fin à l'immigration en masse que lorsque la République et ses succédanés en néo-colonie accepteront de remettre en question, fondamentalement, leurs identités. Accepter que Marianne peut aussi être femme de couleur, voilà le défi auquel doit faire face l'élite gouvernante en France.

4. En 1959, Ahmadou Ahidjo, alors premier ministre du Cameroun, obtient du Parlement les pleins pouvoirs pour faire face au maquis en pays bamiléké et bassa. Suivront alors un ensemble de lois d'exception qui aideront le premier président camerounais à régner comme un véritable roi sur un peuple réduit à la servitude. Quand Ahidjo remet le pouvoir à Paul Biya en 1982, la plupart des lois d'exception sont encore en vigueur au Cameroun. En 1992, quand il est vaincu par l'anglophone John Fru Ndi à l'élection présidentielle, Paul Biya recourt à la vieille méthode coloniale, l'état d'urgence pour contrôler et réprimer les indociles de la ville de Bamenda.

5. L'historien Jacques Marseille est sans doute le chef de file de cette relecture de la colonisation. Dans son *Empire colonial et capitalisme français : Histoire d'un divorce*, Jacques Marseille soutient tout comme Daniel Lefeuvre, que les colonies n'ont rien apporté à l'économie française.

6. En 2013 et 2015 j'ai organisé, en collaboration avec ma collègue Cheryl Toman et Aurelie Gigot, une enseignante d'une classe du lycée Sugar de Saint Denis dans le 93 en France, deux téléconférences sur les questions d'identité et d'appartenance. La dernière me donna une idée claire de l'ampleur du fossé entre les Français français et les enfants descendants d'immigrés. Il y avait comme un non-lieu, un hiatus. Beaucoup se disaient en marge de la République. Le débat fut franc et sincère et parfois il heurtait, surtout après le visionnage de *La Haine* de Mathieu Kasovitch.

7. *Code de l'indigénat ou fondement des États autocratiques en francophonie* s'inspire des travaux de Louis Sala-Molins qui dépoussiéra en son temps et publia aux Presses universitaires de France en 1984, le Code noir sous le titre *Le Code noir ou le calvaire de Canaan.* Depuis lors, ce texte est lu et commenté partout dans le monde francophone. Il a inspiré des rencontres internationales comme celle de l'université de Yaoundé I en 1994 dont les actes sont publiés sous le titre : *Le Code noir, l'Afrique et 1789* (Paris, Actes Sud, 1996). Il y a ensuite eu son ouvrage *Misères des Lumières : Sous la raison, l'outrage* (Paris, Hémisphères, 2008) dans lequel Sala-Molins, une fois de plus, interpelle le monde français politique et intellectuel. Il dénonce le silence sur la situation des esclaves noirs au moment où la Révolution considère la liberté de tout être humain comme donnée inaliénable.

8. Certes, les Lucien Fournier et autres laissent entendre dans les circulaires que le code de l'indigénat version française n'est qu'une reprise des lois allemandes au Cameroun. Il suffit cependant de lire entre les lignes pour voir le rapprochement entre le Code noir et le régime de l'indigénat. Il fallait à la France conquérante, une approche hypocrite pour perpétrer le colonialisme dans un territoire qui devait être exempt de toute politique coloniale. Tout se passe comme si la France voulait dire qu'il était inapproprié d'enlever le joug d'un cou qui en avait coutume. Gouverner le Cameroun serait impossible sans système d'embrigadement.

9. Dans leur ouvrage intitulé *Negotiating an Anglophone Identity : A Study of the Politics of Recognition and Representation in Cameroon* (Brill, 2003), Piet Konings et Francis Nyamnjo sont plus caricaturaux dans leur manière de décrire l'État-nation camerounais. Ils soutiennent que la Constitution du pays fut dictée par un militaire à un professeur de droit qui n'avait jamais mis les pieds au Cameroun. Ils notent que si Ahmadou Ahidjo et son successeur Paul Biya manipulent constamment la Constitution, c'est parce qu'ils se sentent au-dessus de la loi conçue plus pour contrôler les Camerounais que pour les servir.

10. Tel est l'un des points fondamentaux de discorde entre la France et l'UPC que Ruben Um Nyobé et d'autres syndicalistes créeront en 1948. Dans un discours qu'il prononce aux Nations unies en 1952 intitulé « Le Problème National Kamerunais », Um Nyobé se plaignait justement de ce que la France administrait le Cameroun comme une de ses colonies. Il y posait les préalables d'une indépendance totale : la réunification des deux Cameroun.

11. Dans *Aimé Césaire : Nègre je suis, Nègre je resterai* (Paris, Albin Michel, 2005), Françoise Vergès emmène le célèbre poète martiniquais à revoir le parcours du Noir dans la République française. Elle lui fait commenter aussi bien la loi Taubira de 2001 qui reconnaît que l'esclavage fut un crime contre l'humanité que celle du 3 février 2005 qui vient comme un contrepoint de cette avancée vers la relecture de la République et de tous ses principes. La France est condamnée à reconnaître que son implication dans l'esclavage et la colonisation lui nie sa prétention d'être le berceau de la liberté, de l'égalité et de fraternité des Hommes.

12. Comme je l'ai écrit ailleurs, le Cameroun est en fait gouverné par un régime militaire déguisé (Gilbert Doho, *People Theater and Grassroots Empowerment in Cameroon*, New Jersey : Africa World Press, 2006). Le ministère de la Défense, au Cameroun, est la seule entité administrative que le programme d'ajustement structurel n'a pas touchée. Ni les véhicules, ni les salaires des militaires, encore moins les promotions ne furent touchés pendant et après les périodes de coupes dans les budgets de l'État. Véritable État dans un État, ce ministère est le symbole de la toute-puissance régalienne.

Première Partie

Textes et contextes

Chapitre 1

Charles de Gaulle ou l'exemplarité de l'autocratie[1].

Qualifier les États francophones d'autocraties n'est pas simple exagération. Il suffit de revoir l'esprit de ces États au sortir de la colonisation française. Dans l'espace francophone africain, les autocraties des partis uniques et après participent du mimétisme et d'une volonté politique. Mimétisme, cet esprit est gaullien. Il a de Gaulle pour modèle. Tout président africain se veut une émule à défaut d'être un de Gaulle. Volonté politique, cet esprit est délibérément incrusté aux Africains par et pour la prospérité de la France. Ainsi que le reconnaissent des chercheurs comme Médard, François-Xavier Verschave est sans doute l'intransigeant déconstructeur de cette machine à broyer, singulièrement gaullienne, la Françafrique [2]. Mieux, de Gaulle va prendre le visage officiel d'une France démocratique, terre des droits de l'Homme tout en laissant se déployer pendant son règne le système Foccart éclairé par une armada de pseudos spécialistes que Charles Didier Gondola déculotte dans son *Africanisme* : *la crise d'une illusion* [Paris : L'Harmattan, 2007]. Pour que l'Hexagone demeure l'espace de liberté, fraternité, égalité, de la démocratie, bref pour que Paris soit toujours Ville lumière, il faut que se déploie l'obscurantisme. Telle est, il me semble, l'ambiguïté de l'espace francophone où l'humain chemine avec l'inhumain, la liberté avec la tyrannie. Comme toujours, la France embrasse ses anciennes colonies qui baignent dans l'horreur, la monstruosité, le déni de l'humanité. Plus d'un demi-siècle après la décolonisation, l'idéologue colonialiste F. Macaire est plus que jamais ancré dans les esprits. Pour que l'école nouvelle brille, pour qu'elle soit d'une blancheur immaculée, il faut que le village et la case de Mamadou et Bineta soient d'immondes paillotes, sales, sans hygiène. Entendons, le « civilisé » l'est encore plus lorsque le « Sauvage » déploie souvent et à outrance sa « sauvagerie ».

Ainsi donc, le mot 'autocratie' dans le présent ouvrage fait surgir dans l'imaginaire d'autres extrémismes comme autoritarisme, despotisme, absolutisme, tyrannie, dictature, etc., qui furent jadis les traits de l'État français, du monarque français dont Louis XIV est le symbole. Tels sont, ils le furent aussi, les traits caractéristiques de l'État colonial. Tels devaient être ceux des nations auxquelles la France octroya les indépendances. A. Girault, Jules Ferry sont les théoriciens de l'arbitraire administratif que Foccart aidera à asseoir comme mode de gestion des nations francophones. Les uns et les autres aident à dresser le portrait du président francophone. Bon tyran, vice-roi, le Président a pour ancêtre le gouverneur général (3). Dans l'espace francophone, il y a la France et les autres, le Blanc et le Noir, la liberté et l'obscurantisme comme l'illustre si bien la présence des dictateurs africains à Paris lors de la « Marche républicaine ». Passe que Macky Sall y soit, mais que dire de Faure Eyadema, Ali Bongo tous fils de dictateurs intronisés par la France et qui, au même moment, répriment les marches pour la liberté d'expression dans leurs propres pays ? Au cœur de l'espace francophone sont tapies des valeurs et des antivaleurs. La France a toujours vécu douloureusement dans la contradiction.

Plus de deux cents ans après 1789, les réflexes du guide tout-puissant sont demeurés. Entre les rois et les empereurs a toujours flotté l'image du président-roi. Elle se cristallise dans la figure du président aux pleins pouvoirs. Sous l'occupation, Pétain gouverne avec les pleins pouvoirs, ouvrant, pour ainsi dire la voie à son/ses prédécesseur(s). Comment évoquer la Première République sans que s'imposent à moi Robespierre et sa 'Terreur' ? Sans s'attarder sur la Deuxième et la Troisième, comment évoquer la Quatrième République sans s'imposer Pétain et son gouvernement de Vichy ? N'est-il pas, toute proportion gardée, une pâle version du nazisme et du fascisme ? La Cinquième ne l'est pas moins et Césaire l'a bien dit dans son *Discours sur le colonialisme*. Plus que les autres républiques, la Cinquième porte la lourde responsabilité des massacres néocoloniaux. Car si de Gaulle s'appuie sur le colonialisme pour fonder sa France libre, il s'assure, avec le concours de Jacques Foccart, que les nations africaines soient de simples copies des colonies. Sa France libre est née en Afrique. Et comme colonialisme et acte génocidaire vont si bien ensemble, on peut dire que la France libre se bâtit sur la chair des Africains.

Ainsi donc, la France de Vichy qui s'accommode du nazisme n'est pas différente de la France libre qui est assise sur le charnier africain. Bien pire, cette France sous le soi-disant 'libérateur' Charles de Gaulle met en place, délibérément, la Françafrique. La Françafrique ! J'y reviendrai.

Mais disons qu'en tant que jargon souterrain, langage des barbouzes, la Françafrique fut longtemps brossée du revers de la main par l'Elysée. Pendant longtemps, le discours officiel ignora le concept et ses pratiques. Il présenta la « Cellule de l'Elysée » comme instrument exprimant la préoccupation du président envers l'Afrique. Tout au long de la Cinquième République, on dit « Cellule de l'Elysée » comme on dit « Françafrique ». Donc la Françafrique est une manière de gouvernance propre à la France des colonies. C'est donc un instrument de génocide. Elle participe des multiples visages de la France comme aux temps de Louis XIV,

Robespierre, et autres Napoléon, Pétain. Elle nous interpelle. Elle demande si on peut être à la fois démocrate et dictateur. Comment pouvait-il en être autrement lorsque le chef de la Cinquième République est lui-même un produit de l'autocratie ?

En effet, lorsque la France est dans l'impasse au lendemain de la Deuxième Guerre mondiale, lorsque René Coty se rend compte qu'il faut un homme fort à la tête d'une France émiettée par le nazisme, quand il est clair pour tout politique français que l'empire colonial est en train de s'effondrer, Coty demande que ses pairs votent pour remettre à Charles de Gaulle les pleins pouvoirs. Le 2 juin 1958, l'Assemblée vote une loi remettant des pouvoirs exceptionnels entre les mains de de Gaulle. La période de 1958 à 1968 dans l'empire français en décrépitude est marquée par le délire des pleins pouvoirs. Le « plus illustre des Français » en constitue l'élément essentiel de la gouvernance. Il est adulé par tous, en métropole comme dans les colonies agonisantes. De Gaulle des pleins pouvoirs et le père de tous. Il est le mage comme le concevait le poète Victor Hugo. Il est le mage, le guide incontesté, le père de la France libre et par ricochet des nations nouvelles. N'est-ce pas de Gaulle qui décide de décoloniser ? Il est la figure qui punit ou rétribue. Face à Sékou Touré et à son 'Non', de Gaulle est intransigeant. Il punit. Il aide à réprimer. Il donne ainsi aux nouvelles nations une leçon, celle du suivisme ou de la répression. Les nations francophones qu'il crée l'adulent. L'homme est au-dessus de la loi fondamentale de la nation, la Constitution. René Coty et compagnie lui donnent les pleins pouvoirs pour qu'il fabrique, à sa mesure, la Constitution. Il est le père de la France libre et de la Cinquième République. Il peut donc la modifier à volonté. Sa volonté passe avant celle du peuple. Et lorsque le peuple lui dit non, il démissionne, il abandonne le pouvoir. Acte de délire politique à conséquences néfastes. Les nouvelles nations francophones en seront le berceau.

Tous ceux qui, comme de Gaulle, vont se croire un destin national en Afrique francophone opteront pour les pleins pouvoirs. Ils ont tous pour modèle le de Gaulle des pleins pouvoirs. Et quand on se mesure à l'autocrate à la manière de Sékou Touré, on devient objet de toutes les foudres. Plus précisément, de Gaulle et Foccart n'avalèrent jamais le non de Sékou Touré. En tout-puissant autocrate et zélote servile, Foccart fit payer au Guinéen son audace. Ainsi que l'écrit l'historien George Chaffard, « Sékou Touré a frisé la dépression lorsque, à la suite d'un incroyable carrousel de notes diplomatiques, verbales, officieuses, officielles, il se heurta à un « non » définitif du gouvernement français de lui lancer sa bouée de sauvetage d'une association avec la France et la Communauté ». À la suite du non guinéen vient donc un non gaullien intransigeant, rancunier, raciste. Charles de Gaulle l'autocrate était tout cela. Ainsi que le reconnaît Maurice Jeanjean :

« *À un haut fonctionnaire français en poste en Guinée qui sollicite des instructions de Paris, Jacques Foccart répond : « Le Général de Gaulle, c'est la France, et quand on a dit Non à la France, on peut attendre quelque temps à la porte* » [Sékou *Touré : Un totalitarisme africain.* Paris : L'Harmatan, 2005].

Ainsi donc, les réflexes de tout autocrate c'est le retour de l'ascenseur. À l'humiliation succède l'humiliation. Le 'double non' participe du pingpong des autocrates. De Gaulle était alors loin d'être un humaniste, un homme civilisé que nous présente l'historiographie classique. Ses réactions participaient des instincts primaires, traits dont l'anthropologie coloniale use pour justifier les colonisés. De Gaulle dut haïr jusqu'au bout. On connaît la suite de l'autocratie guinéenne : les horreurs du camp Boiro que peint le documentaire de David Achkar, *Allah Tantou* [France/Guinée, 1991].

Vont suivre alors d'autres autocrates comme Jean Bedel Bokassa, Bernard Bongo, Ahmadou Ahidjo, Eyadema père, Léopold Sédar Senghor, Houphouët-Boigny, etc., véritables marionnettes entre les mains de Jacques Foccart. Ils ont de de Gaulle une figure de père. Conséquemment, tous vont gouverner comme de Gaulle. Vulgaires partisans du mimétisme, ces présidents incarnent le gaullisme version africaine.

Charles de Gaulle, chef de la France libre dont la capitale était en Afrique.

Les auteurs de *Kamerun ! Une guerre cachée aux origines de la Françafrique* Thomas Deltombe, Manuel Domergue et Jacob Tatsita le présentent comme un homme irascible, dédaigneux des contradictions et de la loi de la majorité. En guise de récompense aux Africains qui ont saigné pour lui offrir un « Spitfire » et une nation libre, de Gaulle, l'exemple du bon tyran, au sortir de la Deuxième Guerre mondiale, offre à ses « indigènes », à défaut de l'empire, l'Union française. Dans cette Union, l'homme fort de la France propose aux nègres le statut de citoyens de seconde zone. N'empêche, il y en a qui vont goder la couleuvre. Le gaullisme africain se met alors en marche. Il est constitué du colonat local et des zélotes africains. C'est à eux que l'irascible général offre les colonies.

Ayant pour ainsi dire cueilli le pouvoir, les afro-gaullistes singent jusqu'à la manière d'être, de faire, d'apparaître de leur modèle. Il suffit de comparer ces deux portraits. Même posture, la main sur la Constitution ! Ils disent clairement le mimétisme que le poète martiniquais a pressenti en tout décolonisé lorsqu'il donne à voir la tragédie de l'ancien esclave Christophe : « Faire le Blanc sur le dos des nègres » [*La Tragédie du Roi Christophe.* Paris : Présence Africaine, 1963]. On sait aujourd'hui que de Gaulle, comme Ahidjo, n'avait aucun respect des constitutions. Ou si l'on veut, ils s'en servaient. Ils les ont modifiées pour épouser leurs ambitions politiques, leurs visions de la France et du Cameroun. Les constitutions d'Afrique francophone ? Manière de torche-cul. Demandez donc à Denis Sassou Nguesso, au tyranneau du Burundi, et à l'assassin Compaoré que les Burkinabés ont chassé, ils vous diront tous ce que vaut une constitution dans l'espace francophone. À chaque fois, ces bons tyrans l'ont modifiée avec l'assentiment de Paris, car qui ne dit rien consent.

Ahmadou Ahidjo, premier président du Cameroun de 1958 à 1982, condamné à mort par son successeur et fils politique Paul Biya. Ahidjo meurt en exil à Dakar en novembre 1989.

Timide et fervent gaulliste, Ahidjo est irascible et rancunier. Il ne supporte pas la contradiction. On peut en dire autant d'un Albert Bernard Bongo, Félix Houphouët-Boigny, Jean Bedel Bokassa, Gnassingbé Eyadema, François Tombalbaye, etc. Ils décident sans contradiction. Mieux, ils veulent les pleins pouvoirs pour l'éternité. Gouverner par les lois d'exception est normal, tout comme il est acceptable d'éliminer physiquement toute opposition politique. Tripatouiller les constitutions pour se maintenir au pouvoir est pour eux acte de souveraineté nationale. L'autocratie va perdurer bien au-delà de la chute du mur de Berlin, bien au-delà du 'Vent d'Est' qui balaie les autocraties du bloc communiste. Jusqu'aux récents soulèvements sociaux au Burkina Faso qui vont conduire à la démission de Blaise Compaoré, les modifications constitutionnelles pour le maintien au pouvoir sont chose courante en

Afrique francophone. Qu'un président français comme François Hollande condamne ces raccourcis est acte inhabituel, surgissement de la normalité dans l'irrégularité.

Il ne fait aucun doute qu'à la suite de Sopi ['Changement' en Wolof] et Y'en a mare au Sénégal, « Le Balai Citoyen », puissant appel à la désobéissance civile au Burkina Faso, fera date en Afrique. Serge Bambara, alias Smockey, est un rappeur engagé qui ne se contente pas de chanter la révolte contre l'injustice. Il joint l'action au rap et aux autres morceaux de hip-hop. Il prend la tête des manifestations d'octobre 2014 contre la modification de la Constitution. Ce mouvement a balayé Blaise Compaoré de la scène politique burkinabé. Bien plus, à quelques jours du sommet France-Afrique à Dakar du 29 au 30 novembre 2014, dans une interview à France 24, TV5 Monde et Radio France Internationale, le président français François Hollande avertit les tyranneaux francophones qu'« On ne change pas l'ordre constitutionnel par intérêt personnel ». Au sommet de l'OIF [Organisation internationale de la francophonie] à Dakar le 29 novembre 2014, Hollande réitère ses propos devant ses pairs autocrates. Amorce de la décrépitude de l'autocratie ? Voire. Mais insistons sur ce qu'elle est depuis la pluie des indépendances que l'autocrate de Gaulle a fait tomber sur l'Afrique colonisée.

Félix Houphouët-Boigny qui siège au Palais Bourbon pensera et agira pendant tout son règne comme de Gaulle des pouvoirs exceptionnels. Il concentre tous les pouvoirs entre ses mains. Véritable despote, il dirige la Côte d'Ivoire avec une poigne de fer jusqu'à sa mort. Et c'est bien l'opposition politique à sa montée qui inspire et conduit l'action politique d'Houphouët-Boigny. Cette opposition table sur les pleins pouvoirs comme la voie idéale vers la construction. Elle énonce à l'article 4 de sa Constitution : « Les pleins pouvoirs sont dévolus au chancelier de l'État pour diriger l'action politique, militaire, diplomatique du gouvernement provisoire ; il nomme aux hauts postes politiques, militaires, diplomatiques ». Durant toute sa présidence à vie, Houphouët-Boigny gouvernera avec une poigne de fer. Il meurt exerçant le pouvoir sous un régime de parti unique, la pensée unique étant devenue la mode en Afrique. Ainsi, ailleurs en Afrique, prendre la tête d'une nouvelle nation équivaut à monter sans opposition, à concentrer tous les pouvoirs entre ses mains.

Le Sénégal qui tombe entre les mains de Léopold Sédar Senghor passe aujourd'hui pour être le modèle d'alternance en Afrique francophone. Et pourtant, les démons du despotisme ont longtemps hanté ce pays. Il suffit de rappeler les débuts de cette nation et les rapports entre Mamadou Dia et Senghor :

« *Le 17 décembre 1962, Mamadou Dia, président du conseil du Sénégal, est arrêté et condamné à perpétuité, accusé de coup d'État par son ami Léopold Sédar Senghor. Il est emprisonné avec quatre de ses plus proches ministres. Le lendemain, la Constitution est modifiée, le régime présidentiel succède au régime parlementaire et donne à Senghor les pleins pouvoirs.* »

La tentation du délire va hanter Abdou Diouf qui sera dégagé par le mouvement Sopi et plus tard, ce délire s'emparera d'Abdoulaye Wade qui sera dégagé par un autre mouvement dont on parlera infra. Senghor, Diouf et Wade sont passés par les purgatoires de la toute-puissance en voie de disparition au Sénégal selon Makit Fall.

Évoquons pour poursuivre le lugubre parcours, le cas d'Hamani Diori, le premier président du Niger. Après avoir décrit la bataille politique au sein des États réunis au sein de la fédération d'Afrique de l'Ouest et du Niger en particulier, il est clairement noté à propos de la dérive des pleins pouvoirs dans *La Francophonie des « pères fondateurs »*, ouvrage édité par Papa Alione Ndao [Paris : Karthala, 2008], à la page 82 :

« *Le 3 juillet 1959, au terme d'un congrès constitutif dans la capitale sénégalaise, Djibo Bakary est élu vice-président du parti des fédéralistes africains, nouvelle formation interterritoriale présidée par Léopold Sedar Senghor qui veut rassembler dans une république fédérale les territoires de l'ancienne Afrique occidentale française. Alors, face à un adversaire décidément « coriace », le PPN-RDA décide d'utiliser les «grands moyens ». C'est ainsi que, dès le 22 janvier 1959, une loi accorde les pleins pouvoirs au président Hamani Diori pour une période de 6 mois. Le lendemain, un décret intervient pour dissoudre le conseil municipal de Niamey dirigé par Djibo Bakary. Un mois plus tard, toute réunion à caractère politique est interdite, tant dans la commune que dans le cercle de Niamey.* »

Le Niger qui aspire à l'indépendance vit déjà sous des lois d'exception. Avoir les pleins pouvoirs, c'est se donner les moyens de pondre des décrets et autres arrêtés qui contrôlent, répriment et punissent tous ceux des concitoyens qui ont des opinions contraires. C'est le cas entre Hamani Diori et Djibo Bakary.

Le délire autocratique prend des allures de fanatisme religieux au Togo. Le centralisme jacobin y est appliqué féru sur ongle. L'État central est l'aboutissement de tous les efforts. Manière de Dieu, il commande à tous, ouvre le chemin à tout. Y seront proscrit(e)s tou(te)s celles/ceux qui ont des lubies de libre pensée. Ainsi que l'enfonce le ministre de l'Intérieur lors de la conclusion du congrès de l'ANCT [Association nationale des chefs traditionnels], l'insignifiant fonctionnaire a les pleins pouvoirs. Il est une manière de « Jésus » qui donne accès au paradis. Tous les citoyens, militaires compris, doivent se rendre à l'évidence. Emile Adriaan Benvenuto cite ainsi qu'il suit les propos du ministre de l'Intérieur du régime Eyadema dans *Togo Press,* 2 novembre 1971, p. 4 :

« *Vous l'avez remarqué vous-mêmes, le régime militaire togolais n'a rien d'une dictature. C'est bien, mais, sachons que la liberté a ses limites. Si nous avons des indications de subversion, le gouvernement changera d'attitude. La subversion sera attaquée sans relâche, à Lomé comme à l'intérieur du pays. Des pleins pouvoirs ont été donnés aux chefs de circonscription pour maintenir l'ordre en permanence. Ces hauts fonctionnaires sont les seuls et uniques représentants du gouvernement sur l'étendue du territoire administratif. Tous les citoyens, qu'il s'agisse des chefs de service extérieurs, des représentants de l'armée ou des simples citoyens de toutes les catégories, devront travailler avec eux. Avec eux seuls et par eux seuls, on touchera le gouvernement central. Sans eux et contre eux, on n'obtiendra rien. « On ne peut pas aller au ciel sans passer par Jésus ». Les chefs de circonscription ont toute la confiance du gouvernement et j'entends qu'ils soient traités comme des ambassadeurs plénipotentiaires, délégués permanents de leurs circonscriptions* ». [In *L'Etat en Afrique face à la chefferie : Le cas du Togo*, Paris : Karthala, ebook].

La terreur est telle que le tyranneau togolais trônera sur son pays pendant une trentaine d'annuités, à la suite de quoi son fils, Faure Eyadema, lui succédera. Dans cette ancienne colonie allemande, le délire de la domination rappelle un autre parcours similaire, celui du Kamerun allemand. À partir de 1919, on dit Cameroun français et British Cameroon. La France y fabrique le petit peulh Ahmadou Ahidjo.

Ses 24 ans de terreur commencent par l'acquisition des pleins pouvoirs le 29 octobre 1958. C'est donc en contexte d'exception que la Constitution du Cameroun naissant sera rédigée. Bien plus, Ahidjo va renforcer sa toute-puissance en faisant passer l'ordonnance n°62/OF/18 du 12 mars 1962, portant répression de la subversion. On comprend alors qu'en moins d'une décennie d'exercice du pouvoir, Ahidjo en soit venu à être jugé selon l'africaniste Jean-François Bayart comme un despote à la Louis XIV pouvant ânonner, pince-sans-rire, « L'État c'est moi » [*L'Etat au Cameroun*. Paris : Presse de la Fondation française, 1984]. Vers la même période, un journalisme du régime, Jos-Blaise Alima peint avec des termes crus, les méthodes nazies qu'emploie Samuel Kamé pour asseoir le régime Ahidjo [*Le Chemin de l'Unité*. Paris : ABC, 1984]. Usant du subterfuge, Ahidjo modifie plusieurs fois la Constitution soit pour imposer une structure d'État qui correspond à ses lubies, par exemple le passage de la République fédérale du Cameroun à la République unie. Paul Biya, son fils politique, suivra la même voie et modifiera la Constitution soit pour se maintenir au pouvoir, soit pour changer la forme de l'État.

Toujours en Afrique centrale, convoquons le Gabon. Petit pays, mais ayant d'immenses ressources minières, le Gabon va vivre sous le pouvoir despotique d'un homme, Albert-Bernard Bongo qui, dès le début, prend l'initiative de concentrer entre ses mains tous les pouvoirs. Ainsi sonnent avec une lucide clarté les propos suivants au sujet de sa prise de pouvoir :

« *Le président gabonais Gabriel Léon M'Ba s'éteint le 28 novembre 1967 alors qu'il reçoit des traitements médicaux à Paris. Dans les jours qui suivent, il est remplacé par le vice-président Albert-Bernard Bongo qui devient le second chef d'État du Gabon depuis son accession à l'indépendance, en 1960.*

Albert-Bernard Bongo règne déjà en maître sur le Gabon depuis l'hospitalisation de Léon Mba à Paris, en août 1966. Un amendement constitutionnel, adopté en février de l'année suivante, permet au vice-président d'exercer les pleins pouvoirs exécutifs en l'absence du président Mba » in *Perspective Monde*,
http ://perspective.usherbrooke.ca/bilan/servlet

Ces dérives totalitaires, a-t-on voulu nous faire croire, sont le résultat de dix années de mise en place d'un État fort. Elles ont conduit au surgissement des partis uniques et des pères des nations. Vérité africaniste, suis-je tenté de dire, car en fait, le despotisme étatique est à l'origine des nations qui naissent partout en Afrique par la seule volonté de la France. L'autocratie est consubstantielle à l'État colonial et néocolonial. Piètre gouvernant tout-puissant, l'autocrate exige et obtient les pleins pouvoirs. Il gouverne par l'exception. Il a pouvoir de vie et de mort sur ses concitoyens. Il n'a de comptes à rendre qu'à lui-même. Juge et partie, il légifère et exécute.

Ce que nombre d'africanistes reconnaissent comme « The failed State » n'est pas un simple fait d'introduction des structures nouvelles dans l'espace africain, ni le déterminisme géographique, encore moins une tare congénitale ainsi que l'écrit Pierre Englebert dans *State Legitimacy and Development in Africa* [Boulder/London : Lynne Rienner Publishers, 2000]. On ne peut que sourire jetant un coup d'œil à la sombre vision d'Axelle Kabou qui s'interroge, *Et si l'Afrique refusait le développement ?* [Paris : L'Harmattan, 1991]. Les échecs d'aujourd'hui ont été programmés. La France délibérément fabrique ces autocraties. La permanence du colonial est tapie au fond de ces dictatures et États fantômes. Elle ne fut jamais fortuite. Les dirigeants français aux réflexes autocratiques voulurent qu'il en fût ainsi. Ils s'appuyèrent sur une armada d'anciens colons et intellectuels pour faire passer la pilule. Ils persistent avec perfection dans leur jeu comme le démontre avec emphase Charles Didier Gondola [2007]. L'État colonial est en soi un État en faillite et Paris le sait bien, le veut bien. Concéder les indépendances aux anciennes colonies tout en reproduisant cet État constitue toute la politique de coopération que de Gaulle met en place avec l'aide de Foccart. Comment pouvait-il en être autrement quand tous les conseillers techniques des présidents, des ministres et des directeurs généraux des entreprises étatiques sont d'anciens coloniaux ? Ceux-ci pouvaient-ils aider les Africains à mettre en place des structures véritablement indépendantes et souveraines ? Autrement dit, ne conseillaient-ils pas pour mieux asseoir la domination de la France, pour préserver les intérêts de la France ? Que la plupart des chefs d'État qui, lors de leurs discours le jour de la proclamation des indépendances, juraient par une coopération fraternelle entre leurs nations et l'ancienne puissance en viennent à dénoncer ces accords quelques années après ne fut pas surprenant. Le portrait de ces hommes que laisse entrevoir l'article de Guy Feuer à travers les nouvelles structures qu'ils dirigent est assez parlant. [« La révision des accords de coopération franco-africains et franco-malgaches », in *Annuaire français du droit international*, Vol. 19, 1973].

J'ai déjà convoqué Olivier Le Cour Grandmaison dans mon introduction pour insister sur sa condamnation de ce qui fut un acte pensé de contrôle, de répression et de pillage des Africains. Il qualifie ces infractions spéciales de monstrueuses. Fouillant les archives coloniales au Sénégal, je suis tombé sur Paul Dislere, juriste et témoin des effets de cette monstruosité. En 1914, Dislere présente le régime de l'indigénat conçu pour réprimer les nègres et autres colonisés après l'essai d'application en Algérie. Il parle de la volonté du gouvernement de la République « d'armer le gouverneur, vis-à-vis des indigènes non citoyens français, de pouvoirs plus considérables... ». Le mot est lâché : armer. On est en colonie comme on est en régime militaire. Le juriste use du langage militaire pour dire le genre de commandement en colonie. Coloniser l'Afrique noire, c'est conquérir et y vivre participe du pouvoir autoritaire, du commandement militaire ; c'est y être en guerre permanente ainsi que le démontre Achille Mbembe dans *De la Postcolonie* (Paris : Karthala, 2000, 1999). L'anthropologie coloniale dément un fait de hasard. Il était donc question d'« armer l'administrateur colonial ». Cela appelle des méthodes de torture perfectionnées que la France étendra à toutes ses possessions. Autrement dit, protectorats et autres territoires à la France confiés connaîtront leurs versions des infractions spéciales.

Dans un territoire comme le Cameroun, l'application sera à outrance, car les maquisards upcistes sont remuants en colonie comme sur la scène internationale. L'indocilité nègre est un véritable crime de lèse-majesté pour une France par deux fois humiliée par l'Allemagne. Elle est tatillonne pour ce qui est de l'autorité de l'État. On comprend pourquoi toute manifestation de sympathie pour l'Allemagne est punissable par la mort. Les infractions dans les anciennes colonies allemandes sous administration française seront fortement renforcées. Bien plus, la République-empire en guerre a besoin d'hommes et de moyens. L'Afrique noire et l'Indochine en sont pourvoyeuses. Elles doivent armer la République-empire et renflouer ses caisses, car en fait, qu'est-ce que c'est que la France avant et longtemps après l'appel du 18 juin 1940 ? Un pays occupé, sans ressources. Quand donc de Gaulle, à partir de Brazzaville, met en marche la « France libre », il sait que cette France, à savoir les colonies et les « maquis » en zone libre ou d'occupation de la métropole, fonctionne avec les lois d'exception. En temps de guerre, c'est bien classique. La nation est en situation extraordinaire. Elle gouverne alors par des méthodes exceptionnelles. Vus sous cet angle, les codes appliqués en Afrique noire, en Indochine et dans les Caraïbes, sont des instruments de ponction et d'animalisation. Voici le texte de Paul Dislere extrait de *Législation coloniale*, publié par la Librairie Administrative Paul Dupont en 1914 aux pages 310-312 :

« Suivant l'exemple des méthodes de politique indigène observées en Algérie, on a institué au Sénégal et en Cochinchine un régime spécial de l'indigénat, c'est- à -dire que l'on a jugé nécessaire d'armer le gouverneur, vis-à-vis des indigènes non citoyens français, de pouvoirs plus considérables que ceux résultant du décret du 6 mars 1877. Un décret du 30 septembre 1887 avait autorisé le gouverneur du Sénégal à prendre des arrêtés pour réprimer, par voie disciplinaire, les infractions commises par ces indigènes. Les pénalités qui pouvaient être édictées étaient celles prévues en 1877 ; mais il n'était pas nécessaire qu'un décret intervienne dans un délai de quatre mois pour les approuver ; en outre, l'application de ces arrêtés était confiée à l'autorité administrative.

Le gouvernement pouvait ordonner l'internement des indigènes non citoyens français et de ceux qui leur sont assimilés (Déc. 30 sept. 1887). Cette indication d'indigènes assimilés, qui avait sa raison d'être dans le décret du 25 mai 1881, relatif à la Cochinchine [Il y a lieu, d'ailleurs, de remarquer qu'en 1881 le décret disait : « qui leur seront assimilés » tandis que le décret de 1887 parle des indigènes « qui leur sont assimilés » ce qui s'explique plus difficilement »] et qui avait été probablement reproduite par erreur pour le Sénégal, y laissait place à la plus grande ambiguïté.

Le gouverneur pouvait également ordonner le séquestre de leurs biens. Le problème ici c'est de savoir combien en furent victimes de l'Afrique de l'Ouest à l'Afrique centrale ? On sait aussi que cette punition frappe non seulement l'individu, mais des collectivités. Combien de communautés perdirent leurs terres, leurs biens au profit du colonat local et des compagnies concessionnaires ? Qui sont aujourd'hui les héritiers des fruits de ce brigandage organisé ?

Au Sénégal, les infractions suivies des sanctions spéciales, autrement dit le régime de l'indigénat, sont établies par le décret du 30 septembre 1887. Sont énumérées dans un arrêté du 14 septembre 1907, les infractions et sanctions conçues depuis le sommet. Mais on sait qu'au-delà du décret du président ou du premier ministre, il y aura les arrêtés de gouverneurs et lieutenants-gouverneurs. On sait que ceux-ci agissent suivant leurs humeurs. Combien d'infractions et de sanctions furent ainsi déversées sur les indigènes sans voix ? Vu sous cet angle, mon travail est exploratoire. Il convoque à un travail en profondeur, nation après nation. Il faut rendre compte de l'exacte mesure de la paupérisation que la France installe en colonie en se servant du code monstrueux(4).

Après l'Algérie, ce régime spécial a été successivement étendu à la Nouvelle-Calédonie [déc. 27 juin 1887 et 12 mars 1897], aux Iles-sous-le-Vent [déc. 7 juillet 1901 et 27 février 1900], à Madagascar et à Mayotte [déc. 7 juillet 1901 et 22 février 1909], à la côte des Somalis [déc. 19 juillet 1912], aux Iles-sous-le-vent de Tahiti [déc. 27 juin 1907].

Il faut prendre avec des pincettes l'idée que le monstrueux instrument fut, sans être éliminé, restreint. Cette idée fut répandue en Indochine et en Afrique occidentale. Un décret du 6 janvier 1903 énonce qu'il fut supprimé sur tout le territoire de la Cochinchine. Plus mensongers, les arrêtés du gouverneur général de l'Indochine, pris sur la proposition du lieutenant-gouverneur général, énoncent que la sécurité de la Cochinchine était assez complète pour permettre sans danger ce retour au droit commun, que la recherche et la poursuite des contraventions spéciales aux indigènes appartiennent aux tribunaux ordinaires ou, en l'absence de ces tribunaux, aux administrateurs. Mais il n'en fut rien. Agents d'administration assermentés ou pas conservèrent le droit d'appliquer par voie disciplinaire aux Annamites non citoyens français et aux Asiatiques qui leur sont assimilés, la peine de l'emprisonnement et celle de l'amende, pour retard non justifié dans le paiement de l'impôt et, en général, des sommes dues au village, à la province et à la colonie. La durée de l'emprisonnement ne peut, en aucun cas, excéder cinq jours et le maximum de l'amende est de quinze francs. Dire que les décisions disciplinaires des administrateurs pouvaient être attaquées par voie de recours en conseil privé était au fond mentir. Les emprisonnements, les séquestres, les emprisonnements de plus de deux jours, les amendes de plus de cinq francs, furent le lot des indigènes en Indochine. On comprend l'extrême violence qui accompagne la guerre de libération de ces territoires. Les indigènes n'avaient plus rien à perdre, réduits qu'ils étaient à l'esclavage sur leurs propres terres. On comprend aussi l'impact de Diên Biên Phu qui arma les indigènes algériens du FLN [Front national de libération] et les Camerounais de l'UPC [Union des populations du Cameroun].

Il faut noter, pour finir cette section, la politique de deux poids deux mesures propre au colonialisme français. Diviser pour mieux régner aida à lever des ethnies les unes contre les autres. C'est ce que l'administrateur colonial tenta avec succès dans les quatre communes du Sénégal [Dakar, Rufisque, Gorée, Saint-Louis]. Ils étaient des indigènes à part dans la République-empire. Il en va de même pour Annam et Tonkin. Le régime de l'indigénat y est l'objet des décrets du 5 février 1897 et du

11 octobre 1904. L'internement des indigènes non justiciables des tribunaux français et le séquestre de leurs biens ne peuvent être prononcés que dans des cas déterminés et pour une durée qui ne peut être supérieure à dix ans. Ces mesures spéciales font l'objet d'arrêtés du gouverneur général pris en commission du conseil supérieur, sur proposition du résident supérieur compétent et après avis du chef de service judiciaire.

Au moment où le monstrueux instrument est introduit en Afrique centrale, les abus sont nombreux, les dégâts énormes. En colonie comme en métropole, des voix s'élèvent. Le mécontentement est tel que les théoriciens de la colonisation décident d'organiser un colloque à Paris en 1905. L'objectif est non seulement de justifier le bien-fondé de l'acte de coloniser, mais surtout de la nécessité d'y appliquer une méthode de gouvernance pure et dure. En Afrique équatoriale où le décret du 32 mai 1910 réglemente l'indigénat dans toutes les colonies, la banalisation du monstrueux est de mise. Ici, la présence de l'administration est moins prononcée. Le territoire est vaste et Paris n'a pas les moyens de sa politique de colonisation. Compagnies concessionnaires et Églises conquérantes deviennent les maîtres des lieux. Elles sont les véritables gestionnaires des colonies. Elles paient à l'État l'impôt exigé pour mieux exploiter. Le droit est pour ainsi dire évacué. N'est-on pas au cœur des ténèbres ? C'est donc la loi du plus fort qui prévaut. Notre propos ici est de dire que tant qu'à y faire, la note à payer n'est pas réservée au seul État français. Quelles sont les multinationales et Églises (4) qui hier ponctionnèrent les biens d'Afrique centrale, réprimèrent et tuèrent ? Qui en sont les héritiers ?

Internement, séquestre des biens, amendes, emprisonnements, bastonnades sont tout un arsenal divers entre les mains d'un militaire en guerre contre une soi-disant marée de barbares, de bêtes immondes qui mettent en péril la vie de l'homme blanc en colonie. Pour mieux comprendre la volonté acharnée de la France, sa politique d'après la décolonisation, il est de bon ton de rappeler dans leur intégralité quelques textes apologétiques du monstrueux. On appréciera ce qu'est cet instrument en lisant R. Ruyssen, administrateur des colonies. Il donne dans sa communication à Paris, les raisons de l'imposition des mesures spéciales. Pour lui, coloniser est œuvre humanitaire et les civilisateurs doivent être protégés contre la horde des primitifs que Ruyssen considère comme un danger permanent. Le colonisateur doit avoir une politique permanente de contrôle par la répression de l'indigène, du barbare, du non-être, de l'autre. Le colonat local est et doit être au-dessus de tout. Il doit contrôler les primitifs. Il doit réprimer pour se faire respecter. Peines de prison, amendes exorbitantes, internement, etc., sont autant de pratiques qui mettent l'indigène au pas. Ainsi donc, les codes ont un impact considérable sur la formation des nations indépendantes. Tous ceux qui prennent le pouvoir en colonie ont été animalisés. Tous ceux à qui la France confie la gestion de son empire connaissent le poids de l'humiliation. Conséquemment, les infractions spéciales prédisposent l'élite intellectuelle et prétorienne à l'appétit du pouvoir et à l'instauration des régimes militaires en Afrique francophone.

Notes et références

1. Texte paru dans *Germinal,* revue animée par le Groupe Samory dont le journaliste activiste Jean-Bosco Talla est le pilier.

2. Jacques Foccart, secrétaire aux Affaires africaines aurait, jusqu'à sa mort, servi à mettre en place et à consolider les structures des États francophones avec pour préoccupation majeure les intérêts de la France. Jean-François Médard, dans son article intitulé « La Politique au bout du 'réseau'. Questions sur la méthode Foccart » in *Cahiers du Centre de Recherches Historiques* n° 30 de 2002, nous invite à revoir en profondeur l'action d'un homme qui aida de Gaulle à apprivoiser ses anciennes colonies. Médard nous invite à mieux relire les travaux de François-Xavier Verschave qui publie *La Françafrique* [Pari : Stock, 1998] suivi de *Noir silence* [Paris : Stock].

3. Voir infra, « Monstruosité, Survivances et Exorcisation ».

Le cynisme de la France est notoire lorsqu'on évoque le cas d'Haïti. Ayant, bien avant l'Indochine, infligé une déculottée à la France, Haïti dut payer cher pendant des années. L'histoire dit que l'esclavagiste vaincu demanda à l'esclave de payer le manque à gagner suite à la perte des plantations. La France rallia la communauté occidentale pour faire plier le genou à Haïti. Ce pays paya une certaine dette à la France jusqu'à ce que des prêtres défroqués à la Jean-Claude Aristide fassent irruption sur la scène politique. Aristide accusa la France d'être à l'origine du misérabilisme ambiant à Haïti. Il somma la nation prédatrice à payer les sommes indûment perçues. On sait le sort qui lui fut réservé. Il vit en exil en Afrique du Sud. Comment une nation championne des libertés peut-elle se retrouver à l'avant-garde des violations des mêmes droits sans scrupule ? Comment peut-on corriger une injustice tout en la perpétrant ? Ce que le Sud demande au Nord prédateur c'est de payer sa dette historique, de balayer l'hémisphère de ses vautours et de laisser celui-ci prospérer librement. Placer les Palestiniens aujourd'hui dans la situation des Juifs hier sous Hitler est acte monstrueux.

4. On sait que le messianisme ne fut pas qu'un militantisme politique. Il y avait, sous-jacent aux chants du ciel, un nationalisme économique. Les prêtres défroqués appellent au boycott des produits français. Ils appellent à une économie qui sert les intérêts des indigènes. Les malheurs de l'évêque Albert Dongmo au Cameroun en 1970, c'est moins qu'il veut prendre le pouvoir d'Ahmadou Ahidjo que son dynamisme économique. Sa

structure Mungo Plastique est une entreprise dont le succès inquiète les économistes français en mal de reconversion au lendemain d'une indépendance acquise au prix du sang. Vu du point de vue de l'ascension des hommes d'affaires comme Victor Fotso, et autres hommes d'affaires bamiléké, le nationalisme économique est un véritable danger pour l'hégémonie de la France.

Chapitre 2

De quelques remarques sur les chaînes algériennes

Comme je l'ai déjà dit en termes d'hommage rendu à Olivier Le Cour Grandmaison, celui-ci s'est montré une des voix singulières de la métropole à s'élever contre l'arbitraire colonial. Il a amplement commenté le code de l'indigénat algérien. Point n'est besoin d'y revenir. Toutefois, si *De l'Indigénat : anatomie d'un « monstre » juridique. Le droit colonial en Algérie et dans l'empire français* [Paris : Zones, 2010] circule aisément, il en va autrement de la liste des infractions. Je me contente de donner en annexe, la liste des infractions. Bien plus, je reproduis dans son entièreté le texte d'un administrateur colonial, R. Ruyssen. Véritable apologie de la monstruosité, ce texte est une communication présentée lors du colloque international de Paris sur les raisons de coloniser et de ne jamais lâcher les possessions. Il me semble que ce point de vue contraire au ton postcolonial tout au long de ce livre enrichirait le débat.

Fonctionnaire colonial assurant alors la fonction de sous-chef du bureau du gouvernement au moment où le régime de l'indigénat était sévèrement critiqué, Ruyssen, comme beaucoup d'adeptes de la colonisation, croyait sincèrement aux bienfaits comme aux privilèges naturels du colonat local et de la métropole. Lors du congrès de Paris, il prit le rôle de défenseur zélé du système et posa la violence comme forme incontournable dans un contexte où le colonat local était en minorité. Mon intention est que les lecteurs et autres chercheurs comprennent mieux les positions de Frantz Fanon qu'une frange d'intellectuels se hâte de condamner comme apôtre de la violence postcoloniale.

Des concepts sont nombreux qui désignent la même réalité : code de l'indigénat, indigénat, régime de l'indignant, infractions spéciales, ainsi que le rappelle Isabelle Merle, «De la « légalisation » de la violence en contexte colonial : le Régime de l'indigénat en question » in *Politix,* volume 17, issue 66, 2004, pp. 137-162. Notre position dans cet ouvrage est, il va sans dire, bien différente de celle d'Isabelle Merle. Elle soutient qu'en Afrique francophone, l'indigénat est aujourd'hui l'unique forme de gouvernance. Il s'agit d'une pratique de gouvernance marquée par « la violence, l'injustice, l'humiliation ». Je maintiens que ces traits sont non seulement la marque majeure de la gouvernance en Afrique francophone, mais que la France prit le soin de glisser l'indigénat dans les lois des nouvelles nations. Bien pire, l'indigénat est-il un système en désuétude ? Que non ! répond Le Cour Grandmaison qui démontre que le monstre survit jusque dans la pratique contemporaine de la gouvernance en métropole.

Il convient de dire que la pratique englobe, d'un côté les infractions nombreuses et diverses, qui changent de colonie en colonie, d'administrateur en administrateur. De l'autre, les peines, lourdes ou légères, souvent abusives parce que prises au gré des humeurs de l'administrateur qui est à la fois juge et partie. Tout au long de ce travail, j'essaie non seulement de présenter, de façon métaphorique que ce furent les peines qui sanctionnaient les infractions, mais aussi de les traduire en valeurs monétaires ; ainsi, les internements (emprisonnement, assignation à résidence, déportation), les amendes (individuelles, collectives), les séquestres (spoliations des biens matériels, des propriétés). Les infractions sont parfois en soi, déjà punition, par exemple, lorsqu'on doit, en tant qu'indigène, être porteur, travail d'utilité publique. Pis encore, lorsque l'indigène est incapable d'accomplir sa part de travail d'utilité publique, l'administrateur le somme à verser l'équivalent du temps à mettre. Comme on le voit, l'infraction devient une sorte de dette publique comme l'impôt.

Si les préoccupations de l'autorité de l'administrateur reviennent, ce n'est pas seulement par simple esprit d'orgueil et de supériorité. C'est aussi parce que le colonat a constamment peur de la loi du nombre. Comment une minorité d'étrangers peut-elle vivre en paix au sein d'une multitude de gens pour la plupart d'intrépides indociles ? Si on se rappelle que la France, partout où elle colonisa, dut recourir à la « Pacification » par les armes, et que la conquête d'Algérie dura des années, on comprend dès lors la volonté non seulement de dresser l'indigène, mais surtout de le caporaliser pour s'assurer son obséquiosité.

Notes et références

Annexe 1. Archives coloniales Aix-en-Provence, France.

Du Régime de l'Indigénat algérien

« Arrêté général sur les infractions de l'indigénat (Préfecture d'Alger,

9 février 1875) ».

— Sont considérés comme infractions spéciales à l'indigénat et, comme telles, passibles des peines édictées par les articles 465 et 466 du Code pénal, les faits et actes ci-après déterminés, à savoir :

1. Omission ou retard de plus de huit jours dans les déclarations de naissance et de décès, dans les circonscriptions territoriales où cette mesure est prescrite par l'autorité administrative (...) ;

2. Négligence par les agents indigènes de toute catégorie (adjoints, gardes, cheikhs, goulafs, kebirs de douars) à prévenir des crimes ou délits commis dans leur circonscription (...) ;

3. Négligence à fournir des renseignements sur un crime ou un délit dont les auteurs soupçonnés ne sont point de ceux à l'égard desquels la déposition du témoin n'est pas reçue en justice (...) ;

4. Négligence à comparaître sur simple invitation, même verbale, devant le juge de paix procédant à une information ;

5. Négligence à se présenter devant l'administrateur ou le maire de la commune, après convocation remise par un agent de l'autorité administrative ;

6. Acte irrespectueux ou propos offensants vis-à-vis d'un représentant ou agent de l'autorité, même en dehors de ses fonctions, et alors même que cet acte ou ce propos ne réunirait pas les caractères voulus pour constituer un délit ou la contravention d'injure ;

7. Propos tenus en public dans le but d'affaiblir le respect dû à l'autorité ;

8. Refus ou inexécution des services de garde, patrouille et poste-vigie, placés en vertu d'un ordre de l'autorité, abandon d'un poste ou négligence dans les mêmes services ;

9. Refus à l'égard des prestations de transport et des gardes de camp autorisées pour les commissaires-enquêteurs (...) ;

10. Refus de fournir, contre remboursement, aux prix du tarif établi par arrêté du préfet, les vivres, les moyens de transport ou les agents auxiliaires (gardiens de nuit, jalonneurs, guides) aux fonctionnaires ou agents dûment autorisés (...) ;

12. Refus de fournir les renseignements statistiques, topographiques ou autres, demandés par des agents de l'autorité française en mission, ou mensonge dans les renseignements donnés ;

13. Négligence habituelle dans le payement des impôts et dans l'exécution des prestations en nature, manque d'obtempérer aux convocations des receveurs lorsqu'ils se rendent sur les marchés pour percevoir les contributions ;

14. Dissimulation et connivence dans les dissimulations en matière de recensement des animaux et objets imposables ;

15. Infractions aux instructions portant règlement sur l'immatriculation des armes ;

16. Habitation isolée sans autorisation en dehors de la mechta ou du douar, campement sur des lieux prohibés ;

17. Départ du territoire de la commune sans avoir, au préalable, acquitté les impôts et sans être munis d'un permis de voyage ;

18. Infractions aux instructions portant réglementation sur le mode d'émigration des nomades ;

19. Asile donné, sans en prévenir le chef de douar, à des vagabonds, gens sans aveu ou étrangers sans papiers ;

20. Réunions sans autorisation pour zerda, ziara ou autres fêtes religieuses ; coups de feu sans autorisation dans des fêtes ;

21. Labour partiel ou total des chemins non classés, mais consacrés par l'usage ;

22. Infractions aux règlements d'eaux et aux usages locaux pour l'affectation des fontaines ;

23. Détention, pendant plus de vingt-quatre heures, d'animaux égarés, sans avis donné à l'autorité ;

24. Abattage de bétail et dépôt d'immondices hors des lieux destinés à cet effet, abattage de vaches ou de brebis pleines ; non-enfouissement des animaux (domestiques ou sauvages morts ou tués) au moins à 500 mètres d'un chemin ou d'une habitation ;

25. Inhumation hors du lieu consacré ou à une profondeur inférieure à celle déterminée par l'autorité locale ;

26. Mendicité hors du douar, même pour les infirmes et les invalides, sauf cas d'autorisation ;

27. Plainte ou réclamation sciemment inexacte ou réclamation renouvelée après solution régulière. »

Annexe 2. Archives coloniales, Aix-en-Provence, France.

R. Ruyssen : « Des raisons d'imposition des mesures spéciales en colonie. Congrès de l'Afrique du Nord, Paris, 1908 : Le Code de L'Indigénat en Algérie ».

En réalité, il n'y a pas et il n'y a jamais eu de code de l'indigénat en Algérie. L'amiral de Gueydon avait voulu, en 1872, faire dresser un code pénal particulier tenant compte du caractère, de la situation et des tendances du milieu musulman auquel il devait s'appliquer : de même qu'il y a un code militaire, il voulait un code spécial aux indigènes.

L'idée de l'amiral de Gueydon demeura à l'état de projet. Mais en 1874, un décret accorda aux juges de paix le droit de punir des peines de simple police certains faits particuliers qui ne sont pas qualifiés contraventions par le code pénal, et qu'il importe cependant de punir chez les indigènes, par exemple la négligence ou le retard dans le paiement de l'impôt, la dissimulation des matières imposables, le refuge donné à un suspect, etc.

C'est la liste de ces infractions que l'on désigne généralement sous le nom de code de l'indigénat.

Ce n'est pas cependant depuis 1874 que les indigènes sont soumis, en Algérie, à un régime répressif spécial. Sans insister sur la période du début de la conquête où, pendant dix ans, la compétence des cadis a été maintenue en matière pénale entre musulmans, il n'est pas inutile de rappeler que les chefs indigènes étaient investis du pouvoir d'infliger des amendes qui, à l'origine, pouvaient s'élever jusqu'à 100 francs. Quant aux amendes infligées par les officiers français, elles pouvaient, au début, atteindre le chiffre de 500 francs et même être portées au-dessus de ce chiffre avec l'approbation du général commandant la division. Le pouvoir des officiers des bureaux arabes et des chefs indigènes a été de nouveau réglementé au moment de l'institution des commissions disciplinaires chargées de connaître des délits qui ne pouvaient pas être déférés aux conseils de guerre. Le droit de répression directe fut dès lors limité à des contraventions de police, à des négligences ou fautes commises à propos des services commandés, militaires ou administratifs, et à des méfaits ou délits de peu d'importance. Le maximum des pénalités mises à la disposition des autorités militaires fut : pour les commandants de cercle, de 15 jours de prison et de 50 francs d'amende ; pour le commandant de la subdivision, de 1 mois de prison et de 100 francs d'amende ; pour le commandant de la division, de 2 mois de prison et de 200 francs d'amende ; les chefs indigènes du territoire militaire pouvaient prononcer des amendes d'un maximum de 50 francs. Ce dernier chiffre est aujourd'hui réduit à 20 francs ; mais par contre, les généraux de division peuvent infliger des amendes de 300 francs.

Ces moyens d'action jugés nécessaires par les autorités militaires ne pouvaient être refusés d'une manière absolue à l'autorité civile lorsque celle-ci fut chargée de l'administration d'un grand nombre de tribus soustraites au régime des bureaux arabes.

Mais les rattachements de ces tribus au territoire civil ayant été surtout motivés par le désir de soumettre les indigènes à des règles se rapprochant de plus en plus de notre droit commun, il parut nécessaire de limiter les pouvoirs des autorités administratives et c'est dans ces conditions que le décret de 1874 réserva aux juges de paix seuls le droit de répression des infractions spéciales à l'indigénat, en fixant le maximum de répression à 5 jours de prison et 15 francs d'amende. Cette législation eut pour effet immédiat d'affaiblir aux yeux des indigènes l'autorité des administrateurs civils et nuire aux intérêts de la surveillance. L'obligation imposée à l'administrateur de recourir au juge pour la moindre répression montrait à l'indigène l'impuissance de ce chef en qui il ne voyait plus le véritable dépositaire du pouvoir : C'est qu'en effet, pour lui, il n'est pas d'autorité sans le droit de punir.

En 1884, une loi vint remédier à cet état de choses en transférant, *temporairement* aux administrateurs des communes mixtes la répression des infractions spéciales à l'indigénat commises sur le territoire confié à leur surveillance. Les effets de cette loi ont été renouvelés à plusieurs reprises et en dernier lieu en 1904 pour une nouvelle durée de sept ans. Les juges de paix sont d'ailleurs toujours compétents en ce qui concerne les infractions commises en commune de plein exercice.

Actuellement, sur les quatre millions et demi d'indigènes qui composent la population de l'Algérie, y compris les territoires du sud, un million en nombre rond habitent les communes de plein exercice et sont soumis au pouvoir disciplinaire des juges de paix qui prononcent sans appel les peines de simple police, amende et prison ; 2 800 000 habitent les communes mixtes et sont soumis au pouvoir disciplinaires des administrateurs appliquant les mêmes peines, avec réserve du droit d'appel dans certains cas ; enfin, 700 000 habitent les territoires de commandement et les territoires du sud et sont soumis à des pouvoirs disciplinaires très étendus exercés sans recours par les officiers des affaires indigènes.

Le régime de l'indigénat a de tout temps été vivement critiqué, mais simplement à l'égard des communes mixtes, c'est-à-dire précisément là où son fonctionnement est soumis aux garanties les plus sérieuses. En effet, outre que les contraventions y sont limitativement déterminées par la loi elle-même, le condamné peut faire appel devant le sous-préfet dès que la peine infligée dépasse un jour de prison et 5 francs d'amende. L'administrateur est, en outre, obligé, dans tous les cas, de rendre compte des condamnations qu'il prononce au moyen des relevés hebdomadaires qui sont vérifiés par ses chefs. Enfin, le Gouvernement est tenu de fournir aux chambres un compte rendu annuel qui est publié au *Journal Officiel ;* et l'examen de ces documents, dont nous entrevoyons le tableau synoptique annexe à ce rapport pour une période de 20 ans, permet de constater la modification apportée par les administrateurs dans l'exercice de ces pouvoirs exceptionnels.

On reproche à la loi sur les infractions spéciales à l'indigénat d'être un régime d'arbitraire ; on lui a donné le nom de Code de la matraque ; l'appellation est pittoresque, mais elle est injuste. Et il faut vraiment que le système soit mille fois justifié pour que, malgré les critiques, les railleries et les protestations, l'administration et le Parlement n'aient hésité l'une à en demander le maintien, l'autre à le décider.

Mais de qui émanent ces critiques et sur quoi portent-elles exactement ?

On serait porté à croire, tout d'abord, que ce sont les indigènes eux-mêmes qui ont dû se plaindre d'être soumis à un régime d'exception. Il n'en est rien cependant. Les critiques dirigées contre les pouvoirs disciplinaires des administrateurs des communes mixtes émanent surtout de la population française : c'est celle-ci qui, d'une manière constante, pousse à l'émancipation complète de la population indigène et à son assimilation sous le statut civil et pénal. Cela indique assurément plus de générosité que de prudence, et il est non moins évident que cela repose plutôt sur des principes abstraits, que sur une vision exacte des réalités. Il est d'ailleurs dans nos traditions de fonder, autant que d'affirmer nos sentiments humanitaires, sans que nous prenions toujours la précaution d'aller au fond des choses. Nous tenons surtout à bien montrer que nous sommes désintéressés, c'est-à-dire que notre intérêt personnel, qui est ici l'intérêt national, ne nous arrête jamais dans la voie des revendications sociales. Nous nous désarmons avec des gestes nobles devant une population que nous avons réduite par la force, il y a peu de temps encore, et dont personne ne pourrait dire avec une conviction absolue qu'elle a désarmé définitivement. Et par une contradiction manifeste, nous reprochons à l'administration en des termes amers l'insécurité qui désole l'Algérie en même temps que nous cherchons à lui enlever les moyens par lesquels elle s'efforce de la combattre.

Considérées dans leur objectif, les critiques dont nous parlons portent, les unes sur le principe même de l'institution des pouvoirs disciplinaires, les autres sur l'attribution de ces pouvoirs à des fonctionnaires de l'ordre administratif.

Sur le premier point, l'expérience a démontré que l'application pure et simple de notre Code pénal à des populations d'une civilisation arriérée est préjudiciable d'abord à l'intérêt supérieur de notre domination et qu'elle peut même être néfaste pour les indigènes qui ont besoin d'être prémunis contre leurs entraînements ; bien souvent, les punitions bénignes infligées pour des infractions à l'indigénat ont arrêté des velléités d'insubordination ou de rébellion qui, si elles n'avaient pas été réprimées immédiatement, auraient pu avoir les conséquences les plus graves. C'est pour ces raisons que le Congrès international de sociologie coloniale tenu à Paris en 1900 a adopté, sur la proposition de M. Girault, professeur à l'université de Poitiers, un vœu tendant à la confection d'un code pénal à l'usage des indigènes de chaque colonie. Et le vœu ajoutait : « un fait défendu aux Européens peut être permis aux indigènes, et réciproquement ». Cette partie du vœu était motivée dans le remarquable rapport de M. Girault par les considérations suivantes : « *Telle action, qui peut être gravement reprochée à l'Européen, chez lequel on a le droit d'exiger une moralité supérieure, sera considérée comme une faute assez légère commise par un indigène. Inversement, le gouvernement peut avoir le désir légitime de faire disparaître définitivement certaines infractions dont les indigènes sont coutumiers, et dans ce but édicter des peines plus sévères* ».

Or, c'est précisément, dans la plupart des cas, pour réprimer les infractions de cette nature qu'a été institué le régime de l'indigénat. La liste des infractions annexée à chacune des lois qui ont successivement renouvelé les pouvoirs disciplinaires des administrateurs des communes mixtes de l'Algérie, se trouve à peu près intégralement reproduite dans certains des textes qui ont institué le régime de l'indigénat dans d'autres colonies.

Ce régime a, en effet, été emprunté à la législation algérienne par la législation de plusieurs colonies : il a d'abord été appliqué à la Cochinchine en 1881 ; puis à la Nouvelle-Calédonie et au Sénégal en 1887 ; aux Iles sous le vent de Tahiti en 1897 ; au Cambodge en 1808 ; enfin à Madagascar et à Mayotte en 1901. Il est vrai qu'en 1903, le ministre des Colonies a cru pouvoir retirer aux administrateurs de la Cochinchine le pouvoir de réprimer les infractions spéciales à l'indigénat : néanmoins, ces infractions ne sont pas supprimées de ce fait ; le droit d'en déterminer la nature, précédemment réservé au chef de l'Etat, est même transféré au gouverneur général ; mais les peines de simple police dont sont passibles ces infractions sont punies, aujourd'hui, par les tribunaux ordinaires ; les administrateurs ne conservent le droit d'appliquer eux-mêmes la peine que dans le cas de retard non justifié dans le paiement de l'impôt, des amendes, et généralement de toute somme due au village, à la province ou à la colonie.

En dehors des considérations générales qui précèdent, il paraît utile de passer en revue les différentes infractions prévues par la législation algérienne, pour mieux permettre de se rendre compte des raisons qui en justifient la répression par un mode spécial.

La question capitale en Algérie est sans contredit celle de la sécurité. Pour les indigènes comme pour les colons, il ne peut y avoir de développement et de progrès économique sans la sécurité des personnes et des biens. Il est non moins certain que l'organisation et le fonctionnement des forces de la police ne sauraient y être calqués exactement sur ceux de la métropole. C'est pour cela qu'en 1868, le Gouverneur prit le parti d'organiser les milices algériennes qui devaient avoir pour rôle non seulement de renforcer l'action de l'armée régulière, en cas de troubles insurrectionnels, mais aussi de participer avec le corps de police ordinaire au maintien de l'ordre public et de la sécurité. Les indigènes devaient, en principe, être assujettis au service dans la milice, comme les Français et les étrangers européens. Cependant, on ne crut pas devoir les y appeler. Mais en compensation du service de milice, on leur imposa l'obligation d'assurer partout où l'autorité administrative le jugeait nécessaire des services de garde et de patrouille. La loi sur les pouvoirs disciplinaires n'a donc rien innové à cet égard, en punissant le refus ou l'inexécution de ces services. L'obligation est d'autant plus justifiée que les indigènes ne supportent pas comme les Français la charge du service militaire et que s'il est question de la leur imposer, ce ne pourra être que dans des conditions spéciales et pour une partie seulement du contingent. Pour longtemps encore, on ne pourra exiger de tous les indigènes algériens le service militaire obligatoire comme on l'exige des Français.

À la question de sécurité se rattachent encore d'autres infractions plus ou moins fréquentes, mais toutes méritant l'attention de l'autorité. Telles sont celles concernant l'immatriculation des armes à feu, l'autorité ayant le plus grand intérêt à surveiller le commerce et la détention de ces armes ; l'habitation isolée ou le campement dans des endroits prohibés, en vue d'échapper à toute surveillance de la part des agents de l'autorité et à toute indiscrétion de la part des voisins ; les actes de désordre sur les marchés et autres lieux de rassemblement où les malfaiteurs indigènes provoquent fréquemment des scènes de tumulte ou de frayeur pour voler et piller impunément ; le refus de comparaître devant l'officier de police judiciaire, ou de fournir des renseignements demandés par les agents de l'autorité dans l'exercice de leurs fonctions ; enfin, la circulation sans permis de voyage.

La disposition exigeant des permis de voyage des indigènes qui se déplacent est une des celles qui ont été les plus vivement critiquées.

Il est cependant désirable de pouvoir surveiller le déplacement de nos sujets musulmans, notamment de ceux dont les agissements sont suspects comme les émissaires de confréries religieuses, et de prévenir les dangers que fait courir à la sécurité la tendance des indigènes de l'intérieur à émigrer sans autorisation vers les centres populeux et principalement vers Alger ; cette émigration augmente en effet le nombre de vagabonds, de mendiants et de voleurs. Il ne faut pas oublier d'ailleurs que bien des tempéraments ont été apportés à l'obligation du permis de voyage.

C'est ainsi qu'aujourd'hui, en dehors des nombreuses catégories d'indigènes soustraits à l'indigénat - juges titulaires ou suppléants des tribunaux, officiers et sous-officiers retraités, médaillés militaires, membres de la Légion d'honneur, sasseurs musulmans aux conseils généraux, conseillers municipaux indigènes, et d'une façon générale tous les indigènes investis de fonctions électives, fonctionnaires et agents de la colonie, des départements et des communes, magistrats et auxiliaires de la justice musulmane, professeurs et instituteurs publics, qu'ils soient en activité de service ou en situation de retraite - sont de plus dispensés du permis de voyage les indigènes au service d'Européens voyageant avec eux ou pour leur compte, les propriétaires ou patentés payant des taxes ou contributions s'élevant au maximum à vingt francs, à la condition qu'ils soient propriétaires d'une carte d'identité délivrée par le maire ou l'administrateur. En outre, le permis de voyage n'est pas exigé des indigènes qui se rendent dans une commune de l'arrondissement de leur domicile, ou dans une commune limitrophe de la commune de leur domicile, mais appartenant à un arrondissement voisin à un département voisin.

Les permis de voyage délivrés sont toujours établis d'ailleurs pour une année entière et sont valables sans être soumis à l'obligation du visa de voyage. Enfin, le visa de voyage dans les communes traversées n'est plus exigé que des indigènes, généralement d'origine kabyle exerçant le colportage dans les douars qu'il est nécessaire de surveiller plus étroitement en raison des opérations usuraires auxquelles ils ont coutume de se livrer ; encore faut-il ajouter que les colporteurs ne soient astreints à faire leur permis de voyage que dans les communes où ils séjournent pendant au moins 24 heures dans un département autre que celui de leur résidence et qu'ils puissent même être dispensés de cette formalité par une mention spéciale inscrite sur leur permis. On voit que l'obligation de permis de voyage, ainsi restreinte, ne constitue plus une gêne pour nos sujets musulmans ; c'est plutôt pour ceux qui y sont soumis ou qui sont porteurs de la carte d'identité délivrée aux catégories de dispensés une garantie et une référence analogues aux passeports qui étaient encore exigés en France il y a une trentaine d'années et que les voyageurs doivent même produire de nos jours dans certains pays d'Europe.

Le paragraphe punissant le refus ou la négligence de faire les travaux, le service ou de prêter le secours dont ils auraient été requis dans les circonstances d'accidents, tumultes ou d'autres calamités, ainsi que dans les cas d'insurrection, brigandage, etc., fait double emploi avec l'article 475 paragraphe 12 du code pénal ; mais il permet de sévir avec plus de rigidité et plus de sévérité, puisque la peine peut être de 5 jours de prison et 15 francs d'amende alors que le code pénal ne prévoit qu'une amende de 6 à 10 francs.

L'obligation d'une autorisation pour les pèlerinages et pour l'ouverture de tout établissement religieux ou d'enseignement est nécessaire en raison de la surveillance constante qu'il est indispensable d'exercer sur les confréries religieuses musulmanes. C'est généralement dans les réunions autour des tombeaux de santons, dans les Zaouïas, dans les Zerdas, Taams et Ouâdas, que s'organisent les plus dangereuses entreprises, et que se ravive le fanatisme des éléments les plus dangereux de la population indigène. Un exemple encore récent nous en est fourni par l'affaire de Margueritte.

La négligence ou le refus d'envoyer un enfant d'âge scolaire à l'école primaire, quand l'école est située à moins de 3 kilomètres et qu'il n'est pas présenté d'excuse valable, a dû également être punie. On ne pouvait songer à soumettre les indigènes d'une façon absolue à l'obligation scolaire, parce qu'il n'existe pas partout des écoles et que là où il en existe, il peut être nécessaire de tolérer des exceptions. Mais pour ne pas perdre le fruit des efforts que l'on a faits et que l'on continue de faire en vue de l'instruction des indigènes, il convient de donner aux autorités locales le moyen de vaincre les résistances et les mauvaises volontés. Il s'agit d'ailleurs ici non plus d'une question de sécurité, mais du relèvement moral de la population indigène : trop de tendances invétérées portent les indigènes à vivre dans l'ignorance et la paresse ; trop de fanatisme les sépare de nous pour que nous ne cherchions pas par tous les moyens en notre pouvoir à les instruire, à améliorer leurs sentiments, à les rendre plus utiles à la fois à eux-mêmes, à leurs coreligionnaires, et à la colonisation.

C'est aussi dans l'intérêt des indigènes qu'il a paru nécessaire de punir des peines de l'indigénat l'infraction aux règlements d'eau et usages locaux concernant les fontaines, puits, etc., dans des contrées où l'eau constitue la ressource la plus précieuse ; l'abattage ou la destruction des arbres dans des contrées où les abus du régime pastoral étendent de jour en jour plus avant vers le littoral de la Méditerranée le domaine de la chaleur et du sable ; le bris, la détérioration, l'enlèvement ou le déplacement des jalons, des pierres, témoins, signaux topographiques, placés par les agents de l'autorité pour la délimitation des terres, etc., etc.

En raison du caractère collectif de la propriété dans la plupart des territoires de l'Algérie et de l'indivision dans laquelle vivent les indigènes, l'autorité administrative a été investie du pouvoir de juridiction spéciale. C'est elle qui statue en dernier ressort après avis des djemaas intéressés, sur les contestations en matière de terrains collectifs de culture. En outre, les différentes lois sur la propriété indigène, celle de 1873 notamment, et avant elles le Senatus Consulte de 1803 ont ordonné diverses opérations ayant pour objet la constitution de la propriété individuelle et la délivrance de titres de propriété aux détenteurs du sol. C'est là une œuvre de première importance pour les indigènes qui, par l'établissement de titres réguliers, voient augmenter la valeur de leurs terres, sont intéressés à les mieux cultiver, et qui trouvent plus facilement du crédit. D'où la nécessité d'armer les autorités locales du droit de punir les infractions qui tendent à entraver l'œuvre de reconnaissance et de constitution de la propriété.

Il a également été nécessaire de réprimer l'inobservation des prescriptions de la loi sur l'état civil. On sait que dans la loi musulmane, dont les lacunes ou les défectuosités sont singulièrement aggravées dans la pratique par les indigènes algériens, le moyen de preuve par excellence c'est le témoignage. La qualité d'héritier, la filiation, le mariage tout se prouve par témoins. Inutile d'insister sur les graves conséquences de cette pratique, contre laquelle les gouvernements musulmans eux-mêmes ont cherché depuis longtemps à réagir. En Algérie, outre l'intérêt que la tenue régulière d'un état civil présente au point de vue de l'état des personnes, il faut tenir compte des avantages qu'elle procure pour la constitution de la propriété. On ne saurait, comme en France, laisser à la seule initiative des indigènes le soin de faire ou de ne pas faire des déclarations. En France, chacun est sollicité par son intérêt personnel à faire enregistrer les naissances, les décès et les mariages, sans qu'on ait besoin de l'y inciter par une disposition spéciale. Les indigènes algériens, au contraire, n'y ont pas d'intérêt ; leurs habitudes, leur loi, ne les y poussent pas. Il est vrai que le code pénal permet de punir l'omission ou le retard dans les déclarations de naissance et de décès ; mais ce n'est pas un stimulant suffisant : il n'en est pas de même, en tout cas, en ce qui concerne les mariages et les divorces. En France en effet, le mariage n'existe pas sans la célébration qui en est faite devant l'officier d'état civil ; quant au divorce, il ne devient définitif que si la mention du jugement ou de l'arrêt le prononçant est faite en marge de l'acte de mariage dans un délai de deux mois. Il n'est donc pas nécessaire chez nous de prévoir des peines contre le défaut de déclaration de mariage ou de divorce. Pour les indigènes chez lesquels le mariage et le divorce produisent leurs effets même lorsqu'ils n'ont pas été déclarés à l'officier de l'état civil et en dehors de l'établissement de tout acte écrit, il était nécessaire d'instituer des pénalités spéciales sous peine de laisser se perpétuer dans l'état social des indigènes un désordre et une confusion préjudiciables à leur évolution économique et intellectuelle.

En ce qui concerne les diverses infractions relatives au retard dans le paiement des impôts, à la dissimulation de la matière imposable et au défaut d'obtempérer aux convocations des contrôleurs, répartiteurs et receveurs, s'il n'était pas possible de les réprimer disciplinairement dès le principe, elles ne tarderaient pas à être commises par un grand nombre d'indigènes, au grand préjudice des budgets locaux et des services publics, dont ils ont la charge. Il faut considérer d'ailleurs qu'à défaut de répression disciplinaire, il serait souvent bien difficile d'obtenir le paiement des impôts dans les tribus où les ordinaires de poursuites seraient impraticables et aboutiraient d'ailleurs à mettre à la charge du contribuable négligeant ou récalcitrant des sommes beaucoup plus fortes que celles qui résultent d'une condamnation disciplinaire.

Une obligation non moins justifiée est celle qui concerne le droit de réquisition des objets d'alimentation et des moyens de transport. Une pareille exigence serait exorbitante dans un pays comme la France, où on trouve facilement partout à s'approvisionner. Quand au contraire on circule dans les tribus, où on ne trouve ni auberges, ni commerçants, ni voituriers, ni loueurs de bêtes de somme, il est matériellement impossible de se ravitailler autrement que par voie de réquisition. Dans l'organisation primitive, la diffa et l'alfa, c'est-à-dire la nourriture des hommes et des chevaux, étaient exigées sans rémunération, au profit de tous les agents de l'autorité.

Aujourd'hui, on ne peut l'exiger que contre remboursement immédiat d'après un tarif fixé à l'avance. Chose curieuse, on n'a jamais critiqué la pratique ancienne : la pratique nouvelle, au contraire, est fréquemment critiquée. L'exposé des motifs de la loi de 1888 a justifié dans les termes suivants : « Tant que certaines régions ne posséderont pas de routes assez nombreuses et de centres de populations assez rapprochés, les fonctionnaires et agents chargés de mission en pays arabe ne trouveront l'aide nécessaire que grâce au droit de réquisition avec la sanction du pouvoir disciplinaire appliquée sans délai ».

Comme nous l'avons vu plus haut, en dehors des critiques portant sur le principe même de l'institution d'infractions spéciales aux indigènes, on s'est élevé contre l'attribution du droit de répression de ces infractions à des fonctionnaires de l'ordre administratif en territoire de commune mixte.

Naturellement, on n'a pas manqué d'invoquer le principe de la séparation des pouvoirs ; mais on oublie que si l'application de ce principe est une garantie désirable et nécessaire dans un pays de civilisation avancée, les peuples primitifs ne le comprennent pas et considèrent comme une marque de faiblesse le fait pour un chef de ne pouvoir punir lui-même les fautes qu'il constate. En territoire de commune mixte, il faut que l'administrateur soit investi de pouvoirs suffisants pour faire respecter son autorité. L'expérience faite en 1874, lorsqu'on crut pouvoir laisser aux juges de paix seuls le pouvoir de réprimer les infractions spéciales à l'indigénat, a bien démontré les inconvénients de ce système. Le chef de la commune ne pouvant plus punir un indigène que par l'intermédiaire du juge de simple police, l'autorité des administrateurs s'en trouva à ce point affaiblie et les résultats furent si déplorables pour l'ordre et la sécurité des régions dont l'administration leur était confiée, que l'on dut faire appel au Parlement en 1881 pour obtenir le vote de la première loi sur l'indigénat. La situation des communes mixtes de l'Algérie n'a guère changé depuis cette époque. Les administrateurs disposent de moyens matériels insignifiants. Ils sont assistés d'un ou de deux administrateurs adjoints. Ils ont auprès d'eux un corps de 4 à 6 cavaliers dont le rôle consiste principalement à accompagner l'administrateur ou ses adjoints au cours de leurs tournées et à transmettre leurs ordres. Dans chaque Douar (et leur étendue dépasse souvent dix mille hectares pour atteindre parfois un chiffre supérieur à 100 000 hectares), la surveillance incombe à l'adjoint indigène, assisté quelquefois d'un garde champêtre. C'est avec un personnel aussi réduit que l'administrateur doit maintenir dans le devoir et dans le respect de notre autorité une population de 30 a 40 000 indigènes et quelquefois davantage (quelques communes atteignent les chiffres de 80 à 100 000 habitants), répartie sur une superficie qui n'est jamais inférieure à 30 000 hectares et qui dépasse parfois 700 000 hectares.

Il est difficile de ne pas reconnaître que des conditions aussi différentes de celles que l'on rencontre en France exigent des moyens spéciaux d'administration. Cependant, il y a 35 ans seulement qu'en France les maires des communes non chefs-lieux de cantons pouvaient punir eux-mêmes des peines de simple police les contraventions commises dans leurs communes. Ce pouvoir leur avait été reconnu par les articles 166 et 171 du code d'instruction criminelle, et ne leur a été enlevé que par la loi du 27 janvier 1873. Aujourd'hui encore, beaucoup de fonctionnaires des administrations financières, comme les douanes, les contributions, l'enregistrement, les forêts, prononcent eux-mêmes des condamnations à l'amende.

Il ne faut donc pas considérer comme absolument intangible le principe de la séparation des pouvoirs, surtout lorsqu'il s'agit des colonies dont les habitants n'ont jamais compris son application et où d'ailleurs elle n'a jamais produit que de mauvais effets lorsqu'il y a été introduit trop prématurément. Au surplus, ce n'est pas un véritable droit de juridiction pénale qui est conféré par la loi aux administrateurs de communes mixtes, mais un pouvoir disciplinaire, qui ne s'accompagne jamais dans son application des frais et des charges accessoires des condamnations judiciaires.

Ajoutons que des atténuations sont sans cesse apportées, sur la demande même de l'administration algérienne, au régime de l'indigénat. C'est ainsi que la dernière loi ne prévoit plus que 23 infractions, alors qu'à l'origine le nombre était de 41. De plus, ainsi que nous l'avons vu plus haut, le défaut du visa du permis de voyage n'est sanctionné par une peine disciplinaire qu'en ce qui concerne les colporteurs ; l'obligation même du permis a été supprimée en faveur de diverses classes de notables. Enfin, la nouvelle loi a soustrait complètement au régime de l'indigénat de nombreuses catégories de personnes.

D'autre part, il est permis au condamné de se libérer de l'amende par des journées de prestations en nature pour des travaux d'utilité publique.

En dépit de ces atténuations progressives et constantes, on voit encore dans les journaux reparaître de temps en temps certaines affirmations fantaisistes sur l'indigène incarcéré pour ne pas avoir salué l'administrateur ; on continue à réclamer au nom des principes inscrits dans la déclaration des droits de l'Homme la suppression du code de l'indigénat. Et les critiques formulées ont eu pour résultat de faire maintenir aux pouvoirs disciplinaires un caractère provisoire et temporaire, alors que les constatations de l'expérience démontrent qu'il est impossible de leur assigner à l'avance une limite certaine, réellement justifiée.

On peut être assuré que l'administration algérienne n'hésitera pas à proposer elle-même la suppression pure et simple de ce régime lorsque le moment lui paraîtra venu de faire bénéficier entièrement aux indigènes le droit commun. Mais ce moment n'est pas encore venu : et il serait dangereux pour les indigènes comme pour nous de considérer leur développement matériel et moral comme assez avancé pour justifier une assimilation complète avec le régime de la Métropole.

R. Ruyssen

Sous-chef de bureau au Gouvernement général.

Chapitre 3

De la « République-empire » à la « République des indigènes »

Tout colonialisme est acte boomerang. Il faut toujours s'attendre au retour de l'ascenseur. J'ai nommé colonialisme à rebours la ruée de l'empire vers la métropole. C'est la marque d'aujourd'hui. Il conduit à la « République des indigènes ». Pour corollaire, l'indigénisation amène la métropolisation de l'indigénat. Pour sa survie, la majorité minoritaire, les Français français doivent, comme en contexte de colonie, se protéger contre l'autre, l'indigène, le barbare, autrement nommé le sans-papiers, le radical islamiste. Ruyssen devient alors d'actualité, pour que la République s'interroge. Peut-on rester sourd lorsque le premier ministre Manuel Valls colle à la France le qualificatif « apartheid » ? Que le ministre de la Justice garde des Sceaux, Christiane Taubira, à la suite de Valls, donne ainsi qu'il suit l'état des lieux de la République, nous confortant dans notre rappel du passé colonial :

« *Il y a des territoires de ségrégation, on ne va pas se boucher les yeux. Il y a des territoires de relégation, c'est absolument incontestable, et la question ce n'est pas une querelle sémantique. La question c'est : qu'est-ce qui s'est empilé pendant des années ?* » [Scan Politique du *Figaro*, 10 février 2015].

Il convient dès à présent de dire juste, de poser la question essentielle, celle qui permet à la République de se revoir, de revoir ses valeurs. Pourquoi la France d'aujourd'hui tourne-t-elle le dos à un profond changement, à la Révolution ? Pourquoi se refuse-t-elle de voir que Marianne est désormais blanche, noire, jaune ou tout simplement café au lait ? Insistons ! La France rattrapée par son passé colonial rappelle la République-empire d'hier. Elle forgea l'indigénat, une monstruosité pour dominer. Voici que la République se retrouve devant l'option de rejet ou de la pratique de la loi de la matraque. La monarchie s'en accommodait bien. On disait alors pour vivre du sang des Noirs, de la sueur des Noirs, Code noir. Puis vint le code matraque. Aujourd'hui, des lois d'exception.

Or, face à toute monstruosité, au cœur de la monarchie, le peuple français pensa qu'il était saint de changer de gouvernance. La raison était que le régime était impropre au bien-être de l'homme, de tout homme. C'est la raison fondamentale au cœur de 1789. Elle fut marquée par la Déclaration universelle des droits de l'homme et du citoyen. On la limite malheureusement à la métropole au temps de la République-empire. Car pour être universelle, elle devait couvrir non seulement les territoires de l'ancien royaume, mais aussi de ses dépendances outre-mer. Comment ne pas amener de Gaulle et Foccart devant la barre pour que la République se guérisse ?

La question qui se pose aujourd'hui à la France, c'est comment administrer la République qui, suite à l'acte de coloniser, s'est « indigénisée ? » Comment gérer l'héritage colonial qui est au cœur des grands problèmes de la nation française aujourd'hui ?

Bien plus, on se rappelle qu'au cœur des questions indépendantistes au lendemain de la libération, la France de de Gaulle proposa aux indigènes le vivre ensemble au sein d'une communauté. Lorsque les anciennes colonies, qui ont supporté le poids de la Deuxième Guerre mondiale tant en hommes qu'en espèces sonnantes, exigent leur indépendance, la France leur offre, sous l'égide de la loi n° 56-619 du 23 juin 1956 alors appelée Loi-cadre, proposée par Gaston Defferre, ministre d'Outre-mer, Félix Houphouët-Boigny, la continuité coloniale. Comment la France aurait-elle alors géré la Communauté si cette loi avait été acceptée, si elle avait scellé le destin du colonisateur et des colonisés ?

Mais loin de cette analyse hypothétique des grands problèmes du colonialisme, je me dois de lire aujourd'hui au prisme des faits historiques. Ils me rappellent la nuée des tirailleurs sénégalais désertés, et installés en métropole. Ces indigènes de la République-empire m'apparaissent sous la masse des Harkis, combattants algériens aux côtés des Français de France. Ils sont la masse des travailleurs immigrés invités à bâtir la République au lendemain de la Grande guerre. Ils sont ces enfants nés des sans-papiers qui remontent aux deux grandes guerres, ces sans-papiers avant tout musulmans avant que d'être travailleurs. Ces jeunes des dictatures francophones qui, sous les ailes des avions, dans les cales des navires, à pied dans le désert, prennent la route pour la métropole.

Ils sont le peuple français des banlieues. Ils sont le peuple français des zones sensibles. Ils ont, suspendues à leurs têtes, les lois d'immigration, lois exceptionnelles de maintien de l'ordre public. Ils sont là pour au moins deux, trois, quatre générations. Ils sont là pour toujours. Ce sont eux qui ont indigénisé la République. Ils sont Français, n'en déplaise aux radicaux, aux Français français. Aujourd'hui, la métropole se retrouve dans la même situation que les colonies. Elle vit sous les lois d'exception. Elle se protège contre elle-même. Voie incontournable du suicide, osons le dire. Voici venue l'heure de la remise en question de l'indigénat d'hier et des lois d'exception d'aujourd'hui. Pour être on ne peut plus sans équivoque, je convoque à cette table de questionnements, les apologues d'hier. J'annexe à ma réflexion les Ruyssen et autres infractions spéciales.

Les récents événements commandent que la classe française s'interroge profondément et rejette toute politique de l'autruche, car elle est toujours vaine poursuite. L'oubli volontaire est jouissance de courte durée. La France aujourd'hui se voit attrapée par son passé colonial. La métropole, jadis lointain eldorado, espace interdit aux indigènes, est aujourd'hui indigène. La ruée massive des jeunes des nations autocratiques vers la métropole après la Deuxième Guerre mondiale, ainsi que le fort taux de natalité chez ces immigrants, font désormais de la France, un espace où les indigènes ne sont plus oubliés, invisibles. Nier cette réalité, c'est faire la politique de l'autruche. La métropole s'est transformée, s'est mise à l'indigène et exige aujourd'hui une autre façon de gouverner. Pourtant, elle se contente encore d'une législation qui date de l'époque coloniale.

Rappelons que les colonies étaient gouvernées par des lois d'exception et les valeurs républicaines étaient considérées comme inapplicables envers les indigènes en colonie. Or, aujourd'hui, ces indigènes peuplent largement la métropole, ce qui met en crise ces valeurs de la République qui leur étaient autrefois interdites. On ne saurait y appliquer le droit aujourd'hui comme on l'a fait après 1789, en oubliant sciemment les aspirations des esclaves, en fermant les oreilles et le nez sur l'odeur de la poudre à canon dans les territoires colonisés. Les aspirations à la liberté, au bonheur, au droit d'user de sa bouche et de ses facultés de penser sont propres à tout être humain. Penser que c'est un privilège réservé aux uns, c'est se tromper.

L'attaque de *Charlie Hebdo* ou du supermarché Karcher, les attentats des années antérieures, ou encore les révoltes des banlieues, tous ces événements sont avant tout un discours, une claire indication que la France a changé. Les lire comme de vulgaires attaques des valeurs françaises participe d'une simplicité navrante. La République doit revoir certaines de ses valeurs. Les valeurs d'hier, propres à la seule métropole, entendez bien, la France française, sont désormais inapplicables. On s'évertue à parler de la défense de la liberté, de la laïcité, tout en sortant l'arsenal de répression contre les millions d'indigènes de la République. On se retrouve pour ainsi dire dans l'Hexagone de 2015 comme on était dans l'Algérie de 1908, année de publication du texte de Ruyssens. On était alors dans un espace où on disait 'Liberté, Egalité, Fraternité' pour le colonat ; coercition, contrôle, punition, torture, absence de liberté d'expression, de circulation, pour les indigènes.

Pour mieux comprendre l'actualité du texte de Ruyssens aujourd'hui appliqué en France métropolitaine, il faut rappeler que tout état colonial est arbitraire et coercitif, que tout pouvoir colonial est partisan. Ce qui compte, ce sont les droits des colonisateurs. Le devoir de l'État, c'est d'y veiller.

En métropole, les minorités autrefois invisibles se sont progressivement imposées, en nombre et en culture. Et aujourd'hui, il y a manifestement des France, celle des Français français et celles des Français d'adoption. En rejetant les France d'aujourd'hui l'État se retrouve comme en contexte des colonies. Il y avait alors les Français ayant des droits inaliénables, et bien sûr les autres. Aujourd'hui, les différents gouvernements semblent maintenir cette ligne de gouvernance. Il y a aujourd'hui les Français de Français et les autres. Du coup, il faut des lois d'exception pour gouverner. Telles sont, il me semble, les décisions qui surgissent des cabinets au fur et à mesure que les événements marquent la marche de la nation. Voici que revient l'image du militaire aux commandes de la nation, comme ce fut le cas pour les territoires et colonies.

Et ce sont bien les militaires qui conçoivent et peaufinent les infractions spéciales qui seront transmises aux administrateurs coloniaux. Dès lors que celles-là avaient bien fonctionné, elles devenaient l'instrument idéal de commandement, c'est-à-dire d'efficaces méthodes servant à contrôler, réprimer, et plumer les indigènes. Ces décrets et arrêtés à caractère extrêmement répressif servirent à imposer les intérêts du colonat et des autorités, et à piller par le biais des taxes et de l'exploitation des matières premières. Quand le président François Hollande multiplie les déclarations politiques et des instructions au 'militaire' qu'est Caseneuve, et que le Premier ministre fait sortir de leurs casernes les militaires pour prêter main-forte aux différentes forces de l'ordre, tout ceci crée l'impression que la République indigénisée vit en contexte d'exception, en contexte d'« indigénat ». Telle est, à mon sens, la raison d'être de l'opération « VIGILE ». Il faut comprendre par là qu'elle vit en contexte d'instructions d'agir ici et maintenant. Il faut entendre agir immédiatement et comprendre après. Cette image de Kenzo Troubouillard que reprend Mathieu Delahousse dans son article « Ecoutes, prison, propagande : Nouvelles menaces nouvelles lois ? » que publie L'*OBS* du 13-1-2015, article au ton douloureusement interrogatif, dit bien une nation crispée, arc-boutée sur elle-même. La question que l'on se pose est celle de savoir si le vécu quotidien peut être rythmé par cette crispation. Au moment où les nouvelles technologies permettent de faire circuler sans restriction les plaies du passé, peut-on adopter les méthodes de gouvernance d'hier sans dérapage ? Au moment où les armes circulent sans restriction et se vendent même dans les supermarchés où l'on s'alimente et s'habille, que de surcroît les nouvelles technologies permettent la prolifération d'opinions extrémistes, peut-on s'attendre à moins que la radicalisation ? À la suite de Delahousse, reprenons ces propos de Valls pour mieux nous interroger sur le sens du double langage du politique : "À une situation exceptionnelle doivent répondre des mesures exceptionnelles. Mais je le dis avec la même force : jamais des mesures d'exception" http ://tempsreel.nouvelobs.com/charlie-hebdo/20150113.

Dans un tel contexte, les instructions deviennent alors des « lois » et les infractions des délits, les fautifs punis sans ménagement. Du moment que ces instructions sont des édits émanant non de l'organe législatif, mais de l'exécutif ; pire qu'elles sont de tout agent se réclamant de l'exécutif, on peut imaginer l'ampleur des abus, le degré de terreur dans laquelle vit l'indigène. Il suffit de le dire pour que ces instructions soient acceptées et appliquées comme ce fut le cas des édits des rois et autres seigneurs. Et du coup, on met fin au rêve républicain. Jusqu'à quand iront ces mesures du moment que la radicalisation augmente avec le nombre des laissés-pour-compte de la République ?

Si en contexte républicain, on ne peut parler de code ou de loi tant que les représentants du peuple n'ont pas délibéré et voté, tant que le peuple n'a pas émis son opinion, tant que le peuple ne peut pas remettre en question tout ce qui participe de l'arbitraire, il faut reconnaître que l'État y fonctionne en double mesure du moment qu'il conçoit et applique aux indigènes des instructions. Par conséquent, l'État républicain a toujours vécu dans les contradictions. Celles-ci ne pouvaient que le rattraper. Le mal républicain, hier comme aujourd'hui, demeure sa myopie, le fait de ne voir la République que comme Marianne et ses descendants ; ou de penser qu'on peut appliquer aux Français non français les robes de Marianne. L'État républicain, mais surtout la seule branche du gouvernement quel qu'il soit, bref tous les différents exécutifs ont été et sont toujours animés par la volonté de contrôler coûte que coûte les indigènes de la République.

Cette absurde volonté d'imposer celles des valeurs républicaines aujourd'hui désuètes participe, plus que de la myopie, d'un parfait aveuglement, car comment reconnaître qu'en colonie l'ignoble politique d'assimilation fut un flagrant échec pour aujourd'hui la vouloir, l'exiger en « République des indigènes » ? Que vaut aujourd'hui, dans son essence comme dans son applicabilité une valeur telle que la « Laïcité » ? À qui veut-on faire croire que les Juifs sans leurs « tiares » ne tirent pas la ficelle derrière toutes les décisions républicaines, que les philosophes sans « tiares » n'influencent pas la fabrication des lois d'exception qui frappent les minorités visibles ?

Rappelons pour souhaiter un changement à tous que si coloniser fut un acte délibéré d'extermination, le colonialisme à rebours à l'origine de l'indigénisation de la République ne peut être perçu que comme menace. Les Français français vivent dans la peur, à la seule idée que la mosquée du quartier ou la maison d'à côté abrite une menace. Telle fut la réalité coloniale aussi bien pour le colonat que pour le colonisé. Pendant plus de cent ans, les Algériens ont vécu avec cette peur dans les tripes. Tout acte d'extermination ne peut que produire la révolte, la lutte pour la survie. Le colonisateur vécut avec la ferme conviction que le colonisé peut se soulever à tout moment. Il pensa que le vivre ensemble commandait l'annihilation de toute velléité de contestation. Or, l'indigène servile, malléable et corvéable à souhait, c'était en contexte de colonie. Tout le contraire de la « République des indigènes ». En contexte de colonie, le colonisateur faisait valoir la supériorité raciale, se dotait d'un droit absolu, exercice plutôt périlleux en contexte de colonialisme à rebours, c'est-à-dire en métropole indigène. Aussi, militariser la République, placer des militaires dans les coins de la rue ressemble à ce qui fut conçu comme de l'acceptable par Ruyssens et autres, à savoir le «Régime de sabre » qui anéantit l'indigène tout en affirmant la toute-puissance de l'administrateur.

Corser les lois sur l'émigration, ainsi que des instructions visant à contrôler l'indigène, fils ou fille d'ancienne colonie est pure illusion. Penser que la naturalisation pour eux est un privilège et non un droit, c'est vivre hors de son temps. Les indexer de Karcher, sans-papiers, islamistes ne change en rien la donne actuelle. Aux murs tels que ceux de Berlin, s'étaient amoncelées au fil des années des lois et autres instructions séparant Allemands de l'Est et Allemands de l'Ouest. Mais ces murs, jusqu'à leur fondement idéologique, finirent par s'écrouler. Telle est la leçon que la République n'a pas encore apprise. Les murs entre « eux » et « nous » finissent toujours par s'écrouler.

Chapitre 4

Du « Pouvoir de sabre » aux dictatures militaires en Afrique Francophone.

Depuis la nuée des indépendances de la fin des années 50, les anciennes colonies françaises en Africaine au sud du Sahara ont été, soit des régimes militaires purs et durs, soit civils à caractère militaire comme le Cameroun et le Sénégal[1]. Ils ont été, dans leur nature, marqués par la doctrine du « Pouvoir de sabre ». Le chagrin que j'ai de la lecture qu'Olivier Le Cour Grandmaison a consacrée au code matraque algérien, c'est son silence sur la nature militaire du 'code' en particulier et du système colonial dans l'ensemble. Et pourtant, R. Ruyssen commente ainsi qu'il suit l'arrière-pensée de l'administrateur militaire qui conçoit le monstrueux instrument de gestion des colonies :

« En réalité, il n'y a pas et il n'y a jamais eu de code de l'indigénat en Algérie. L'amiral de Gueydon avait voulu, en 1872, faire dresser un code pénal particulier tenant compte du caractère, de la situation et des tendances du milieu musulman auquel il devait s'appliquer : de même qu'il y a un code militaire, il voulait un code spécial aux indigènes ».

L'apologie de Ruyssen insiste non seulement sur la nécessité, en colonie, d'un code spécial, mais de sa nature en employant l'expression « Pouvoir de sabre » tout au long de son texte. On comprend alors l'avalanche des coups d'État militaires en Afrique francophone.

1. De la Caserne au palais présidentiel

Or, le « Pouvoir de sabre » ne pouvait, *a posteriori*, que produire des régimes militaires en Afrique francophone. Les armes, quelles qu'elles soient en contexte colonisé, servent à la « Pacification », au contrôle, à la répression. Celles que la France aide à mettre en place dans les nouvelles nations ne sont pas fondées sur les valeurs des nations de droit. L'indigène assimilé qui choisit quelconque de ces armes sait qu'il détient non pas un métier, mais un instrument de prise du pouvoir. Vers la fin de la première décennie des indépendances, le romancier congolais Chicaya U'Tamsi sonne l'alarme avec une caustique satire intitulée *Le Destin glorieux du Maréchal Nnikon Nniku* [Paris : Présence africaine, 1979]. Concrètement, l'Afrique francophone décolonisée forge ses propres chaînes en embrassant l'héritage colonial sans une profonde remise en question. L'État et ses piliers sont des géants aux pieds d'argile. Bien sûr, cet État et ses structures ainsi que le soutient Pierre Englebert sont étrangers aux terroirs africains [State *Legitimacy and Development in Africa*. Boulder/London : Lynne Rienner Publishers, 2000]. Mais est-il logique de soutenir que cela ne pouvait conduire qu'à une aberration ? Que l'État soit en faillite en Afrique francophone, j'en conviens. Mais la cause de l'échec est loin d'être sa nature d'instrument de gestion importé. L'Afrique a une pratique de l'État bien avant la colonisation. Il est même, du point de vue des royaumes, semblable à ce qui s'est fait en Europe. En d'autres termes, si la loi du sabre réussit si bien en Afrique, c'est parce que l'ancienne puissance coloniale, la France, le voulait ainsi. Pouvait-il en être autrement lorsque l'État colonial était entièrement militarisé ; lorsque de Gaulle le général-président décolonise au moment où il est emparé du délire des pleins pouvoirs ?

Ainsi donc, l'Africain aux commandes en Afrique a pour modèle le commandant de cercle, le chef de subdivision, ou le haut-commissaire, tous des militaires ou les civils en service militaire. Ils symbolisent la puissance absolue. On comprend pourquoi, soixante ans après les indépendances, les gesticulations de la francophonie à propos de la démocratie ne sont que pure hypocrisie. La menace permanente sur la démocratie en Afrique, c'est avant tout, l'esprit militaire de la gestion de la cité doublé de la volonté de toute-puissance. Celle-ci a été savamment implantée dans le dirigeant africain par le biais de l'esprit du code matraque : préserver l'autorité de l'État. Qui plus est, au sein des armes, l'autorité est sacrée. On ne la crique jamais, on lui obéit. D'où la nuée des dirigeants militaires réels ou déguisés.

Plus précisément, jusqu'aux récents coups d'État au Mali en 2012, en Guinée en 2009 et en Mauritanie en 2008, l'Afrique aura connu près de « 85 coups »(2), comme le recense avec pertinence, Neldjingaye Kalmeldy dans son article intitulé : « Le Putsch militaire en Mauritanie et ses retombées sur la gouvernance démocratique : Une analyse ». Ce qu'il faut remarquer, c'est l'apparente inculture de ces hommes qui manient mieux la gâchette que la parole. En dehors de quelques cas particuliers tel celui du Burkinabé Thomas Sankara, on a de la peine à croire que nos présidents militaires ont reçu une formation au-dessus de ce qu'exigeait l'administration coloniale de ses auxiliaires indigènes. Le Guinéen Dadis

Camara est prompt à orchestrer un massacre qu'à justifier sa prise de pouvoir devant un micro. Il en va de même pour le Malien Sanogo. À les voir et à les entendre, on ne peut que penser aux personnages de la pièce de Chicaya U'Tamsi. Le caporal qui renverse son président, un ancien capitaine fait général, tout cela rappelle que son supérieur n'a pas accédé au pouvoir par mérite.

Dans cette course au pouvoir, la vie humaine n'a aucune valeur. On se débarrasse du président en exercice, de ses collaborateurs, voire de la population comme on le fait des mouches. Ainsi, la tentative de coup d'État en Guinée en 2009 a conduit à un véritable massacre de la population. Le coup d'État au Niger qui dépose Tandja le 28 février 2010 est tout aussi sanglant. Suivront alors les pogroms de l'Est de la Côte d'Ivoire et surtout du quartier de Yopougon à Abidjan. Les rebelles d'Alassane Ouattara soutenus par la France auront finalement raison sur les partisans de Laurent Gbagbo humiliés en début 2011. Suivra le cauchemar centrafricain avec ses Seleka et anti-Balaka. Ainsi que l'avait bien indiqué le dramaturge congolais Tchicaya U'Tamsi, en Afrique francophone, tout militaire ne rêve que du pouvoir et tout civil au pouvoir a les lubies d'un vulgaire militaire.

À l'exception du Sénégal et du Cameroun(3), les 14 États francophones de l'Afrique subsaharienne ont, à un moment de leur histoire, opté pour le changement de régime par les armes. Plus précisément, l'Afrique francophone, en comparaison avec l'Afrique anglophone, a connu bien plus de soubresauts. L'instabilité y est chose courante. Ainsi que l'observe Neldjingaye Kalmeldy dans l'article cité ci-dessus :

« Pour plus de précisions sur les coups d'Etat, disons qu'on a enregistré : 47 en Afrique francophone et 19 en Afrique anglophone. Ces conflits armés et actes de violence retardent le développement de l'Afrique ».

Il convient alors de se poser un certain nombre de questions : comment démilitariser le pouvoir ? Comment remplacer le canon par le bulletin de vote ? Comment s'imposer avec la seule et véritable force de prise de pouvoir que sont les urnes ? Comment décoloniser les armées pour une véritable armée républicaine ? Les germes du mal me reviennent comme les cadavres émergeant du fond d'un fleuve. Il m'a toujours semblé que l'école nouvelle en Afrique francophone était une sorte de caserne militaire. On n'y pense pas, mais on y est soumis à un entraînement intense pour ânonner les connaissances transmises par les maîtres militaires ou en service militaire. Quand j'ai passé l'épreuve d'admission à l'école nouvelle, lorsque j'ai pu, à un moment de ma tendre enfance, saisir mon oreille gauche avec ma main passée par-dessus ma tête, j'ai eu enfin droit à un cartable et une ardoise. J'ai franchi les portes de l'école publique de Fu'nda heureux, mais inquiet. Mes demi-frères avaient si souvent mystifié cet alignement de maisons blanchies à la chaux au Carrefour de Hiela que chaque fois que j'y pensais, j'avais une subite envie de faire dans mon cache-sexe. Chaque jour me parvenait l'écho de cet espace d'armement du nouveau citoyen. D'abord les matins lorsque les marches et autres refrains rythmaient le salut du drapeau. Puis les soirs lorsque mes demi-frères revenaient de l'école. Ils se mettaient alors à nous enseigner, nous autres gamins qui n'avions pas encore passé l'épreuve. Nos mains ne pouvaient pas encore saisir l'oreille opposée.

Mon entrée à l'école nouvelle coïncida avec la nomination d'un nouveau directeur d'école, un ancien commando reconverti en enseignant. Ah, les commandos, ces chasseurs de têtes, cette milice qui opérait cent fois mieux que l'armée française. Pendant la guerre, il avait été chef commando. C'était un homme trapu avec des yeux injectés de sang. On disait comme ça, et que ne disait-on pas du chef commando. On disait que c'était le sang de ses victimes. Son regard avait plus de poids que ses paroles. À peine avait-il pris ses fonctions qu'il introduisit la tenue d'école. Et pour nous, cela devait être du bon kaki amidonné et redressé à tel point qu'il pouvait fendre l'air comme une lame. Le jour où le nouveau directeur prit les commandes, Takou revint de l'école pour littéralement me terroriser.

« Eh frangin ! Vous les novices, vous êtes cuits. Le rituel s'est compliqué avec l'ancien commando. Nous devons désormais arborer la tenue officielle de l'école. Du kaki, du vrai kaki, comme celui que mettaient les milices. Tu verras toi-même. N'as-tu pas passé l'épreuve ? »

En effet, j'avais pu enfin tenir d'une main mon oreille opposée. J'avais grandi dirait-on, assez grandi pour aller à l'école.

« Et le premier rituel, je veux dire la cérémonie du salut des couleurs ? »

« Aussi modifié. Je te l'ai dit, vous êtes cuits. Nous, nous sommes O.K. Maintenant, tous les élèves, de la Sil au CMII [cours moyen deuxième année] doivent se mettre en rang au milieu de la cour, en face du drapeau. Chaque classe a un chef qui doit inspecter sa troupe. Malheur à toi si tu te laisses aller. On doit être droit comme un « I ». On doit chanter l'hymne avec perfection. Malheur à toi si tu manques à un seul aspect de ce rituel, tes fesses en cuiraient ! »

Je le fixai désemparé. Ma poitrine montait et descendait à un rythme effrayant. Père avait été sacrifié à l'autel de la nouvelle indépendance. Il m'aurait rassuré. Il m'aurait aidé à tout comprendre. Takou décida de mettre fin à mes appréhensions.

« Allez viens ! Prenons le devant ! »

Il m'entraîna derrière notre case où, jusqu'à la nuit totale, il me soumit à un entraînement militaire des plus rudes. Sa voix avait le timbre de l'acier :

« Autant ! Fixe ! » ; « Autant ! Fixe » ; « À Gauche, gauche ! » ; « À Droite, droite ! ». « Marquez le pas : Un, deux ! Un, deux ! ». « En avant, marche ! » Suivait alors l'hymne que je baragouinais sans rien comprendre :

« Ô Cameroun berceau de nos ancêtres

Autrefois tu vécus dans la barbarie

Comme un soleil tu commences à apparaître

Peu à peu tu sors de ta sauvagerie… ».

Quand on est caporalisé, on ne pense pas. On agit même contre ses propres intérêts. Caporalisés, nous avons chanté, à la suite des séminaristes de Foulassi, notre 'sauvagerie' sans autocritique.

J'ai longuement évoqué mon premier contact avec l'école nouvelle pour faire comprendre le poids de la militarisation de la vie en colonie. Nous étions avant tout de jeunes soldats de la République. En colonie comme en néo-colonie, l'enfant grandit avec des réflexes militaires et l'adulte, le goût du commandement. La discipline qui y est infligée est semblable aux corvées qu'on inflige au militaire récalcitrant. Elles vont du nettoyage de la classe au désherbage de la cour. L'enfant parfois doit faire des pompes, ou s'agenouiller pendant des heures, se tenir sur un pied pendant toute une période.

L'apprentissage est en soi un entraînement, « a drilling » comme on dit en anglais. Ce qui compte pour Mamadou et Bineta qui apprennent à lire, c'est ânonner les sons de la langue française. On n'a pas besoin de comprendre ce dont il est question dans le texte. On récite. D'ailleurs, lorsque Mamadou et Bineta deviennent grands, ils lisent sans rien y piger les textes de Maupassant, d'André Demaison, de Pierre Loti et les classiques comme Jean de La Fontaine, Molière, Jean Racine, Pierre Corneille. Il y a surtout du Corneille qu'on clame comme on le fait du sacerdoce. On est citoyen comme on est militaire et l'enfant, en cycle de maternelle, est tout aussi soldat, car « Aux âmes bien nées, la valeur n'attend pas le nombre d'années ». Coloniser, c'est dresser à la fois le physique et le mental de l'indigène.

À la propension s'ajoute la volonté d'humilier, d'abaisser, de rouler l'indigène dans la boue. Il suffit de lire le deuxième vers du chant de ralliement des élèves de Foulassi pour comprendre que leurs maîtres ne voient en eux que des « barbares » marqués par la sauvagerie. De 1960, date d'accession à l'indépendance à 1970, les Camerounais sous la dictature d'Ahmadou Ahidjo ne pensent pas. Adultes et enfants vont ânonner ces quatre premiers vers du chant de ralliement devenu l'hymne national jusqu'au jour où « Va debout et jaloux de ta liberté » remplace « Peu à peu tu sors de ta sauvagerie », tandis que « Autrefois tu vécus dans la barbarie » disparaît pour que désormais on ânonne de nouveau sans trop y croire « Un symbole ardent de foi et d'unité » (5). L'école comme la caserne sont alors des lieux où on exécute des ordres, où la pensée est exclue.

2. La codification du « pouvoir de sabre »

En colonie comme en néo-colonie, la raison du plus fort est toujours la meilleure, comme l'a si bien écrit Jean de La Fontaine. Et le plus fort, on s'en doute, est le colonat local, c'est Paris. Le texte de Ryussen est une parfaite application des fables comme données fondamentales de la vie dans les colonies françaises. Il y a et doit y avoir un plus fort en colonie, c'est l'Européen, le soi-disant civilisateur. En face de lui, les autres, la masse, les indigènes à contrôler, à mâter dès que le plus fort détecte en eux une attitude ou un geste de révolte. Mais, au-delà de l'inculcation de la loi du plus fort dans les crânes, le fonctionnaire colonial pense à préserver ses méthodes, car les paroles volent, mais les écrits restent. Ruyssen, fervent défenseur des rudes méthodes, demande à l'État et au Parlement de préserver le code. Son intervention au Congrès de Paris est on ne peut plus claire. L'indigène est avant tout l'autre, le rude, le sauvage qui a besoin de méthodes fortes pour se ranger.

Le texte de R. Ruyssen, reproduit ci-dessus, pose sans équivoque la nécessité pour le colonisateur de militariser la vie en colonie, car «...de même qu'il y a un code militaire, il [l'amiral de Gueydon] voulait un code spécial aux indigènes». Selon Ruyssen, les indigènes n'entendent que le langage de la répression et seule l'autorité militaire est à même de diriger un tel régime. En tout état de cause, il est question de sévir, de punir, de réprimer, de dresser l'indigène surtout lorsqu'il est question d'annihiler l'acte politique, « ... la négligence ou le retard dans le paiement de l'impôt, la dissimulation des matières imposables, le refuge donné à un suspect, etc. ».

Se soustraire aux obligations fiscales est tout aussi punissable que l'irrespect de l'autorité, la divagation des bêtes sur la voie publique, l'abandon du service par les indigènes. Tout tourne autour du colonat local. Civil ou agent d'administration, il est question de sa dignité, des impôts qui doivent l'aider à bien vivre en colonie. Il détermine le nombre et la nature des infractions. Celles-ci varient selon les colonies, selon les peuples colonisés, selon les humeurs du colonat. Le prix à payer ? Ruyssen énumère ainsi qu'il suit les formes que prennent les sanctions. Est-il besoin de dire qu'elles ne sont nullement proportionnelles aux infractions ? :

« *Le maximum des pénalités mises à la disposition des autorités militaires fut : pour les commandants de cercle, de 15 jours de prison et de 50 francs d'amende ; pour le commandant de la subdivision, de 1 mois de prison et de 100 francs d'amende ; pour le commandant de la division, de 2 mois de prison et de 200 francs d'amende ; les chefs indigènes du territoire militaire pouvaient prononcer des amendes d'un maximum de 50 francs. Ce dernier chiffre est aujourd'hui réduit à 20 francs ; mais par contre les généraux de division peuvent infliger des amendes de 300 francs* ».

Comme on le constate, les amendes ou les punitions sont proportionnelles aux grades de ceux qui les exécutent. Plus on est gradé, plus fort on réprime, on mâte, car le pouvoir est incontestable, suprême. Comment ne pas penser aux droits divins du roi ? La colonie et la néo-colonie sont amalgames des pouvoirs républicains et monarchiques.

3. L'évolué des armes et l'indigène de la République

En contexte colonial, on est évolué, soit par l'école, soit par les armes. C'est dire qu'on est *ipso facto* épargné des chaînes de l'indigénat. En néo-colonie, les mêmes conditions vous placent sinon aux commandes, du moins en position de privilèges.

Lorsqu'en 1982 je prends fonction dans un bled de mon pays, Bafang, pour enseigner la langue et la littérature françaises, je suis résolu à purger nos institutions de la gangrène coloniale. J'avais été formé à l'école du conservatisme gaullien. Racine, Molière et autres Racine étaient pour nous, la littérature, le modèle à suivre. Mais quatre années d'études à Lyon et la fréquentation du monde progressiste m'avaient guéri du bourrage du cerveau. J'avais enfin acquis ma liberté. J'avais enfin compris qu'il y avait autre chose que la droite gaullienne. J'étais revenu au bercail pour enseigner ces nouvelles trouvailles aux miens et rédiger ma thèse. À Bafang en 1982, j'étais en croisade contre le monolithisme de la pensée. J'y étais enseignant de français qui lisait Molière certes, mais choyait Aimé Césaire, Chinua Achebe, Mongo Béti. J'étais résolu à donner à mes élèves des classes de première et terminale de la littérature africaine. J'avais alors l'Afrique littéraire dans la bouche et Victor Hugo, Jean-Paul Sartre en main, mais hermétiquement scellés. Quel que fût le classique français que j'étais supposé enseigner, mon Césaire préféré était, chaque année, *La Tragédie du Roi Christophe* (Paris : Présence Africaine, 1963). Je voulais mes mises en scène réalistes. Je voulais que mon public touche du doigt le message de Césaire. Une fois, j'ai décidé d'habiller Christophe et Pétion en militaires camerounais. Je me suis donc rendu au camp dirigé par un capitaine inclassable. Bafang était comme tout l'ouest du Cameroun en état d'urgence des années d'après l'indépendance. Mon homme me reçut en grande pompe. Ses « Sans galons servaient ». Je fixai un des servants dans les yeux. Brisé par l'âge et le dur service, il avait l'âge du géniteur de son patron. Je vécus la situation médusé. J'écarquillai mes paupières pour mieux voir ce vieux « Sans galons » qui faisait la lessive. Il fit un geste machinal pour cacher un caleçon femme sous un dessous masculin. Trop tard, j'avais tout vu. La vue d'un vieil homme lavant les dessous de femme me sidéra. Indigné, j'attaquai sans ménagement :

« Mon capitaine, quel est l'âge du « Sans galons » qui fait la lessive ?

« Il doit avoir la soixantaine. »

« C'est un vieux père de famille, si j'en juge par son apparence. »

« Exact ! Il est père de 10 enfants. »

« Père de dix enfants », m'exclamai-je indigné.

« Oui, et alors ? » repartit mon bonhomme de militaire tout brillant de galons. Il était impeccable dans sa tenue, rigoureux dans le regard et le ton. Je crus voir le spectre du général coupeur des têtes planer sur nous. Il avait certainement réprimé sous les ordres de Lamberton, Semengue et autres.

« Mais il a l'âge de ton père. »

« Et alors ? » reprit l'homme quelque peu énervé.

« Il lave les culottes de ton épouse. C'est écœurant ! »

L'évolué des armes prit tout son temps pour me répondre. Un temps qui me parut interminable. Un temps pendant lequel sa poitrine monta et descendit comme les soufflets d'une forge. Il écumait de colère, mais gardait son calme. Je dois avouer qu'il m'aurait administré une de ces fessées qu'on ne voit qu'en nos colonies et néo-colonies. Qu'étais-je ? Un vulgaire évolué des livres. On a beau être de l'autre côté, je veux dire évolué des armes et évolue des livres, les premiers ont toujours le dernier mot, plus de privilèges.

« J'ai été autre chose qu'un militaire. J'ai été comme toi, Monsieur le Professeur. » L'insulte était à fleur de peau. Elle était si prononcée que je jetai de furtifs regards de gauche à droite pour voir s'il y avait des oreilles autres que les nôtres.

« J'ai été maître d'école. De 1955 à la veille de notre indépendance en 1960, j'ai servi comme maître d'école. J'avais une fierté certaine. La guerre de libération battait son plein. Je n'étais pas au maquis, mais j'étais en guerre. L'éducation était l'arme d'alors et du futur. Je me rappelle ce moment comme si c'était ce matin. J'avais mis mon costume amidonné et fin repassé. J'étais fier de ce que j'étais. Ce matin-là, je me dirigeais vers mon établissement sans savoir que, très tôt le matin, New Bell, le quartier Congo, avaient été encerclés par les militaires. Ah, le Kalé, kalé ! L'armée coloniale voulait purger le quartier des subversifs. Ils étaient partout, galonnés et « Sans galons » ! Dans mon kaki impeccable, j'étais « Citoyen », c'est-à-dire évolué, promis au rang des hommes de la République. Mais nous étions en colonie ! Un minable « Sans galons m'interpella et me poussa dans la boue. Parfaite image du tirailleur sénégalais, il était de ceux qui avaient récolté la misère après avoir libéré la République. Il me demanda de m'enrouler dans la boue. Il me força à prendre un bain que j'arborai. J'obtempérai. On était en colonie. L'arme était le pouvoir. Je suis sorti de cette humiliation déterminé à devenir militaire, mais militaire de haut rang. La loque humaine qui me sert aujourd'hui est l'homme, le même qui m'humilia à New Bell. Je n'ai aucun regret. »

En colonie comme en néo-colonie, commander c'est humilier.

L'inclassable capitaine qui avait vécu l'époque du colonialisme finissant m'aida à habiller mes acteurs en véritables militaires. Cela me valut une nuit à la cellule policière de Bafang. Il vint le matin m'en sortir, un sourire au coin des lèvres.

« Mon commissaire, dit-il au vu et su de tous, laissez aller le professeur. C'est moi qui lui ai prêté ces costumes pour son théâtre. Ah, ces hommes de théâtre ! Ils nous amusent bien ! N'est-ce pas votre avis, mon commissaire ? »

Et puis, sans même me jeter un regard compatissant, il lança du haut de ses galons : « Il n'est qu'un troubadour, comme le dirait l'autre. Laissez-le aller ! »

Les deux armes de notre République pouffèrent de joie. Je fus libéré. Je ne revis jamais mon ami de capitaine. On dit, et je n'ai jamais pu le vérifier, on dit qu'il faisait partie du « Mouvement J'ose » qui, le 7 avril 1984, ébranla la dictature qui nous écrase depuis 1982 (3). Nordistes, dit-on, partisans de notre premier bon tyran Ahmadou Ahidjo, nos braves révolutionnaires seraient dans une fosse commune du côté de Mbalmayo. Mon ami de capitaine y est sans doute. Comme ses frères d'armes, il se voyait à Étoudi. Il rêvait d'Étoudi puisqu'il avait les armes. Il connaissait la colonie et la néo-colonie. La vie y était du côté de ceux qui avaient les armes !

J'ai longuement évoqué cet épisode de ma vie pour bien dire que le régime de l'indigénat fonde le socle de notre République. L'arme ouvre les portes à tout. En 1982, Biya sait que sa pérennité au pouvoir dépend de ses rapports avec les armes de la République (6). Les cajoler lui assure le monopole du commandement. Il en a conscience depuis le putsch manqué du 6 avril 1984. Depuis lors, il s'appuie sur l'armée comme il s'en méfie. Il multiplie les milices et autres services secrets. Il décentre les commandements pour mieux les contrôler. Ni les généraux, ni jeunes loups, ni les services secrets multiples ne savent laquelle des armes est la favorite du président. Seul le dictateur sait laquelle fournira les renseignements déterminant l'action de contrôler le pays. Qu'on se le rappelle continuellement si on veut gouverner autrement. Biya qui hérite du pouvoir camerounais le 6 novembre 1982 sait que les armes sont inséparables du pouvoir de gouverner. Ahmadou Ahidjo s'en était servi pour asseoir sa toute-puissance ; Biya lui emboîta le pas pour s'assurer 33 ans d'un règne stérile.

Avec Biya donc, les armes s'embourgeoisent. Lorsque la Banque mondiale oblige le Gouvernement à faire la taille des salaires au début des années 90, Biya ne touche pas aux armes. Au contraire, il les arrose de privilèges. N'a-t-il pas risqué de perdre le pouvoir aux élections de 1992, battu par John Fru Ndi ? Les armes et les lois d'exception refont alors surface pour mâter ses ennemis politiques. La ville de Bamenda est placée sous état d'urgence ; le vainqueur Fru Ndi assigné à résidence surveillée, les armes envahissent la province du Nord-ouest, tiennent la frondeuse province à l'œil. Il suffit de se rappeler nos années de braise, les colères de 2008, tous noyés dans le sang par nos armes au profit du tyranneau. Il mourra au pouvoir grâce aux armes de la République. En parler Bulu, il susurre dans son coin, attendant la mort : « Va dire ! » Demain Maurice Kamto, l'homme politique le plus en vue aujourd'hui ? Il tiendra le même jargon en Ngomala, une de nos langues des Grassfields.

Notes et références

1. Kouassi Yao, dans un article, intitule «Les coups d'État en Afrique de juillet 1952 à Mars 2013 » fait l'état des lieux. Il survole tout le continent avec cependant une attention particulière à l'Afrique francophone. Après avoir insisté qu'aucune région n'est épargnée, Kouassi Yao énumère : « Dans l'ordre, les régions les plus « dynamiques » sont l'Afrique de l'Ouest avec près de 30 coups d'État, suivie de l'océan Indien (20), l'Afrique centrale (9), l'Afrique orientale (6), l'Afrique du nord (4) et la corne de l'Afrique (3). *Les pays francophones se taillent la part du lion avec 19 pays ayant connu un ou plusieurs coups d'État* », in *Rhumsiki 1*, 2e semestre (2014)182-201. C'est moi qui souligne.

2. Retrieved from *Germinal*, on 10 Janvier 10, 2012.

3. Il faut dire qu'un intellectuel hors pair, Bernard Fonlon, postcolonial avant la lettre, lit entre les lignes les textes nous dégradant au moment où Ahidjo et les autres lui demandent de traduire le chant de ralliement. Fonlon tourne carrément le dos aux humiliations pondues à l'École de Foulassi. Pure trahison clame un certain Thomas Théophile Nug Bissohong qui aurait voulu que l'anglophone colle à la lettre du texte original.
Dans un article intitulé « Problématique de l'hymne national : cabale autour d'une traduction », Jean Takougang donne raison à Fonlon. Il trouve en effet qu'écrire comme le fait Bissohong que : « Les paroles d'un hymne national sont quasi sacrées » est un

lamentable manque d'esprit critique. Est-ce intellectuel pour un colonisé que fut Fonlon que de considérer le discours colonialiste comme texte sacré ? Car c'est sous la dictée des moniteurs colons que les élèves de Foulassi composèrent le chant de ralliement. http ://germinalnewspaper.com/index.php ?

4. Lire Henri Bandolo, *La Flamme et la fumée.* Yaoundé : Sopecam, 1985.

5. Comme je l'ai écrit ailleurs, le Cameroun est en fait un régime militaire déguisé. Le pouvoir civil se sert des forces pour réprimer l'opposition et régner sans partage. Ainsi, Paul Biya ne pouvait se faire réélire de 1982 à 2011, modifier la Constitution, gouverner sans rendre compte qu'avec la complicité du corps militaire qui réprime, tue sans état d'âme. N'avait-il pas rasé l'UPC ?

Deuxième partie

La valse des prédateurs : De l'AOF à la CEDEAO

Chapitre 1

Indigénat hier et aujourd'hui : Répression, Taxes arbitraires, Matières premières, Prestige(1)

Indigénat hier et aujourd'hui : répression des indigènes, taxes arbitraires sur les indigènes, matières premières pour la métropole, prestige pour la France.

Comment comprendre la permanence des délires du pouvoir en Afrique francophone ? Quelles sont leurs racines ? Comment une lecture actuelle du code de l'indigénat, autrement nommé infractions spéciales, peut-elle aider à comprendre le surgissement d'hier dans aujourd'hui ? Que doivent exiger de la République-empire les victimes du code matraque, du monstrueux instrument de gestion des indigènes ? C'est sous la Troisième République que le code matraque fait sa marche impériale dans les territoires colonisés. Pour ce qui est de l'AOF, c'est un arrêté de Jules Genouille, gouverneur du Sénégal de 1886 à 1888 qui en constitue le point de départ. Cet arrêté, acte administratif d'un fonctionnaire, promulgue le décret du président de la République qui, sur recommandation du ministre de la Marine, consent que le code soit appliqué au Sénégal et dans les territoires annexes. Il ne fait aucun doute que c'est suite au succès de ces infractions en Algérie que la métropole décide d'élargir leurs espaces d'application. L'Algérie conquise en 1830, ayant donné aux dirigeants de la République-empire et aventuriers un gourmand appétit des colonies, il convenait aussi de bien penser aux méthodes de les gérer.

Dans ses analyses du monstrueux instrument, Le Cour Grandmaison laisse dans l'ombre l'Afrique au sud du Sahara. Tout au plus mentionne-t-il, à la suite de bien d'autres comme André Gide avec son *Voyage au Congo*, René Maran et son *Batouala*, l'ampleur des désastres que causent ces infractions, surtout en AEF. Le Cour Grandmaison note que le code dans ces territoires, est avant tout instrument de ponction des espèces sonnantes et des matières premières. Le bilan de la répression est encore à établir. Il suffit de lire les aveux d'un Georges Toqué, *Les Massacres au Congo* [Paris : L'Harmattan, 1996 ; Éditions sociales, 1964], sorte de mémoire sélective et romancée, pour avoir une idée de ce qu'il faut reconnaître comme un véritable génocide.

Car le comment gérer les peuples indociles, prompts à la rébellion, fut un acte politique pensé et exécuté comme le nazisme. Comment le faire quand on sait que l'acte d'occupation, injustifié, brutal ne pouvait qu'être du point de vue du colonisé source de mécontentement ? Un seul mot vient à l'esprit : la répression. Notons bien que les textes 2 et 3, arrêtés des gouverneurs Jules Genouille et William Ponty reprennent à suffisance, les mots clés du code « Pouvoirs répressifs des administrateurs coloniaux. » La répression est physique, monétaire et morale. Le texte 1, décret du président de la République, donne à l'exécutif colonial, les pouvoirs de décision couvrant tous les champs du gouvernement. En clair, les administrateurs en colonie ont entre leurs mains les trois branches du gouvernement que sont le législatif, l'exécutif et le judiciaire. Il suffit de constater que c'est William Ponty dans le texte 3 qui décide du nombre et de la nature des infractions.

Contrairement à l'Algérie qui a 27 infractions, le Sénégal n'en a que 26. Il en sera ainsi des arrêtés des lieutenants-gouverneurs agissant sous l'autorité du gouverneur général. Chacun assumera, dans sa colonie, les trois branches de gouvernement. Comme je le démontre pour le cas de la Mauritanie, de la Guinée, le nombre et la nature des infractions seront proportionnels à la nature indocile des populations de ces colonies.

Les infractions laissent transparaître un certain nombre de centres d'intérêt. Ils sont avant tout ceux de la métropole et du colonat local. Il y a d'abord les préoccupations sécuritaires. Du moment qu'il se sait en danger permanent, le colonat local doit prévenir l'agir des colonisés. Restreindre leurs mouvements ou veiller à ce qu'ils ne se regroupent pas est aussi important que veiller à ce qu'ils ne soient pas en possession d'armes. Viennent ensuite les finances. Il faut de l'argent pour administrer les colonies, c'est-à-dire développer les infrastructures rudimentaires qui servent à l'évacuation des matières premières, au paiement des auxiliaires et à l'entretien des infrastructures. En d'autres termes, les colonies doivent s'autofinancer, étant entendu que la métropole n'en a pas l'intention. Comment y parvenir sinon en levant des taxes arbitraires sur les populations, punir avec une extrême cruauté la désobéissance fiscale ?

On le voit bien, l'administrateur, quel que soit son niveau d'éducation, sa position sociale, dès lors qu'il assume une fonction administrative, a entre ses mains les pleins pouvoirs pour mettre à l'ordre l'indigène. Ses pouvoirs, redisons-le, sont avant tout répressifs. De la bastonnade à mort d'homme en passant par des privations de liberté d'aller et venir, d'expression, les répressions sont définies et exécutées par l'administrateur. Il n'a de comptes à rendre à ses supérieurs qu'après coup. Toute proportion gardée, tout citoyen français agit comme s'il/elle était un administrateur colonial. Il a conscience de ses énormes privilèges, de la supériorité de sa race. Son souci c'est de préserver l'autorité et les privilèges des Français de souche. Il suffit de regarder un film comme *Le Grand Blanc de Lambaréné* de Bassek Ba Kobhio [1994]. Albert Schweitzer, comme le gérant de la compagnie d'exploitation forestière, y donne des coups de pied et des gifles à la moindre contrariété. Il en va de même du religieux Vandermayer dans *Le Pauvre Christ de Bomba* de Mongo Béti ou du commissaire de police dans *Une vie de Boy* de Ferdinand Oyono. Ils sont d'avis que c'est le colonat local en entier qui veille à l'exécution des sanctions afférentes aux infractions spéciales.

Le texte 1, décret présidentiel, suggère le champ d'application des sanctions. Mais comme je l'ai dit tantôt, c'est finalement l'administrateur qui prend les décisions de déterminer l'infraction, le coupable et la nature de la sanction. Qu'un décret tente de tempérer les zèles de ces administrateurs, ne change pas la donne. Le Président n'est-il pas dans la même logique, à savoir celle des pleins pouvoirs ? Tout décret est un acte exceptionnel, un acte dont le président de la République ou le Premier ministre rend compte bien plus tard au Parlement. Tout acte pris par le président de la République ou le Premier ministre dans l'exercice de ses fonctions, tout décret est acte administratif unilatéral. Ces actes administratifs passent outre le pouvoir judiciaire et législatif.

Véritable arsenal militaire, le texte 1 énumère la nature des sanctions sans préciser à quelles infractions elles correspondent. Ainsi, le décret du président de la République étendant le code au reste des territoires en 1887 laisse aux administrateurs la liberté d'application. Qu'importe s'ils peuvent le faire en les grossissant, en les adaptant, selon leurs fantaisies ! Bien plus, par décret, le Président, appuyé par ses ministres de la Justice Garde de Sceaux, de la Marine et des Colonies, énumère ainsi qu'il suit l'arsenal de répression : l'emprisonnement : [1 à 15 jours]. Amende : [50 à 100 francs]. Internement [Exil en territoire inconnu]. Séquestre des biens. Je reviens sur ces sanctions qui furent accompagnées d'autres pratiques humiliantes, voire de crimes tels que ceux qui conduisent Toqué devant le tribunal en métropole. Quel montant en espèces sonnantes fut récolté pendant des dizaines d'années d'application du code monstrueux ? Quels chiffres donner à différentes privations de liberté ? Combien d'indociles indigènes furent internés et leurs biens séquestrés ?

Que ce soit l'administrateur au cœur des arrêtés, soutenu par ses supérieurs ou le Président et le Premier ministre qui décrètent, les uns et les autres pensent avant tout au prestige de la République-empire, son économie, sa place dans le monde. De 1887 à la veille de la Première Guerre mondiale, la République-empire organise. Elle a si bien « pacifié » que l'Afrique de l'Ouest, sous sa coupe, prend l'ignoble dénomination AOF. L'expression indique bien les prétentions de possession, donc de dépossession.

Pour que fonctionne pleinement le « Pouvoir de sabre » pieusement souhaité par Ruyssen, la République-empire se doit de se forger une armée puissante. Elle ne pouvait, hélas, venir de la métropole. Ce sont donc les colonies qui en fourniront les éléments. Cette force noire servira à la « Pacification », entendre par là la conquête de nouveaux territoires, le maintien de l'ordre colonial, l'annihilation de toute résistance et bien évidemment la défense de la République en cas de besoin. La Première Guerre mondiale et la Deuxième Guerre mondiale seront les terrains du déploiement de cette redoutable force entre-temps nommée tirailleurs sénégalais. Qu'importe que des révisionnistes tels que Marc Michel [« Colonisation et défense nationale : Le général Mangin et la Force noire » in *Guerres mondiales et conflits contemporains* [Paris : Presses Universitaires de France, 2008/2 no 230] minimisent le poids des tirailleurs dans les guerres françaises ? Depuis peu, des « contre-discours » délient les langues. Ainsi, le film à succès de Rachid Bouchered, *Les Indigène*s [2003]. Ce film aide à faire honte à l'Assemblée qui, sous de Gaulle, gèle les pensions des tirailleurs. La République aujourd'hui doit payer, même avec retard, les services rendus. Il en va de même pour les crimes pensés et exécutés contre les tirailleurs. Ainsi, le massacre du camp Thiaroye au Sénégal. À la suite d'Armelle Mabon qui dénonce ce crime dans *Prisonniers de guerre « indigènes »* [Paris : La Découverte, 2010], François Hollande vient, au sommet de la francophonie de Dakar en 2014, de reconnaître le crime d'État au cœur de la politique française.

Donc, on a beau passer sous silence l'immense contribution de cette « Force noire », la vérité surgira en cette ère des nouvelles technologies. Mais ce qui reste à amplement démontrer, c'est la contribution des tirailleurs aux divers massacres programmés et exécutés par les administrateurs coloniaux dans les colonies. Mangin est de ceux qui imprimèrent l'esprit de férocité à la « Force noire ». N'était-il pas surnommé le « Boucher » ? Le jeu psychologique consiste à imprimer dans les esprits l'image de l'Africain sauvage, d'une brutalité animale. Cette peinture anthropologique hautement irréelle sera reprise de façon ironique par Yambo Ouologuem dans *Le Devoir de violence* [Paris : *Le Serpent à plumes*, 2003]. Tout au long de sa rencontre avec l'Afrique, la France lève une armée avec l'apport des Africains pour massacrer les Africains. Le soi-disant acte de pacification ne réussit aussi facilement que parce que les Africains sont formés pour massacrer les Africains. Au Cameroun par exemple, ce sont les tirailleurs tchadiens et autres sénégalais qui massacrent, sous le commandement du général Briand, les nationalistes de l'UPC. Georges Toqué reconnaît que sa force de pacification repose sur les tirailleurs sénégalais du Sénégal qui ratissent et massacrent les Africains du Moyen-Congo, sans état d'âme.

Quel crédit donner alors aux armes françaises dans ces anciennes colonies ? Quels intérêts défendent-elles en Côte d'Ivoire, au Mali assiégé, en République centrafricaine, au Tchad et bien d'autres nations francophones qui ont signé des accords au lendemain des indépendances ? Quel rôle joua la France dans le génocide rwandais ? À qui ont profité les 'Printemps arabes' où les armes françaises aidèrent à prospérer ? Où donc est la France après avoir convié à l'Élysée les naïfs africains pour déclarer la guerre à Boko Haram ? Qui arme Boko Haram ? Comment comprendre que le naïf Biya qui a payé d'énormes sommes pour libérer les Français soit laissé à lui-même ? Où donc est la France quand le Kamerun brûle ?

Blanc bonnet bonnet blanc, telle est la triste réalité des rapports entre la France et ses anciennes colonies. Hier auxiliaires de l'administration coloniale, les Africains aux commandes de leurs nations créées sur mesure par la France ne sont ni plus ni moins que de minables administrateurs, moins bons qu'au temps des colonies. On ne peut que sourire en entendant Alassane Ouattara pérorer après sa victoire sur Laurent Gbagbo. En rien il ne fut combattant. C'est la France de Sarkozy qui massacra pour son compte. Qui donc doit être à La Haye ? Question inessentielle, car ce qui compte c'est le délire du pouvoir et mes jeunes compatriotes de *Germinal* ont de l'imagination. C'est d'eux que j'ai ces fortes images de notre embrigadement. Ainsi pérora le président francophone Alassane Ouattara, après que l'armée française, comme les tirailleurs en leur temps, a massacré pour la gloire de la France :

«Je viens d'abord remercier le président Sarkozy et son gouvernement pour l'intervention menée en avril sous-mandat des Nations unies », confie au journal *Le Monde* du 26 janvier 2012 Alassane Dramane Ouattara en visite d'État à Paris. Un laquais qui vient payer tribut à son maître, car en fait qu'est-ce que la Côte d'Ivoire d'aujourd'hui sinon une pauvre province comme ce fut le cas du temps de la République-empire ?

Germinal, l'un des journaux les plus sérieux du Cameroun, illustrait son article intitulé : « Ces Sous-préfets français qui gouvernent l'Afrique », sur la Côte d'Ivoire, par cette icône d'un Ouattara triomphant.

"Ces Sous-préfets français qui gouvernent l'Afrique », écrit Calixte Baniafouna dans *Germinal* du 12 février 2012
http ://germinalnewspaper.com/index.php.

Comment ne pas penser au bon vieil ordre public colonial qui, en son temps, avait coûté des vies africaines ? La France y envoyait ses administrateurs. Aujourd'hui, elle les coopte et les installe par les armes au pouvoir comme l'évoque Baniafouna au sujet de Ouattara que la

France impose aux Ivoiriens. Le code, notons-le, réprime dans le sang toute tentative de soulèvement. Il était alors question du régime colonial, méfiant des indigènes jusqu'à leur ombre. Il en sera de même des nations nouvelles qui ne sont en fait que des subdivisions de la France comme *Germinal* le note avec ironie. Les nations n'ont même pas rang de préfecture ni de région. Elles sont des sous-préfectures et leurs administrateurs, l'équivalent des chefs de subdivision de l'époque coloniale. Le dossier montre clairement comment la cellule africaine de l'Élysée n'a jamais eu une noble idée des nations africaines. Depuis Jacques Foccart sous de Gaulle, l'Afrique est demeurée telle, une région placée sous le « régime de sabre. »

Notes et références

1/ Retrieved from Germinal, Feb 12, 2012.
http ://www.germinalnewspaper.com/index.php

Annexe 1. Archives coloniales [Archives nationales du Sénégal]

Le Président de la République, sur le rapport du ministre de la marine et des colonies et du garde des sceaux, ministre de la justice ;

Vu l'art. 18 du sénatus-consulte du 3 mai 1854 ;

Vu l'ordonnance du 7 septembre 1840 concernant le gouvernement de la colonie du Sénégal et dépendances ;

Vu les décrets du 9 août 1854 et du 1er avril 1863 relatifs à l'organisation de la justice au Sénégal ;

Vu le décret du 6 mars 1877, portant application du Code pénal au Sénégal ;

Vu le décret du 22 septembre 1887 organisant les corps administratifs coloniaux, décrète :

Art.1er. Les administrateurs coloniaux statuent au Sénégal et dépendances, par voie disciplinaire, sur les infractions commises par les indigènes non citoyens français contre les arrêtés du gouvernement rendus en exécution de l'art.3 du décret du 6 mars 1877.

2. Les arrêtés pris par le gouverneur, en ce qui concerne les indigènes, pourront être sanctionnés par des pénalités allant jusqu'à quinze jours de prison et 100 fr. d'amende au maximum. Les dispositions de l'art.3 du décret du 6 mars 1877, qui ordonnent la conversion en décrets les arrêtés édictant des pénalités supérieures à celles qui sont prévues au tarif du livre IV du Code pénal, ne sont pas applicables à ces arrêtés.

3. Les décisions des administrateurs coloniaux, en matière disciplinaire, pourront être déférées au gouverneur en conseil privé.

4. L'internement des indigènes non citoyens français et de ceux qui leur sont assimilés, ainsi que le séquestre de leurs biens, peuvent être ordonnés par le gouverneur en conseil privé. Les arrêtés rendus à cet effet sont soumis à l'approbation du ministre de la marine et des colonies. Ils sont provisoirement exécutoires.

5. Le ministre de la marine et des colonies et le garde des sceaux, ministre de la justice, sont chargés, etc.

Le Président de la République

Annexe 2 : Archives coloniales [Archives nationales du Sénégal]

17G/55 (17) No 281.- Arrêté promulguant dans la colonie le décret du 30 septembre 1887, déterminant les pouvoirs répressifs des administrateurs coloniaux.

Nous, Gouverneurs du Sénégal et dépendances,

Vu l'article 50 de l'ordonnance organique du 7 septembre 1848 ;

Vu la dépêche ministérielle du 13 octobre 1887, no 46 ;

Vu la proposition du directeur de l'intérieur :

Avons arrêté et arrêtons :

Article premier. Est promulgué dans la colonie du Sénégal et dépendances le décret du 30 septembre 1887, déterminant les pouvoirs répressifs des administrateurs coloniaux vis-à-vis des indigènes non citoyens français.

Art. 2. Le directeur de l'intérieur est chargé de l'exécution du présent arrêté.

Saint-Louis, le 3 novembre 1887.

Jules Genouille

Pour le Gouverneur

Le Directeur de l'intérieur

A. Quintrie

Annexe 3 : Archives coloniales [Archives nationales du Sénégal]

17G/55 (17) No 930.- Arrêté portant énumération des infractions spéciales aux indigènes non citoyens français et tombant sous l'application du décret du 30 septembre 1887 en Afrique Occidentale française.

Le Gouverneur Général p.i. de l'Afrique occidentale française, Officier de la Légion d'Honneur,

Vu le décret du 18 octobre 1904, portant réorganisation du Gouvernement général de l'Afrique occidentale française ;

Vu le décret du 30 septembre 1887, portant répression, par voie disciplinaire, des infractions spéciales aux indigènes non citoyens français ;

Vu l'arrêté du 12 octobre 1888 du Gouverneur du Sénégal, portant énumération des infractions spéciales aux indigènes non citoyens français et créant une pénalité pour leur répression ;

Vu le décret du 10 novembre 1903, portant organisation du service de la Justice en Afrique occidentale française,

Arrête :

Article premier. - Sont considérés comme infractions spéciales aux indigènes non citoyens français et à ceux qui leur sont assimilés, les faits et actes ci-après déterminés :

1* Refus de payer les impôts, amendes ou de rembourser toute somme due à la Colonie, ainsi que d'exécuter des prestations en nature. Négligence dans ces paiements et dans l'exécution de ces prestations ;

2* Dissimulation de la matière imposable, connivence dans cette dissimulation. Déclaration volontairement inexacte du nombre d' habitants soumis à l'impôt ; entraves au recensement ou à la perception ;

2* Départ, sans autorisation, d'une circonscription administrative dans le but de se soustraire au paiement de l'impôt ou à l'exécution d'une décision de justice ;

4* Refus de fournir les renseignements demandés par les représentants ou agents de l'autorité dans l'exercice de leurs fonctions. Déclaration sciemment inexacte ;

5* Refus ou négligence de faire les travaux ou de prêter les secours réclamés par réquisition écrite ou verbale dans tous les cas intéressant l'ordre, la sécurité et l'utilité publics, ainsi que dans les cas d'incendie, naufrage et autres sinistres ;

6* Entraves à un service public ;

7* Refus ou omission volontaire de se présenter devant le Commandant de cercle ou le Chef de poste sur convocation écrite ou verbale transmise par un de ses agents ;

8* Tout acte irrespectueux ou propos offensant vis-à-vis d'un représentant ou d'un agent de l'autorité ;

9* Discours et propos tenus en public dans le but d'affaiblir le respect dû à l'autorité française ou à ses fonctionnaires. Chants proférés dans les mêmes conditions. Propos séditieux, incitation au désordre ou à l'indiscipline ne revêtant pas un caractère de gravité suffisante pour tomber sous l'application du décret du 21 novembre 1904. Bruits alarmants et mensongers mis en circulation dans le but d'agiter les populations ou de nuire à l'exercice de l'autorité ;

10* Immixtion de la part d'indigènes, non désignés à cet effet, dans le règlement des affaires publiques ;

11* Usurpation de fonctions conférées par l'autorité. Port illégal ou imitation de costumes ou insignes officiels. Tentative d'intimidation pour obtenir, au nom de l'autorité, des sommes d'argent, des dons ou un service quelconque ;

12* Tentative de corruption d'un agent de l'autorité ;

13* Pratiques de charlatanisme susceptibles de nuire ou d'effrayer ou ayant pour but d'obtenir des dons en espèces ou en nature et ne revêtant pas un caractère criminel ;

14* Plaintes ou réclamations sciemment inexactes, renouvelées après une solution régulière ;

15* Asile ou aides accordés, dans le but de les soustraire à des poursuites ou des recherches administratives, à des gens qui viennent de commettre un crime ou un délit, à des condamnés évadés ou à des agitateurs politiques ou religieux ;

16* Ouverture sans autorisation d'établissement religieux ou école, formation d'associations non autorisées ;

17* Détérioration ou destruction de travaux, matériels, bâtiments de l'Administration et de tous ouvrages et objets affectés à l'utilité publique ;

18* Coupe, abattage ou détérioration sans autorisation de bois domaniaux ;

19 Allumage de feux de brousse sans précautions suffisantes pour éviter la propagation de l'incendie ;

20 Entraves à la navigation par le jet dans les fleuves et cours d'eau de tous objets pouvant en rendre le passage difficile ou dangereux ;

21* Défaut de surveillance, de la part de ceux qui en sont chargés, de fous furieux, de lépreux ou d'animaux malfaisants ou féroces ;

22* Non restitution, dans un délai de trois jours, d'animaux ou défaut de déclaration à l'autorité dans les mêmes délais ;

23* Coups de feu tirés sans autorisation à moins de 500 mètres de toute agglomération européenne. Tam-tam ou autres réjouissances bruyantes au-delà de l'heure fixée par l'autorité ;

24* Abattage de bétail et dépôt d'immondices hors des lieux réservés à cet effet ou à moins de 100 mètres des habitations ou d'un chemin. Non enfouissement des animaux domestiques ou autres, morts ou tués, ou enfouissement à moins de 1m50 de profondeur et de 500 mètres de distance des habitations ou d'un chemin ;

25* Inhumation hors du lieu consacré ou à une profondeur inférieure à 1m50 et à moins de 500 mètres des habitations ;

26* Refus d'exécuter en cas d'épidémie les mesures concernant la santé publique.

Art. 2. - Lesdites infractions sont passibles de pénalité allant de 1 à 15 jours de prison et de 1 à 100 fr. d'amende.

Art. 3. - Sont également considérées comme infractions spéciales aux indigènes non citoyens français et passibles de pénalités ci-dessus, les contraventions aux arrêtés des Lieutenant-gouverneurs des Colonies, de l'Afrique occidentale française pris en exécution de l'article 2 du décret du 30 septembre 1887.

Art. 4. - Sont abrogées toutes dispositions contraires au présent arrêté et notamment l'arrêté du 12 octobre 1888.

Art. 5. - Les Lieutenant-gouverneurs des Colonies de l'Afrique occidentale française et le Commissaire du Gouvernement général en Mauritanie sont chargés, chacun en ce qui concerne, de l'exécution du présent arrêté qui sera enregistré, communiqué et publié partout où besoin sera.

Dakar, le 14 septembre 1907.

William Ponty

Chapitre 2

L'ombre des résistants : Samory Touré contre les bons tyrans[1]

Les textes 1 et 2 sont les arrêtés du lieutenant-gouverneur du Dahomey [Bénin] Léon Fourn de 1917 à 1928, tandis que le texte 3 serait un arrêté du gouverneur général sur proposition du lieutenant-gouverneur. Tous ces textes sont l'œuvre de Fourn. Il arrive donc en colonie du Dahomey, armé et prêt à maintenir dans leurs chaînes les indigènes remuants. Royaume d'intrépides rois soutenus par de redoutables guerriers et guerrières, le royaume du Dahomey va régner de 1600 à 1894 lorsque les Français, après de nombreuses et sanglantes campagnes, finissent par le coloniser et à en faire partie de l'AOF. À noter que le Dahomey est, du fait de son ouverture sur la côte, en contact avec l'Europe et les Amériques. Fourn y assume les fonctions de lieutenant-gouverneur au moment où le pays est déjà sous le code matraque. Nous sommes dans la période entre les deux Guerres et les Dahoméens comme les autres Africains y ont pris part au rang des tirailleurs. De plus, la vie intellectuelle y est intense et des voix s'élèvent comme ailleurs pour demander que les indigènes soient exemptés du code monstrueux, à défaut de son annulation.

Ainsi, cet exposé liminaire a pour but de jeter la lumière sur les positions de Fourn à propos du code matraque au Dahomey [Bénin]. Selon cet administrateur fraîchement débarqué de la métropole en 1925, le régime d'exception peut et doit être appliqué, mais pas à tous. Depuis la pacification de ce territoire, il y a des Africains qui auraient suffisamment assimilé la civilisation française pour être exemptés du code. Donc, l'application des infractions est sélective et c'est au bon jugement de cet administrateur que l'on devrait s'en remettre. Selon lui, les régions choisies pour être soumises au régime d'exception ne sont pas évoluées. L'administrateur pense que « … pendant la première période de 90 ans qui a suivi la conquête… », les populations sélectionnées pour être soumises au code matraque n'ont pas évolué. Mais qu'entend-il par « évolué » ? S'agit-il du progrès économique, politique et culturel en faveur des Dahoméens [Béninois] ? Que non ! Progresser dans l'esprit de ce colon, c'est accepter, sans broncher, le régime d'exception qui donne tous les privilèges au colonat local et au développement économique de la métropole. Dès lors que les indociles indigènes n'acceptent pas de payer docilement, sans demander des comptes, « l'impôt de capitation », qu'ils refusent d'exécuter des travaux publics sans rémunération, ils ne sont pas évolués. Et pourtant, dans toute démocratie, demander des comptes au gouvernant ou se faire payer pour des travaux exécutés participe de l'ordre de la justice. Un ordre acquis pour tous en métropole, pour quelques-uns en colonie, nullement pour la majorité, les indigènes. Rejeter une telle discrimination équivaut à se donner le statut de hors-la-loi. Mais le régime de l'indigénat est conçu pour maintenir cet ordre des choses.

Ridicule est le raisonnement de l'administrateur fraîchement débarqué de la métropole. Ces populations brimées auraient-elles accepté la soumission à la « politique, en même temps ferme et d'apprivoisement, qui donne les meilleurs résultats », qu'elles auraient reçu de notre administrateur la mention d'évoluées. Mais seulement voilà, les Dahoméens [Béninois] ont eu un Béhanzin comme leader politique incontesté. Ils ont eu leurs intrépides Amazones. Ils savent que le régime d'impôt de capitation est foncièrement injuste, car ils n'ont pas de voie encore moins de voix pour demander des comptes au colonat. Par conséquent, ils n'ont qu'un seul recours, celui qui reste lorsqu'on est acculé au pied du mur : la résistance (2). Hier comme aujourd'hui, l'Afrique est acculée, la francophonie est acculée. Inventée par des Africains, elle sert aujourd'hui de plateforme pour la perpétuation de la politique d'une France qui n'a jamais décroché de ses appétits coloniaux. Même si c'est Onésime Reclus qui invente le concept francophone qui évolue en francophonie, en fin de compte, ce sont des anciens colonisés africains et cambodgiens à savoir le Sénégalais Léopold Sédar Senghor, le Nigérien Hamani Diouri, le Tunisien Habib Bourguiba et le Cambodgien Nouridine Sihanouk qui sont à l'origine de la monstruosité politique qu'est l'OIF [Organisation internationale de la francophonie]. Une manière de fourre-tout, l'OIF rassemble de pires dictateurs et de modérés démocrates. L'Afrique des peuples, des indigènes y est représentée par des ogres. Tout se passe comme si les Africains avaient eux-mêmes fabriqué la corde que la France leur glisse aujourd'hui au cou (3). Ces ogres sont l'émanation du code monstrueux. On y loua la toute-puissance du bon tyran. Les exceptions en constituent le fondement. L'Africain devient alors l'accessoire propre à rejeter à tout moment.

On comprend que tout acte d'indiscipline, tout questionnement de l'action du fonctionnaire français participe du manquement grave, du rejet du « respect de l'autorité française ». C'était vrai hier. Cela l'est aujourd'hui. Cela, on l'aura compris, est un acte politique. La gravité se mesure non seulement par la mention « Confidentiel », mais aussi par la mise en exergue, soit par l'oblique, soit par l'encre différente de celle du contenu du texte, mais aussi du destinataire du rapport à savoir la « Direction des affaires politiques et administratives ». Au moment où il est question d'appliquer le régime de l'indigénat au Dahomey, il y a problème. Les Dahoméens sont caractérisés par l'indocilité : refus de paiement d'impôt de capitation ; refus d'effectuer des travaux publics sans rémunération ; refus de soumission à l'autorité coloniale. Ces refus constituent en soi, non pas de simples infractions, mais des crimes aux yeux de l'administrateur, législateur, juge et exécutant. N'est-il pas la loi dans sa colonie ?

Bien pire, le fait que les Dahoméens marquent leur refus de l'autorité en portant les armes contre le colonisateur double l'infraction. Elle est d'abord délinquance fiscale, ensuite atteinte à l'autorité, donc crime politique. Il y a ainsi un acte subversif, donc politique. Le Dahomey en est le lit. Comment ne pas alors penser à toutes les résistances anticoloniales dahoméennes ? Comment ne pas penser à Béhanzin [Roi d'Abomey, 1845-1906] qui donna des sueurs froides au colonisateur français ? Comment ne pas évoquer les Amazones, fières et intrépides guerrières du même Béhanzin ? Notons qu'au moment de l'introduction du code de l'indigénat en Afrique au sud du Sahara, la France métropolitaine en général et les administrateurs coloniaux en particulier connaissent le passé du Dahomey. Ils savent combien ce peuple est jaloux de sa liberté et a toujours tenu tête aux colons. Relire les infractions spéciales à la lumière des faits du Bénin. Résister, c'est faire appel à la résistance totale, au refus de l'imbécilité humaine.

Donc, tel qu'il apparaît, l'administrateur décideur de la nature des infractions qui débarque au Dahomey en 1917 est prisonnier de ses préjugés. Le régime de l'indigénat est déjà en vigueur en Afrique du Nord. Le code fait partie de l'arsenal de commandement du colon. Au-delà de l'échantillon qu'a produit le ministère des Colonies, l'administrateur est libre de créer sa liste. Matraquer ces populations indociles doit être au centre de la gouvernance de ce colon. Conscient des soubresauts datant de l'époque des conquêtes et de la période de la Première Guerre mondiale, le colon est convaincu que réprimer, domestiquer est la voie incontournable, celle qui conduit aux résultats escomptés. Reproduisons tout le paragraphe du rapport pour mieux dire :

« *Lorsque je suis arrivé au Dahomey en 1917, pour en prendre le commandement, le territoire venait donc d'être secoué par une série de mouvements de résistance de la population indigène qu'il avait fallu forcer au respect de l'autorité française.*

Puis en 1918, au moment le plus tragique de la guerre européenne, un dernier soubresaut de ces résistances se fit sentir dans la région Sahoué du cercle du Mono.

Depuis cette époque, j'ai appliqué aux divers territoires correspondants une politique, en même temps ferme et d'apprivoisement, qui donne les meilleurs résultats : je fus aidé d'ailleurs, en cette circonstance par l'évolution économique qui constitue une aide puissante à la transformation des populations. »

Ainsi que le laissent entendre ces propos, l'administrateur qui débarque en colonie, sait qu'il vient pour dresser les animaux, les amener à intégrer l'ordre de l'humanité impériale française. Dans l'empire colonial français, les autres sont des animaux qu'on doit domestiquer. Comment passe-t-on de l'ordre animal à l'ordre humain ? Ne sommes-nous pas dans la sphère de la démagogie ? L'administrateur croit-il en sa propre politique ? La réponse est non. Il a conçu, bien avant son débarquement, sa méthode de transformation. Il va en colonie pour « apprivoiser » avec fermeté ce qui est d'une autre nature, l'homme-animal.

Voici donc un quidam, lieutenant-gouverneur au Dahomey, qui se dénude par le seul emploi du mot « apprivoiser ». Son aventure coloniale a un but précis, endoctriné qu'il a été pour voir en l'Afrique une jungle. Il faut la conquérir et transformer en êtres humains les animaux qui la peuplent. Il a donc été conditionné pour les voir non comme des humains, mais des animaux sauvages qu'il faut domestiquer. Notre administrateur a donc bien humé le fait que l'Afrique est le continent d'animaux sauvages. On s'y aventure pour dresser, pour apprivoiser. Conséquemment, ce que notre administrateur colonial appelle l'ouest-africain évolué, c'est cet animal qui a subi le processus de dressage, de domestication, d'apprivoisement. Cet Africain se trouverait à Dakar au moment de son débarquement. On pourrait en trouver au Dahomey n'eût été…l'indocilité des Dahoméens.

Lorsqu'on est apprivoisé, on paie ses impôts sans demander des comptes, même quand on ne travaille pas. L'impôt de capitation en colonie est un impôt qui se fout de ce qu'on travaille ou pas. Quand on atteint l'âge de paiement d'impôt, on le fait. On le fait même sans emploi. On le paie parce que l'empire le demande. Payer ses impôts est marque d'évolution en contexte d'empire colonial français. Qu'importe l'idée que payer les impôts demande un service en retour. Pourquoi je paie les impôts ? Comment mon impôt a-t-il été dépensé ? Autant de questions que l'évolué africain ne se pose pas. Ne doit pas se poser. Le faire équivaut à s'opposer à l'autorité coloniale.

Mais ainsi que le démontre amplement Mbembe dans *De la Postcolonie* [Paris : Karthala, 2000] et *Sortir de la grande nuit* [Paris : La Découverte, 2010], l'Africain est/a été à la fois objet et sujet en devenir. Même s'il est dépouillé de ses droits, citoyen de la marge parce que la colonie est loin des principes qui légitiment la citoyenneté, il est objet-menace, animal-homme, le dangereux non humain qui a conscience de ses droits. Les poser comme problème en colonie et néo-colonie est manquement au respect de l'autorité, donc subversion. En colonie, on paie l'impôt de capitation, on rampe devant tout quidam débarquant de la métropole. Il en va de même de la néo-colonie que Mbembe réinvente en postcolonie. En l'animal-homme sommeille le révolté et le soumis et c'est en cela que l'Afrique est imprévisible, qu'elle échappe à toute classification.

Le moins qu'on puisse dire c'est que Fourn qui débarque en colonie est bourré de préjugés. Ceux-ci ont été assis par les résistances à la « Pacification », à la taxation sans représentation, aux brimades physiques et psychologiques. Les Africains colonisés n'ont jamais été en tout temps et en tout lieu des victimes consentantes. Ils ont dit non à l'injustice, et les Dahoméens de façon encore plus spectaculaire. Ils sont allés jusqu'à prendre des armes pour s'opposer au paiement des taxes de capitation. À cause de ces précédents de rejet de l'autorité coloniale, le régime de l'indigénat ne doit pas être assoupli. Il doit être appliqué à tout prix. Le régime d'« exception de l'indigénat est essentiellement politique. »

On l'aura compris. Le quidam s'oppose poliment à son supérieur hiérarchique. Il est venu en colonie pour faire face à une masse de primitifs. Il est doublement hypocrite de prétendre qu'en colonie le droit est dit avec justice.

On est, rappelons-le, en 1925. « La Force Noire » a, depuis sa création, servi généreusement l'empire. Elle a aidé une France sans effectifs à dominer le monde et à se tailler un empire. Mieux, elle a sauvé la France pendant le Grande guerre comme le reconnaissent maints acteurs parmi lesquels Clemenceau. Ceux des tirailleurs qui ont passé quelque temps en métropole ont été témoins de la liberté pour tous. Ils y ont aimé, affronté les Français français sans être humiliés. Ils ont osé jusque sous les armes sans être humiliés comme le laisse voir *Indigènes* de Bouchared. Par conséquent, de retour en colonie, les tirailleurs ne pouvaient pas se laisser marcher dessus. De retour en colonie, ils se refusent d'être soumis à l'indigénat. De retour en colonie, ils demandent que la nation leur soit reconnaissante comme l'écrit si bien Julien Fargettas dans *Tirailleurs sénégalais* [Paris : Talandier, 2012, p. 50] :

« *Les colonisés sous les drapeaux peuvent donc être considérés désormais comme exclus de l'indigénat, à la grande contrariété d'une partie de l'intelligentsia coloniale qui voit dans cette évolution de futures sources de désordre.* »

Fargettas écrit à la suite de maintes autorités qui ont reconnu le sacrifice des tirailleurs. En substituant la plume à l'arme en 1910, le lieutenant-colonel Charles n'a-t-il pas déconstruit les mythes du nègre primitif, incapable de quoi que ce soit dans *La Force Noire* [Paris : Hachette, 365 p.] ? Renchérissant sur le même sujet dans *Les Tirailleurs Sénégalais : Aux origines de la Force Noire, les premières années du Bataillon : 1857-1880* [Dakar : Editions du Musée Historique du Sénégal (Gorée), IFAN CH.A Diop, 2008], Guy Thilmans & Pierre Rosière font un excellent travail d'archivage pour dire que l'expression « Force Noire » appliquée aux tirailleurs sénégalais est un choix judicieux. Que cette « Force » ait bel et bien accompli des exploits qui ne furent pas ignorés par le peuple de France, eh bien quoi ? En d'autres termes, maintes autorités disent que les prétentions des tirailleurs à la nationalité française, donc au rejet des humiliations, des violations aveugles des droits de l'Homme, du « génocide psychologique », que leur exigence du respect des lois et droits en Afrique injustement colonisée, n'est pas une demande de faveur (*). C'est un rejet qui a la même valeur que la prise de la Bastille. C'est une volonté révolutionnaire d'éradication de l'arbitraire. La figure du tirailleur en colonie est symbole de l'indocilité en néo-colonie. Il en va de même pour le syndicaliste autodidacte. J'y reviendrai.

En d'autres termes, les exploits des tirailleurs devaient mettre fin à l'ignoble système. Mais il faut compter avec la soi-disant « intelligentsia coloniale ». Elle est aveugle aux faits. Elle est sourde à l'appel à la raison, aux services rendus à la République. Elle ne voit rien et n'entend rien sinon les ambitions d'un quidam qui débarque au Dahomey en 1917 pour faire carrière. On comprend alors son refus de suivre son supérieur hiérarchique. Le Gouverneur peut, en possession des faits, suggérer que l'ignoble régime ne soit pas appliqué aux tirailleurs et à leur famille. Mais le quidam voit autrement. Il prétend dire le droit en commentant l'art. 21 du décret de 1887 pour maintenir le *statu quo* : la toute-puissance du fonctionnaire colonial, comme il ressort de sa clause de conclusion :

« *Le contrôle des punitions disciplinaires étant assuré par le Lieutenant-gouverneur, pour la raison même que le régime d'exception de l'indigénat est essentiellement politique.*

Le texte est muet sur ce point. À mon avis, et tant que ne sera pas généralisée l'intervention judiciaire prévue pour les exemptés, il serait préférable de reconnaitre au seul chef de la Colonie le pouvoir de recourir à l'annulation ou à la réduction des peines, soit d'office, soit à la demande de l'indigène puni. »

Ce qu'il faut retenir c'est que le régime d'exception est, comme le reconnaît ce fonctionnaire, essentiellement politique. C'est pour des raisons politiques qu'on demande à des adultes de soumettre une demande pour aller et venir dans leur pays. C'est pour des raisons politiques qu'il faut punir un homme qui refuse de payer des impôts tant qu'il ne peut pas exiger de l'utilisateur des comptes. C'est pour des raisons politiques qu'un simple fonctionnaire constate l'absence de son employé indigène et décide de l'enfermer ou de diminuer son salaire de 100 fr., valeur de l'amende infligée au soi-disant décliquant (sic). Sa dernière clause est encore plus décapante.

« *Telles sont les remarques dont j'ai cru devoir vous faire part avant l'application dans la Colonie d'un texte dont j'apprécie toute la portée en présence des progrès d'évolution constante de l'ensemble des groupements ethniques dahoméens./.* »

L'hypocrite ! Comment peut-on penser à une quelconque évolution en colonie lorsque l'autre n'a pas de statut d'homme ? Notre quidam a certainement lu le Comte de Gobineau. Il a lu tous les anthropologues et ethnologues qui défendent l'inégalité des races et qui ravalent le Noir au rang des bêtes. Alors, que défend-il ? La réponse jaillit de cette conviction :

« *...il serait préférable de reconnaître au seul chef de la Colonie le pouvoir de recourir à l'annulation ou à la réduction des peines, soit d'office, soit à la demande de l'indigène puni.* »

Préférable ! Le mot est lâché. Et cette préférence ? La toute-puissance du « chef de la Colonie ». Voici notre bon tyran conscient de sa valeur en colonie ! Nous y reviendrons. Comme on le voit, la vie de l'indigène est entre les mains de cet administrateur. Il est la source de la liberté des indigènes. En lisant Fourn se dresser un portrait, on ne peut que convoquer un Racine pour mieux dire. *Britannicus* et *Andromaque*, Néron et Pyrrhus, la monstruosité face à l'innocence ! En colonie, on a affaire à la toute-puissance, comme celle du roi de France dans l'Ancien Régime. Ce que réclame ce quidam frais de la métropole pour administrer les masses indigènes, c'est le tout pouvoir tel que le concevait Louis XIV qui susurre : « L'État, c'est moi ». Autrement dit, la colonie, c'est l'administrateur. Il est à la commande. L'administrateur, civil ou militaire commande. Il sait que sous lui végète une masse. Il n'a de comptes à rendre à personne. Il commande. Il doit être obéi et respecté. Il décide des sanctions et punit. Il n'a pas besoin de lois pour agir. Il est en état d'exception. Et en République d'exception, on est administrateur comme on est roi tout-puissant. Telle est l'image que nous présentent les nations francophones. On y est administrateur pour perpétuer l'indigénat, le régime d'exception.

Au Dahomey, les infractions sont un puissant instrument politique d'embrigadement des Dahoméens. Les intentions des administrateurs sont le plus souvent d'ordre politique. Les libertés d'expression et de mouvement sont contrôlées. Plus tard en francophonie (*) tous les décrets portant sur la subversion seront inspirés de cette loi.

« Tout acte, propos, discours ou chant proféré en public, irrespectueux à l'égard d'un agent ou d'un représentant européen de l'autorité ou de nature à affaiblir le respect dû à l'autorité française ou à ses représentants européens, à nuire à l'exercice de cette autorité ou à provoquer le désordre ou l'indiscipline, mais ne revêtant pas toutefois un délit déterminé pour constituer une infraction commise au préjudice de l'Etat, de la Colonie ou d'une Administration publique, »

Priver les gens de leurs libertés fondamentales : liberté d'expression, liberté de mouvement, liberté d'opinion, etc., dans le seul égoïste but de commander pour maintenir la différence, pour être au-dessus de tous et avoir tout, telle est la raison d'être des lois d'exception.

Notes et références

1. J'ose croire que Samory le Malinké fut un modèle pour les Dahoméens. Bien plus, j'ose dire que cette influence est d'actualité parmi les jeunes patriotes africains sans avoir interrogé le Groupe Samory du Cameroun aussi au cœur *Germinal*, journal d'investigation sur le net. Grâce aux nouvelles technologies, les jeunes dénudent aujourd'hui les dictatures les plus cruelles du continent.

2. Sujet passionnant, la résistance africaine au colonialisme est encore à développer. On sait qui fut précurseur de cette piste de recherche, Ibrahima Baba Kaké. Plus que jamais, *Les Grands résistants : L'Afrique occidentale au XIXe et au XXIe siècle* [Paris : ABC, 1977], doit être inscrit à l'ordre des préoccupations des jeunes historiens en Afrique. La démarche de Baba Kaké doit aider les jeunes auteurs à rafraîchir l'histoire africaine. Il est plus qu'urgent d'amener sur la scène des acteurs d'hier et d'aujourd'hui laissés en marge.

3. Lire *La Malédiction francophone* [Yaoundé : CLE, 2000] d'Ambroise Kom et bien d'autres ouvrages qui indexent l'organisation qui ferme les yeux sur les abus des uns, et saluent l'hypocrite acte de démocratie des autres. L'Afrique francophone est aujourd'hui empêtrée dans l'illogique de la défense de la démocratie et de la protection des dictateurs.

(*) C'est malheureusement sous Charles de Gaulle, président de la République que les droits des tirailleurs sont vertement ignorés. «*Lorsque la décolonisation s'est achevée en Afrique à la fin des années 1950 et au début des années 1960, la France a décidé, conformément à l'article 71 de la loi de finances du 26 décembre 1959, de geler à leur niveau de 1959, les retraites et pensions d'invalidité versées aux anciens combattants de son ex-Empire colonial.* » L'Assemblée votera une loi gelant leurs pensions. Il faut attendre la venue de François Mitterrand et moult revendications pour que justice leur soit faite. Mais beaucoup mourront sans jouir de leurs droits. C'est le cas d'Amadou Diop qui porte plainte contre l'État français, gagne, mais au moment où le verdict est rendu, il n'est plus en vie. C'est le gouvernement Raffarin qui engage le processus de 'décristallisation' qui aboutit en 2011.

(*) La plupart des lois contre le terrorisme aujourd'hui s'inspirent amplement de cette infraction. C'est le cas pour les décrets contre la subversion au Cameroun en 1962 initiés par Ahmadou Ahidjo et la loi contre le terrorisme par Paul Biya.

Annexe 1 : Archives coloniales [Archives nationales du Sénégal]

17G/55 (17), Archives du Sénégal. Document No 43e 17G/55, rapport du Lieutenant-gouverneur colonie du Dahomey portant sur l'application du décret du 14 novembre 1925

Lieutenant-gouverneur du Dahomey

Officier de la Légion d'honneur

À

Monsieur le Gouverneur de l'Afrique occidentale française

[Direction des Affaires Politiques et Administratives]

No.

Monsieur le Gouverneur Général,

Sous le No 42e j'ai l'honneur de vous transmettre par ce même courrier deux projets d'arrêté à intervenir en application des articles 10 et 11 du décret du 15 novembre 1924.

Le premier énumère les infractions spéciales répressibles par la voie des sanctions de police administrative ; le second fixe les régions où seraient maintenues à titre exceptionnel les dispositions du décret du 30 septembre 1887 - art.8.

Je voudrais préciser ci-après les raisons qui m'ont guidé dans la détermination de ces régions.

La Colonie du Dahomey est une de celles des colonies du groupe où, à première vue, il semblerait que les dispositions du nouveau règlement de l'indigénat puissent être appliquées dans l'intégralité du territoire.

En effet, elles [sic] est avec celle du Sénégal, la colonie qui passe pour réunir les groupements ethniques les plus évolués et les plus intelligents, que notre devoir nous incite à mener rapidement dans la voie du progrès et de l'évolution sociale ; mais en examinant de plus près la situation du territoire dahoméen, on constate que cet état de fait ne s'applique en réalité qu'aux populations du Bas et Moyen Dahomey et, que même dans cette partie de la Colonie, quelques groupes, peu importants d'ailleurs, n'ont pas progressé aussi rapidement.

Cette situation résulte non seulement de la diversité des groupements et de leur passé historique mais bien aussi du fait que pendant la première période de 90 ans qui a suivi la conquête, l'Administration locale en pleine organisation, n'a d'abord porté son effort que sur les populations côtières. Dans les autres régions, son action ne s'est fait sentir que par une pénétration superficielle découlant des prises de possession successives du territoire.

Cette façon de procéder, inévitable d'ailleurs lors d'une installation progressive dans des territoires nouveaux, a eu par conséquent de ne soumettre que lentement et successivement les populations au régime de l'impôt de capitation dont le produit aurait dû cependant en principe, être suffisant pour fournir les moyens de mettre le pays en valeur. Il n'en fut pas ainsi et jusqu'en 1914, le budget annuel dahoméen n'était équilibré que par une subvention du Gouvernement Général.

Vers 1912, la nécessité se fait cependant sentir de soumettre toutes les populations, avec plus de précision au régime commun, mais ce désir de l'Administration locale se heurta à des résistances très vives dans un certain nombre de régions.

C'est ainsi qu'en 1914, les populations de la région du Holli-Ketou résistèrent par les armes à l'action du Commandant, puis ce fut le tour en 1916 de celles très primitives de l'Atacora, de celles de Séméré dans les cercle de Djougou et du groupement Bariba dans les cercles de Borgou et du Moyen-Niger.

Lorsque je suis arrivé au Dahomey en 1917, pour en prendre le commandement, le territoire venait donc d'être secoué par une série de mouvements de résistance de la population indigène qu'il avait fallu forcer au respect de l'autorité française.

Puis en 1918, au moment le plus tragique de la guerre européenne, un dernier soubresaut de ces résistances se fit sentir dans la région Sahoué du cercle du Mono.

Depuis cette époque j'ai appliqué aux divers territoires correspondants une politique, en même temps ferme et d'apprivoisement, qui donne les meilleurs résultats : je fus aidé d'ailleurs, en cette circonstance par l'évolution économique qui constitue une aide puissante à la transformation des populations.

Cependant, les divers groupements dont j'ai parlé plus haut, n'ont pas encore atteint, en raison de l'époque tardive du début de leur progression, le degré d'évolution très remarquable des autres groupements.

Cet exposé a pour but d'expliquer les raisons pour lesquelles je demande le maintien, dans certaines parties du territoire des anciennes dispositions du décret de 1887.

J'énumère ci-après ces territoires :

1* Dans le Bas et Moyen Dahomey, le petit cercle du Holli-Kétou et le secteur Sahoué (Subdivision de Bopa) du cercle de Mono,

Quelques autres groupements, tels que que (sic) ceux habitant le delta de l'Ouémé et la région de « nagote » de Savé mériteraient d'être maintenus aussi, sous l'ancien régime, mais comme il est difficile d'émailler le territoire de petits groupes d'exception, je ne les ai pas compris dans ma demande.

De sorte que tout le Bas et Moyen Dahomey, sauf les deux régions Holli-Kétou et Sahoué, c'est-à-dire les cercles de Porto-Novo, Cotonou, Ouidah, Mono, Allada, Abomey, et Savalou, seront soumis désormais aux nouvelles dispositions.

Je suis persuadé que l'application du nouveau régime dans ces cercles produira le meilleur effet ; j'espère même que dans un laps de temps assez court, il sera possible d'envisager une nouvelle amélioration du sort de ces populations en généralisant en leur faveur le régime d'exemption, et arriver progressivement à l'institution de sortes de « tribunaux de simple police » dont relèveraient les infractions dites « spéciales ».

2* Dans le Nord Dahomey, je demande temporairement le maintien de l'ancien régime pour les cercles du Borgou, Moyen-Niger, Djougou et de l'Atacora en raison des faits exposés ci-dessus.

Toutefois afin que les exemptés de ces régions qui sont traduits pour infractions spéciales, devant les tribunaux indigènes ne soient pas frappés plus sévèrement que ceux des autres régions, j'ai cru pouvoir spécifier dans l'arrêté soumis à votre signature- bien que cette clause ne figure pas dans la contexture du décret- que les exemptés habitant les territoires d'exception ne seraient passibles que des peines de simple police.

Ainsi présentées dans leur ensemble, avec les raisons qui les ont déterminées, j'espère que mes propositions recevront votre agrément. /.

Annexe 2 : Archives coloniales [Archives nationales du Sénégal

No 44e Rapport du Lieutenant-gouverneur portant sur l'A.S. application du décret du 15 janvier 1915.

Le Lieutenant-gouverneur du Dahomey, Officier de la Légion d'Honneur

À

Monsieur Le Gouverneur Général de l'Afrique occidentale française

(Direction des Affaires Politiques et Administratives)

Monsieur le Gouverneur Général,

Comme suite à mes lettres Nos 42e 43e de ce jour, j'ai l'honneur de vous soumettre ci-après quelques remarques que m'a suggérées l'étude du décret du 15 novembre. Elles se rapportent aux dispositions des articles 6, 8 et 21 dont l'application parait devoir créer certaines difficultés.

Art. 6, - Les femmes et enfants des indigènes visés aux articles 4 et 5 sont également exemptés des sanctions disciplinaires.

J'estime que l'exemption aurait dû être limitée aux seules femmes des exemptés.

L'application du régime d'exception aux enfants aura d'abord l'inconvénient de faire bénéficier d'office d'une mesure de bienveillance à toute une génération d'indigènes, sans que les bénéficiaires aient été, comme leurs parents, appelés à donner des preuves de loyalisme, de discipline ou de travail.

Elle rendra ensuite très délicate l'action du Commandant de cercle ou du chef de subdivision, qui n'aura pas toujours à sa disposition le moyen de vérifier l'état du déclinquant (sic) et de s'assurer de son identité.

Cette mesure ne peut avoir pour conséquence, dans de nombreux cas, que de retarder la sanction, allant ainsi à l'encontre du but poursuivi par le législateur, qui est de réprimer vite et sommairement certaines infractions.

Art. 8. - « Les infractions spéciales prévues par le présent décret, commises par des indigènes visés aux articles 4 et 5 sont de la compétence des tribunaux du 2e dégré (sic) en Afrique Occidentale...

Le siège du tribunal du 2e degré étant fixé au chef-lieu du cercle, cette disposition aura pour conséquences :

1* d'occasionner au délinquant, lorsqu'il habitera dans une subdivision autre que celle du chef-lieu du cercle, une perte de temps et des frais de déplacement hors de proportion avec la gravité de l'infraction et la pénalité probable.

2* de rendre presque illusoire l'action des chefs de subdivision sur tous les exemptés.

3* de priver le décliquant (sic) de tout droit d'appel en supprimant à la base le 1er degré de juridiction.

Elle est en outre en contradiction, en ce qui concerne les anciens militaires et leurs familles, avec les termes de l'art. 12 du décret sur la justice indigène.

Le tribunal du 1er degré étant, en matière répressive, présidé par un Européen, j'estime que c'est normalement devant cette juridiction que devraient être traduits pour infractions spéciales les exemptés des punitions disciplinaires des Administrateurs.

Art. 21. - Les Lieutenant-gouverneurs et Gouverneurs en Conseil privé, ou d'Administration... peuvent sur la proposition du procureur de la République annuler les décisions prononcées...

Dans la pratique cette disposition est pour ainsi dire inopérante.

Les chefs des parquets des différentes Colonies du Groupe, qui ont maintenant dans leurs attributions, le contrôle des jugements rendus par les juridictions indigènes, pourront exercer facilement le pouvoir qui leur est reconnu par l'article 21, en ce qui concerne les exemptés justiciables maintenant des tribunaux indigènes, mais comment le procureur de la République exercera-t-il son droit de recours pour la masse des indigènes soumis au régime commun ? Le contrôle des punitions disciplinaires étant assuré par le Lieutenant-gouverneur, pour la raison même que le régime d'exception de l'indigénat est essentiellement politique.

Le texte est muet sur ce point. À mon avis, et tant que ne sera pas généralisée l'intervention judiciaire prévue pour les exemptés, il serait préférable de reconnaitre au seul chef de la Colonie le pouvoir de recourir à l'annulation ou à la réduction des peines, soit d'office, soit à la demande de l'indigène puni.

Telles sont les remarques dont j'ai cru devoir vous faire part avant l'application dans la Colonie d'un texte dont j'apprécie toute la portée en présence des progrès d'évolution constante de l'ensemble des groupements ethniques dahoméens./.

Signé Jules Fourn

Annexe 3 : Archives coloniales [Archives nationales du Sénégal]

Arrêté portant énumération des infractions spéciales passibles des sanctions de police administrative dans la Colonie du Dahomey.

Projet D'arrêté

Le Gouverneur Général de l'Afrique Occidentale Française

Commandeur de la Légion d'Honneur

Vu l'ordonnance du 7 septembre 1840 rendue applicable à la Colonie par le décret du 10 mars 1895 ; ensemble les décrets du 18 Octobre 1904 et 4 Décembre 1920 portant réorganisation du Gouvernement Général de l'Afrique Occidentale Française ;

Vu le décret du 6 mars 1877 portant que les dispositions du Code pénal métropolitain sont rendues applicables dans certaines colonies et notamment son article 3 ;

Vu le décret du 30 Septembre 1887 relatif à la répression par voie disciplinaire des infractions commises par les indigènes non citoyens français, modifié par le décret du 16 mars 1914 ;

Vu le décret du 7 Décembre 1917 déterminant en Afrique Occidentale Française l'exercice des pouvoirs disciplinaires et les mesures propres à l'indigénat ;

Vu le décret du 14 janvier 1918 relatif aux conditions d'accession à la qualité de citoyen français de certains militaires indigènes de l'Afrique Occidentale Française et de leur famille et notamment ses articles 1 et 2 ;

Vu le décret du 22 mars 1924 portant réorganisation de la justice indigène en A.O.F. ;

Vu le décret du 15 Novembre 1924 portant réglementation des sanctions de police administrative en Afrique Occidentale Française ;

Sur la proposition du Lieutenant-gouverneur du Dahomey ;

Arrête :

Art. 1er. - Sont qualifiées dans la Colonie du Dahomey infractions spéciales répressibles par la voie disciplinaire, les actions énumérées ci-après, lorsqu'elles ont été commises par des indigènes non citoyens français, ni justiciables des tribunaux français ;

1* Refus et négligence d'acquitter les taxes et impositions et entrave apportée dans la perception desdites taxes et impositions ;

2* Dissimulation et complicité de dissimulation des personnes, matières, objets, ou animaux imposables ;

3* Toute entrave apportée au recensement des personnes, matières, objets ou animaux imposables ainsi que toute déclaration volontairement inexacte relative au nombre de ces personnes, matières, objets ou animaux ;

4* Le départ, sans autorisation, d'une circonscription territoriale, ainsi que l'omission volontaire et déclaration de changement de résidence lors de passage à titre définitif d'une circonscription territoriale dans une autre, dans le but de se soustraire au paiement d'un impôt, aux recherches de la police ou dans toute autre situation frauduleuse échappant à la compétence des tribunaux ordinaires ;

5* Refus de fournir des renseignements d'intérêt public et indication volontairement inexacte aux représentants ou agents de l'autorité dans l'exercice de leurs fonctions ;

6* Refus et mauvaise volonté à exécuter des travaux ou à prêter les concours réclamés par réquisition écrite ou verbale dans un cas intéressant l'ordre, la sécurité ou l'autorité publics, ainsi que dans les cas, d'incendie, naufrage, famine, épidémie, épizootie et autres sinistres ou calamités ;

7* Le fait de ne pas répondre, en dehors des cas de force majeure, à une convocation de service écrite ou verbale émanant du Commandant de cercle ou de Subdivision ou de son délégué et transmise soit directement, soit par un de ses agents dûment qualifié ;

8* Refus, de la part d'un indigène résident dans une région dont le désarmement a été ordonné de remettre ou de présenter ses armes au représentant de l'autorité ; acte ou déclaration de nature à entraver le recensement des armes à feu ;

9* Tout acte, propos, discours ou chant proféré en public, irrespectueux à l'égard d'un agent ou d'un représentant européen de l'autorité ou de nature à affaiblir le respect dû à l'autorité française ou à ses représentants européens, à nuire à l'exercice de cette autorité ou à provoquer le désordre ou l'indiscipline, mais ne revêtant pas toutefois un déterminé pour constituer une infraction commise au préjudice de l'Etat, de la Colonie ou d'une Administration publique ;

10* La mise en circulation d'un bruit alarmant et mensonger de nature à nuire à l'exercice de l'autorité ou à provoquer de l'agitation ;

11* L'immixtion, sans désignation spéciale à cet effet, dans les affaires publiques ou le règlement des litiges, d'ordre judiciaire, lorsqu'elle ne revêt pas le caractère d'une usurpation de titre ou de fonction ;

12* Le port illégal, dans un but délictueux, de costumes ou insignes réservés aux agents de l'autorité ou aux militaires ou de vêtements ou objets imitant ces costumes ou insignes ;

13* Les pratiques de charlatanisme, magie, divination ou sorcellerie de nature à nuire ou à effrayer, mais n'ayant pas un but ou ne revêtant pas un caractère criminel ni délictueux ;

14* Les plaintes ou réclamations, sciemment inexactes ou non fondées, relatives à une affaire ayant été précédemment l'objet d'une solution judiciaire régulière et formulées après l'expiration des délais d'appel ;

15* L'asile ou l'aide accordés, dans le but de les soustraire aux recherches, à des agitateurs politiques ou religieux, à toute personne inculpée d'un délit ou d'un crime lorsque l'asile ou l'aide accordés ne revêtent pas le caractère de complicité ;

16* La détérioration ou la destruction, dans un but non délictueux, de matériel, bâtiments, jardins ou plantations appartenant à l'Etat ou à la Colonie ou de tout ouvrage ou objet d'utilité publique ;

17* La coupe, l'abattage ou la détérioration, sans autorisation régulière, d'arbres ou arbustes faisant partie de bois domaniaux ou communaux, en dehors des cas spécialement prévus et sanctionnés par la réglementation forestière en vigueur ;

18* L'allumage d'un feu de brousse dans une zone à l'intérieur de laquelle de tels feux ont été interdits par l'autorité locale et, en dehors de telles zones, tout allumage de feu de brousse auquel il a été procédé sans que des précautions suffisantes aient été prises pour éviter la propagation de l'incendie ;

19* L'entrave apportée à la navigation par l'organisation d'obstacles ou le jet dans les fleuves, lacs ou cours d'eau de tous objets de nature à rendre difficile ou dangereux le passage des embarcations.

20* Tout coup de feu tirés (sic) sans autorisation, hors le cas de légitime défense, à moins de cinq cents mètres des limites extérieures d'une agglomération européenne ou d'un poste administratif ou militaire.

21* L'organisation d'une danse ou réjouissance bruyante sans autorisation spéciale, ou avec autorisation mais au-delà de l'heure et en dehors des limites fixées à cet effet par l'autorité locale ;

22* La provocation d'un désordre public ou d'une bagarre pouvant dégénérer en rixe et de nature à nécessiter l'intervention de la police.

23* Le jet dans un puits, une source, un abreuvoir ou un cours d'eau, dans un but délictueux, de matières quelconques de nature à contaminer l'eau.

24* L'abattage, le dépeçage et le dépouillement d'animaux de boucherie, le séchage de poissons ou de viande et le dépôt d'immondices de toute nature pratiqués hors des lieux désignés spécialement à ces effets par l'autorité locale ou, si aucun lieu n'a été désigné, à une distance de moins de deux cents mètres de toute habitation, en dehors des cas spécialement prévus et sanctionnés par les règlements sanitaires en vigueur ;

25* Le dépôt d'un cadavre humain ou animal à la surface du sol ou son enfouissement à moins de 1m50 de profondeur, lorsqu'il y a été procédé à une distance de moins de 500 mètres de toute habitation ou voie de communication ou de tous points ou cours d'eau, en dehors des cas spécialement prévus et sanctionnés par les règlements sanitaires en vigueur ;

26* Les infractions relatives aux eaux stagnantes à l'intérieur des villes telles qu'elles sont définies par les articles 6 et 12 de l'arrêté du 12 Avril 1905.

27* Abandon par les porteurs ou les piroguiers régulièrement engagés des charges à eux confiées par l'Administration ;

28* Le refus de recevoir les espèces et monnaies françaises selon la valeur pour laquelle elles ont cours.

Art. 2. - Aucune infraction en dehors de celles énumérées à l'article précédent n'est punissable par la voie des sanctions de police administrative et notamment aucune infraction dont la répression n'est attribuée aux tribunaux indigènes.

Art. 3. - Les arrêtés locaux des 2 Avril et 3 Juillet 1918 sont abrogés.

Art. 4. - Le Lieutenant-gouverneur du Dahomey est chargé de l'exécution du présent arrêté qui sera enregistré inséré et communiqué partout où besoin sera et publié au Journal Officiel de la Colonie. /.

Dakar, le...

Chapitre 3

D'une monstruosité à l'autre : de Gaulle contre Sékou Touré

Au sortir de la Deuxième Guerre mondiale, Charles de Gaulle est perçu comme la Voix, l'homme tout-puissant qui a terrassé le monstre nazi. Il en profite pour se forger une image d'homme d'État incontesté. Il la perfectionne en obtenant de l'Assemblée les pleins pouvoirs. Face aux Africains assoiffés de liberté, il ne peut qu'être l'exemple, le modèle à suivre. On comprend la ligne de gouvernance que prennent les États francophones comme je l'ai bien démontré supra. Dans cette perspective, confronter de Gaulle c'est se mettre à la dimension de l'homme. On se rappelle la périphrase du « Premier des Noirs au Premier des Blancs ». Toussaint Louverture se dressait alors à la mesure de Napoléon. Toute proportion gardée, tel l'esprit d'un Sékou Touré face à Charles de Gaulle. Le rappeler dans notre analyse du code monstrueux n'est pas simple travail intellectuel. Une telle perspective nous permet de mieux comprendre la trajectoire d'un rêve qui devint un cauchemar, un véritable goulag qui a donné au monde les pogroms que David Achkar peint dans son documentaire *Allah Tantou* [France/Guinée, 62 minutes, 1991].

Ancien royaume des fiers Malinké qui dominent la région de 1600 à 1882, la Guinée est historiquement une des plus frondeuses colonies françaises. Longtemps après l'annexion de ce territoire à l'AOF, Samory Touré va mener une féroce guerre de résistance jusqu'en 1912. À cause de ce refus d'abdication, ce territoire sera érigé en « Zone militaire » tandis que le Niger lui, deviendra par décret un « Territoire militaire » le 23 juillet 1900. Ces concepts militaires aident à mieux comprendre l'esprit de gouvernance dans ces territoires en temps de colonie comme après.

La Guinée est donc administrée comme la colonie du Sénégal. C'est que le code y est force de loi dès lors que la « Pacification » est complète. Jean-Marie Bayol, médecin militaire en assume l'administration de 1882 à 1890. Mais la période dont il est question ici, celle d'intense implémentation du code monstrueux, court de 1915 à 1929 avec Jean Louis Georges Poiret comme lieutenant-gouverneur. Jusqu'à l'arrivée de Jean Ramadier en 1958, la Guinée est administrée par une pléthore de gouverneurs plus ou moins bons tyrans. Elle est aussi le lit de maintes révoltes, de maints actes d'indocilité dont la visée c'est l'exigence de la dignité humaine, le vouloir vivre libre et prospère sur son terroir. Plus sinon autant ailleurs qu'en d'autres colonies, le colonat vit dans l'angoisse en Guinée. Il sait que ses privilèges sont infondés et que les peuples asservis vivent dans l'espoir de se libérer, de se faire justice. L'indocilité de Samory Touré mort en déportation au Gabon s'est enracinée. Tout Guinéen gonflé d'ambition se réclame de la parenté de Samory. Sékou Touré fut de ceux-là.

Dans *Sékou Touré : Le héros et le tyran* [Paris : JA Presse, 1987], Ibrahim Baba Kaké essaie de détruire le mythe, mais il persiste jusqu'à la disparition du bon tyran. Il s'enracina du fait de l'esprit frondeur de l'homme Sékou Touré. Né sous le code monstrueux, il embrasse l'école nouvelle pour se rendre compte qu'elle ne pouvait conduire à la liberté, l'égalité, la fraternité. Combien de fois avait-il vu les siens humiliés sous prétexte d'irrespect à l'autorité du Blanc ? Sékou Touré embrasse l'école nouvelle pour immédiatement se rebeller. Il s'oppose à l'arbitraire pour se retrouver à l'école de la vie. Les syndicalistes marxistes vont l'aider à mûrir dans une Guinée radicalisée, mais cruelle pour les indigènes. Le parcours de Sékou Touré a les contours de ceux de Ruben Um Nyobé au Cameroun. Évolué parce que possesseur des valeurs républicaines françaises, Sékou Touré se pose alors en indocile contestataire des privilèges du colonat local.

On se rappelle alors le retentissant non au général de Gaulle, impétrant des pleins pouvoirs, l'homme qui au sortir de la Deuxième Guerre mondiale, décide du destin des uns et des autres. Dans une périphrase qui rappelle l'humiliation qui est liée à la gloire que représente de Gaulle, une gloire forgée par les Européens, les Américains et bien sûr les lourds sacrifices des Africains, Sékou Touré rappelle :

« *La valeur de ce peuple, Monsieur le Président, vous la connaissez sans doute mieux que nul autre, pour en avoir été juge et témoin aux heures les plus difficiles que la France ait jamais connues. Cette période exceptionnelle à l'issue de laquelle la liberté devait resurgir avec un éclat nouveau, une force décuplée, est marquée par l'homme d'Afrique d'une manière toute particulière, puisqu'il a, au cours de la dernière guerre mondiale, rallié, sans justification apparente, la cause de la Liberté des peuples et de la Dignité Humaine.* » [Discours de Sékou Touré, Président du Conseil du Gouvernement, Conakry, 25 août 1958]

Comment penser que de Gaulle ne comprenne pas la profondeur de l'expression « Dignité Humaine » que Sékou Touré exige pour les Africains ? Comment oublier le lourd tribut de l'esclavage, des guerres de « pacification » coloniales, mais surtout de la paupérisation du continent au profit de la métropole ? Il n'y a que les peuples africains outre-Atlantique et sur le continent qui ont été pris sous l'étau des codes. D'abord, le Code noir ensuite le code de l'indigénat. Instruments de chosification, ils ont, bien qu'abolis, continué à assumer leur fonction de monstrueux instruments d'embrigadement. Il n'y a ni sous l'Ancien Régime ni sous la République-empire de dignité pour l'homme noir. C'est bien de cela qu'il est question pour de Gaulle présent à Conakry le 25 août 1958. C'est bien la France qui prend l'étendard du déni de dignité pour les Africains. Et Sékou Touré de marteler :

« *L'épanouissement des valeurs de l'Afrique est freiné, moins à cause de ceux qui les ont façonnées, qu'à cause des structures économiques et politiques héritées du Régime colonial en déséquilibre avec ses aspirations d'avenir.* »

Le mot est lâché. Les structures d'animalisation fabriquées pour les Africains continuent et continueront. De ce point de vue, Sékou Touré avait déjà clairement posé l'hypothèse de ce travail. Les structures de répression coloniales sont, subrepticement, reconduites au sein des nations en voie de demander leur autonomie et plus tard leur indépendance. Voici qu'en 1958, Sékou Touré mettait à nu les intentions de de Gaulle et Foccart qui mettront en place la Françafrique. Qu'est-elle en effet sinon une savante reprise des structures héritées du système colonial ?

Esclavage à perpétuité suis-je enclin à dire. Mais laissons la parole à Sékou Touré qui anticipe et met à nu le jeu hypocrite de la France en Afrique. Elle y est pour ses intérêts et non pour ceux des Africains. Elle y est pour son prestige. Elle y est grâce aux énormes sacrifices des Africains. Dès lors, qu'est-ce que la dignité pour les Africains au sein de l'Union française ? Qu'est-ce que la dignité de l'Africain au sein de la République d'aujourd'hui ? Afin que le passé nourrisse notre compréhension du présent, citons Sékou Touré devant de Gaulle :

« *Nous avons, quant à nous, un premier et indispensable besoin, celui de notre Dignité. Or, il n'y a pas de Dignité sans Liberté, car tout assujettissement, toute contrainte imposée et subie dégrade celui sur qui elle pèse, lui retire une part de sa qualité d'Homme et en fait arbitrairement un être inférieur. Nous préférons la Pauvreté dans la Liberté à la Richesse dans l'esclavage.* »

C'est un Sékou Touré conscient du passé des héros ayant façonné le peuple guinéen, un Sékou Touré qui est né et a grandi sous le régime monstrueux qui lie son destin de colonisé à celui de l'esclave. Peuples sans dignité, délibérément plongés dans l'indigence, sans moyens de se défendre ni physiquement ni en parole, voilà la condition des Guinéens colonisés. Le lieutenant-gouverneur Poiret qui y affermit le monstrueux régime d'indigénat est on ne peut plus clair. La Guinée est loin d'être la France métropolitaine. Penser y appliquer les valeurs républicaines c'est vivre hors du monde colonial. Et l'administrateur de convoquer ses ancêtres pour mieux dire « *...l'admirable doctrine de Montesquieu sur la séparation des pouvoirs ne s'impose pas absolument dans un pays récemment conquis.* » Dans son exposé liminaire, il reconnaît que le régime est avant tout d'ordre politique. Il a pour but de réprimer tout esprit de rébellion, de remise en question de l'autorité française.

Il a aussi une fonction fiscale. Il constitue une arme contre la délinquance fiscale, le refus de payer les impôts nécessaires au fonctionnement de la colonie. Poiret sait qu'il y a de pauvres Guinéens qui sous-vivent à peine. N'empêche qu'ils doivent payer à l'État colonial des taxes, même dans le dénuement le plus inhumain. Pour mieux surveiller et réprimer toute velléité de révolte, Poiret suggère au gouverneur général pas moins de 34 infractions spéciales. Un contexte d'inhumanité ne peut produire que des monstruosités. Sékou Touré qui dirigera la Guinée d'une main de fer est le produit de son époque. Ses instructeurs et camarades communistes lui ayant ouvert les yeux sur la nature de l'État colonial et sur une société où la justice peut régner, le préparent pour le non catégorique à de Gaulle. Comme le défend Frantz Fanon dans *Les Damnés de la Terre* [Paris : La Découverte, 2011], on ne négocie pas avec le colonat, on le confronte, au besoin avec violence.

Annexe 1 : Archives coloniales [Archives nationales du Sénégal]

17G/55 (17), Archives du Sénégal : A.S Projets Arrêté relatifs à l'indigénat.

Conakry, le 10 Février 1925,

Le Lieutenant-gouverneur de la Guinée Française

À

Monsieur Le Gouverneur Général de l'Afrique Occidentale Française, Dakar.

[Direction des Affaires Politiques et Administratives]

En réponse à votre télégramme No-212 du 29 Novembre dernier, j'ai l'honneur de vous adresser, conformément aux dispositions de l'article 10 du décret du 15 Novembre 1924, deux projets d'arrêté, l'un portant énumération des infractions spéciales passibles de punitions disciplinaires en Guinée Française, l'autre stipulant qu'à titre exceptionnel les pénalités prévues par l'article 2 du décret du 30 Septembre 1887, seront applicables dans certaines circonscriptions de la Colonie.

A- Arrêté portant énumération des infractions spéciales

Le régime de l'Indigénat, dans le principe et dans l'application, a suscité au cours des dernières années les plus vives critiques dans la Métropole. Elles ont abouti à l'intervention du décret du 15 Novembre 1924, qui modifie assez profondément le régime dont il s'agit.

[Critiques relatives à l'application du régime]

Le décret du 15 Novembre 1924, tenant largement compte de ces critiques, a eu pour but principal de supprimer les abus. À cet effet, il a, d'une part, ramené aux peines de simple police, sauf pour des cas exceptionnels, les peines correctionnelles prévues par le décret du 30 Septembre 1887, et il a, d'autre part, augmenté notablement le nombre des catégories d'indigènes qui ne peuvent pas être punis disciplinairement.

Je crois que l'adoption de ces mesures n'est pas de nature à atteindre le résultat recherché. En effet, à mon avis, si des abus ont été commis dans la répression des infractions spéciales, ce n'est pas surtout parce que le quantum des pénalités mises à disposition des Administrateurs était trop élevé (il est des cas où une répression sévère est parfaitement légitime) ; ce n'est pas non plus parce que telle ou telle catégorie d'Indigènes avait été punie.

Non, la principale source d'abus est, selon moi, dans la confusion des textes en vigueur, qui bloquent toutes les infractions spéciales, et ne mettent pas suffisamment en lumière, par une classification logique, le caractère particulier de chacune d'elles. Cette confusion permet, en effet, aux Administrateurs d'appliquer sans discernement les mêmes pénalités à des contraventions d'ordre différent, dont le degré de gravité varie précisément avec le caractère.

C'est dans ces conditions, et pour obvier à cet inconvénient que j'ai été amené à diviser, dans le nouveau texte, les diverses infractions spéciales en trois catégories : 1*- Les infractions ayant un caractère politique ; 2*- les contraventions d'ordre fiscal ; 3*- les contraventions d'ordre judiciaire.

(Critiques relatives au principe même de l'indigénat)

Pour faire une réponse complète à ces critiques, c'est toute la discussion des trois grandes doctrines coloniales qu'il faudrait instituer ici : doctrines de l'assujettissement, de l'autonomie et de l'assimilation, qui ont chacune leurs avantages et leurs inconvénients, leur part de vérité et leur part d'erreur, et dont l'adoption dépend autant des circonstances et des milieux que du génie particulier de la nation colonisatrice. À telle enseigne qu'en France l'on affirme généralement (Cf. *Principes de colonisation et Législation coloniale*, tome 1, par Arthur Girault) que le meilleur système de colonisation serait un système éclectique, empruntant à chacune de ces trois grandes théories ce qu'elle contient d'avantageux et de vrai.

Mais une discussion d'une telle ampleur dépasserait singulièrement le cadre d'une simple lettre.

Contentons-nous donc de dire que le régime de l'Indigénat est justifié en Guinée française, au moins pour le moment, par la nécessité où l'on se trouve de maintenir le prestige de notre autorité et d'assumer la sécurité des particuliers (colons et indigènes). En effet, dans une colonie de formation récente, où les autochtones sont de races et de religions réfractaires à la civilisation européenne à cause même de leurs préceptes religieux, il est indispensable que les menées politiques susceptibles de troubler l'ordre public soient vite réprimées, ou plutôt soient prévenues. Car le système des sanctions administratives n'est pas autre chose qu'un système de défense préventive, un procédé d'intimidation, qui n'exige pas pour entrer en jeu un acte d'exécution ou un commencement d'exécution. Il présente donc l'avantage de recourir à la procédure trop lente et trop compliquée de l'article 89 du Code pénal.

Enfin, nous sera-t-il permis de faire remarquer d'une façon générale que l'admirable doctrine de Montesquieu sur la séparation des pouvoirs ne s'impose pas absolument dans un pays récemment conquis ? Les Indigènes sont en effet, des âmes simples. Ils ont un sens profond de la justice, mais ils n'ont pas d'elle une conception aussi savante. Pour eux, celui qui a le droit de commander a seul le droit de punir. Ils ne s'étonnent donc pas d'être punis par l'autorité administrative, si la punition infligée est juste.

(Infractions ayant un caractère politique)

C'est cette seule catégorie d'infractions qui, à proprement parler, relève de l'indigénat. C'est donc à elles que s'appliquent les considérations qui viennent d'être évoquées dans la discussion générale des critiques dirigées contre le principe même de ce régime.

Nous ajouterons simplement ici que ces infractions disparaîtront au fur et à mesure de l'évolution des milieux indigènes vers une organisation sociale analogue à celles [sic] des pays civilisés.

(Contraventions d'ordre fiscal)

Le principe, en cette matière, c'est qu'en cas de négligence de contributions, le recouvrement doit en être poursuivi dans les conditions fixées par les articles 178 et suivants du décret du 30 décembre 1912 sur le régime financier des colonies. Mais cette procédure ne peut, bien entendu, être employée qu'à l'égard des contribuables indigènes possédant biens mobiliers ou immobiliers. Contre ceux qui ne jouissent d'aucun bien, sans être pour cela indigents ou invalides, force est de recourir à la « prise du corps », car si l'absence de tout bien mobilier ou immobilier devait leur assurer l'impunité fiscale, ils seraient toujours tentés de se soustraire au paiement de leurs impositions.

La répression administrative est donc ici encore un moyen d'intimidation, qu'il sera nécessaire d'employer aussi longtemps que la situation matérielle de la grande majorité des contribuables indigènes ne constituera pas un gage suffisant pour le fisc. Il n'y aurait d'ailleurs aucun inconvénient à soustraire à ce genre de répression les indigènes ayant quelque fortune, et c'est ce qui a été recommandé en Guinée par les articles 18 et 19 de l'arrêté local du 30 juillet 1923 réglementant la perception de l'impôt indigène.

(Contraventions d'ordre judiciaire)

Cette partie du texte est presque complètement inspirée des dispositions des articles 464 à 484 du Code pénal. La plupart des infractions qu'elle prévoit pourront être supprimées à l'indigénat quand elles auront fait l'objet d'arrêtés de police généraux.

Je crois d'ailleurs que pour un grand nombre de petites contraventions, il y aurait intérêt et avantage à étendre le régime de l'indigénat aux citoyens français qui préféreraient payer 5 francs d'amende par voie administrative plutôt que de faire un long et coûteux voyage pour s'entendre condamner à la même somme par l'unique tribunal de première instance de la colonie.

B. Arrêté portant énumération des circonscriptions où les pénalités correctionnelles prévues par le décret du 30 septembre 1887 seront applicables

Le maintien, à titre exceptionnel, de ces pénalités me paraît absolument nécessaire pour les cercles de Gucekédi, Kissidougou, Macenta et N'Zérékoré. Ces quatre circonscriptions sont en effet à proximité de la frontière franco-libérienne, où nos chefs indigènes et leurs administrés sont souvent sollicités par les Libériens d'abandonner notre territoire et d'aller s'installer chez eux.

Si vous partagez ma manière de voir, Monsieur Le Gouverneur Général, je vous serais reconnaissant de vouloir bien revêtir de votre signature les deux projets d'arrêté ci-joints. /.

Signé, Poiret.

Annexe 2 : Archives coloniales [Archives nationales du Sénégal]

I7G/55 (17). Arrêté du gouverneur général portant énumération des infractions spéciales passibles de punitions disciplinaires dans la colonie de Guinée française

Le Gouverneur Général de l'Afrique occidentale française, Officier de la Légion d'Honneur,

Vu l'ordonnance organique du 7 septembre 1840,

Vu le décret du 18 octobre 1904, réorganisant le gouvernement général de l'Afrique occidentale française,

Vu l'article 3 du décret du 8 mars 1877 portant que les dispositions du code pénal métropolitain sont rendues applicables dans la Colonie du Sénégal et Dépendances,

Vu l'article du décret du 30 septembre 1887, concernant la répression au Sénégal des infractions commises par les indigènes non citoyens français,

Vu le décret du 12 septembre 1913, permettant d'étendre les pouvoirs disciplinaires des Administrateurs coloniaux Officiers et agents civils exerçant des fonctions administratives dans les circonscriptions territoriales de l'A.O.F,

Vu la loi du 29 septembre 1916, déclarant citoyens français les natifs des communes de plein exercice du Sénégal et leurs descendants,

Vu le décret du 14 janvier 1918, relatif aux conditions d'accession à la qualité de citoyens français de certains militaires de l'Afrique Occidentale française et de l'A.E.F,

Vu le décret du 22 mars 1924 portant réorganisation de la justice indigène en Afrique Occidentale Française,

Vu le décret du 15 novembre 1924 déterminant en Afrique Occidentale Française l'exercice des pouvoirs disciplinaires et des mesures propres à l'indigénat :

Sur la proposition du Lieutenant-gouverneur de la Guinée française.

La Commission permanente du Conseil de gouvernement entendue dans sa séance du...1925.

Arrête :

Article premier. - Sont qualifiées dans la Colonie de la Guinée Française infractions spéciales, répressibles par voie disciplinaire, les actions et abstentions dont suit l'énumération, lorsqu'elles ont été commises par des indigènes non citoyens français (autres que ceux prévus par l'article 1er du décret du 14 janvier 1918), ni justiciables des tribunaux français et en dehors des cas ou elles constituent des délits relevant de la compétence des tribunaux.

A-/. - Infractions ayant un caractère politique

1* Tout acte ou propos irrespectueux à l'égard d'un agent ou représentant européen de l'autorité, dans l'exercice ou à l'occasion de l'exercice de ses fonctions.

2* Tout propos, discours ou chant, proféré en public, de nature à affaiblir le respect dû à l'autorité française ou à ses représentants, à nuire à l'exercice de cette autorité ou à provoquer le désordre ou l'indiscipline, mais ne revêtant pas toutefois un caractère suffisamment grave pour compromettre la sécurité publique, ni suffisamment déterminé pour constituer une infraction commise au préjudice de l'Etat, de la Colonie ou d'une Administration publique.

3* La mise en circulation d'un bruit alarmant et mensonger de nature à nuire à l'exercice de l'autorité ou à provoquer de l'agitation, sous les réserves mentionnées au paragraphe précédent.

4* L'immixtion, sans désignation spéciale à cet effet, dans les affaires publiques ou le règlement de litiges d'ordre judiciaire, lorsqu'elle ne revêt pas le caractère d'une usurpation de titre ou de fonction.

5* Refus de la part d'un indigène résidant dans une région dont le désarmement a été ordonné, de remettre ou présenter ses armes au représentant de l'autorité.

6* toute indication volontairement inexacte donnée sur la route à suivre ou sur l'emplacement d'une localité, d'un pâturage ou d'un point d'eau.

7* Les plaintes ou réclamations inexactes ou non fondées relatives à une affaire ayant été précédemment l'objet d'une solution judiciaire régulière, et formulées après l'explication des délais d'appel.

8* Le fait de ne pas répondre, en dehors des cas de force majeure, à une convocation de service écrite ou verbale émanant du Commandant de Cercle ou de Subdivision ou de son délégué, et transmise soit directement, soit par un de ses agents dûment qualifié.

B/. - Contraventions d'ordre fiscal :

9* La dissimulation des personnes et des matières, objets ou animaux imposables, et la complicité dans cette dissimulation des matières, objets ou animaux imposables ; le départ sans préavis, d'une circonscription territoriale dans le but de se soustraire au paiement d'un impôt et de l'omission volontaire de la déclaration de changement de résidence, lors d'un passage à titre définitif d'une circonscription territoriale dans une autre.

10* Le refus d'acquitter les taxes et impositions, ou la négligence apportée dans le paiement de ces taxes et imposition lorsque les contribuables ne possèdent ni biens mobiliers ni biens immobiliers garantissant les reprises du fisc en conformité, notamment des dispositions des articles 18 et 19 de l'arrêté local du 30 juin 1923 portant réglementation de l'impôt indigène en Guinée française.

C/. - Contraventions d'ordre judiciaire :

(Voirie, Service public, Domaine)

11* Le refus d'exécuter les prestations légalement requises ou le secours requis dans les circonstances d'accidents, tumultes, naufrage, inondation, incendie, ou autres calamités, ainsi que dans les cas de brigandages, pillages, flagrant délit, clameurs publiques, ou d'exécution judiciaire, la négligence apportée dans l'exécution des prestations ou le prêt du secours.

12* L'abandon par les indigènes auxquels sont confiés des charges et colis qu'ils transportent pour le compte des services publics.

13* La détérioration ou la destruction, dans un but non délictueux, de matériel, bâtiments, jardins ou plantation appartenant à l'Etat, ou à la Colonie, ou de tout ouvrage ou objet d'utilité publique.

14* La coupe, l'abattage ou la détérioration, sans autorisation régulière, d'arbres ou arbustes faisant partie de bois domaniaux, en dehors des cas spécialement prévus et sanctionnés par la réglementation forestière en vigueur.

15* L'entrave apportée à la navigation, par le jet dans les fleuves, lacs, cours d'eau, de tous objets de nature à rendre difficile ou dangereux le passage des embarcations, le dépôt sans nécessité sur la voie publique, de matériaux ou de choses quelconques qui empêchent ou diminuent la liberté ou la sûreté du passage ; la négligence apportée dans l'éclairage des matériaux ou des excavations par ceux qui ont entreposé ces matériaux ou fait ces excavations dans les rues et places.

16* Le jet dans un puits, une source, un abreuvoir ou un cours d'eau, dans le but délictueux, de matières quelconques de nature à contaminer l'eau.

17* Le jet ou l'exposition au-devant des habitations, des choses de nature à nuire par leur chute ou par des exhalaisons insalubres ; le jet par imprudence d'immondices sur une personne ; le refus d'exécuter les règlements ou arrêtés concernant la petite voierie, ou d'obéir à la sommation émanée de l'autorité administrative, de réparer ou démolir les édifices menaçant ruine, la négligence apportée dans l'exécution de ces règlements ou arrêtés.

18* Le fait de tuer les vautours, cigognes, marabouts, hiboux, pique-bœufs, oiseaux-secrétaires et tous autres oiseaux se nourrissant habituellement de déchets organiques.

(Agriculture et Commerce)

19* L'allumage d'un feu de brousse dans une zone à l'intérieur de laquelle de tels feux ont été interdits par l'autorité locale et, en dehors de telles zones, tout allumage de feu de brousse auquel il a été procédé sans que des précautions suffisantes aient été prises pour éviter la propagation de l'incendie.

20* Le fait d'abattre, sans autorisation du Commandant de Cercle, les palmiers dont les produits peuvent être utilisés industriellement, d'en extraire la sève et d'en couper la pousse dite chou-palmiste.

21* Le racolage des caravanes et des marchands pénétrant ou circulant dans les centres de la Guinée.

22* Le fait de transporter en dehors du Cercle d'origine sans avoir fait la déclaration prescrite à l'arrêté local du 8 février 1917, une quantité quelconque d'or récolté dans le pays.

(Armes)

23* Le fait de détenir sans autorisation une arme à feu, de la poudre ou des munitions, en dehors des cas où cette infraction constitue un délit relevant de la compétence des tribunaux.

25* Tout coup de feu tiré sans autorisation, hors le cas de légitime défense, à moins de 500 mètres des limites extérieures d'une agglomération.

26* La fabrication non autorisée d'armes à feu, de poudre ou de munitions.

(Surveillance des malades dangereux et Divagation d'animaux malfaisants)

27* Le défaut de surveillance, de la part de ceux qui en sont chargés, des fous ou des furieux, des contagieux ou des animaux malfaisants ou féroces, le fait d'exciter ou de ne pas retenir son chien, lorsqu'il attaque ou poursuit les passants quand bien même il n'en serait résulté aucun mal ni dommage.

28* La non déclaration à l'autorité, dans un délai de trois jours, à compter de celui au cours duquel on s'en est saisi, d'un animal divaguant dont on ignore le propriétaire.

(Divers)

29* Le port illégal, dans un but non délictueux, de costumes ou insignes réservés aux agents l'autorité ou aux militaires, ou de vêtements ou objets imitant ces costumes ou insignes.

30* Le fait d'avoir établi ou tenu dans les rues, chemins, places ou lieux ouverts au public, des jeux de loterie ou d'autres jeux de hasard.

31* Le refus de recevoir les espèces et monnaies légales selon la valeur pour laquelle elles ont cours.

32* Les pratiques de charlatanisme ou de divination dans le but de nuire ou d'effrayer et ne revêtant pas un caractère criminel.

33* L'asile accordé par des logeurs pendant plus de 24 heures et dans le but de les soustraire aux recherches, à des agitateurs politiques ou religieux ou à une personne inculpée d'un crime ou d'un délit dès lors que l'asile accordé ne revêt pas le caractère de complicité.

34* La provocation d'un désordre public, d'un tapage injurieux ou nocturne, troublant la tranquillité des habitants.

Articles 2 [sic]. - Les infractions prévues à l'article premier seront punies des peines de simple police. Le cumul de l'amende et de la prison ne pourra être [sic] prononcé que dans le cas de récidive.

Article 3. - Aucune infraction, en dehors de celles énumérées à l'article 1er, n'est punissable par voie disciplinaire et notamment aucune infraction dont la répression est attribuée aux tribunaux indigènes par un arrêté du Lieutenant-gouverneur (ou par le décret du 22 mars 1924).

Article 4. - Toutes dispositions contraires à celles du présent arrêté sont et demeurent arrogées.

Article 5. - Le présent arrêté sera enregistré, inséré et communiqué partout où besoin sera.

Dakar, le…1925

Chapitre 4

Du mépris de l'être humain : le coton en Haute-Volta [Burkina Faso]

La bataille pour l'indépendance de la Haute-Volta est ardue. Elle le sera tout au long de sa maturation lorsque le pays deviendra, après moult coups d'État, Burkina Faso [(1)]. Pauvre bled enclavé, ce territoire n'est bon que lorsqu'il pourvoit aux besoins économiques de la métropole. On s'y aventure pour faire fortune. C'est bien dans ce bled que s'amorce l'alliance entre l'État et les concessions. Compagnies assoiffées de l'avoir, elles annoncent les multinationales Elf, et autres B.P, Total, bref, ces monstres de l'or noir qui asseyent la Françafrique.

Dans la logique de mon analyse des infractions spéciales, la Haute-Volta alias Burkina Faso participe du « Pouvoir de sabre », autrement dit, du régime militaire. Comment la France en arrive à asseoir un tel système de gouvernance après les indépendances est plus qu'important pour comprendre nos malheurs d'aujourd'hui. Comment la Haute-Volta [Burkina Faso] passe-t-elle du pouvoir civil au pouvoir de sabre ? Qui est Blaise Compaoré, le produit de l'École militaire interarmes de Yaoundé qui va s'installer à la tête ce pays pendant près de trente annuités ? L'événement le plus spectaculaire date de l'avènement du mouvement «Balai national ».

Au moment où le gouverneur général demande aux lieutenants-gouverneurs de lui faire un rapport sur l'indigénat dans leurs territoires de commandement en 1925, c'est Fréderic Charles Edouard Alexis Hesling qui est lieutenant-gouverneur de la Haute-Volta. Il assume cette fonction de 1919 à 1927. Hesling rappelle les dates où les infractions sont introduites ainsi que les différentes modifications.

« *L'Indigénat, issu du décret du 30 Juillet 1887, est actuellement régi en Haute-Volta, par un arrêté organique, pris par le Haut-Sénégal-Niger à la date du 4 février 1918, et par divers textes complémentaires des 15 juin, 14 août, 21 septembre et 14 novembre 1918, (H.S.N.) et, du 28 octobre 1922, (H-V). Ces différents arrêtés comprennent un ensemble de cinquante paragraphes, qui déterminent les infractions passibles de peines disciplinaires en Haute-Volta.* »

Plus qu'ailleurs, la colonie de la Haute-Volta compte le plus grand nombre d'infractions. Comment justifier cette volonté forcenée de mettre cette colonie au pas ? En Algérie, au Niger, en Haute-Volta, au Cameroun, le coton est une des matières premières sur lesquelles l'administration coloniale veille scrupuleusement. C'est une activité agricole qui, comme la récolte de la banane, de l'hévéa, produits tout aussi prisés en métropole, demande une nombreuse main-d'œuvre. Privé et administrateurs coloniaux sentent le besoin de s'organiser. C'est ainsi que la filière coton connaît la création, en 1902 de l'Association cotonnière des colonies [ACC]. Elle sera remplacée par l'Union cotonnière de l'empire français [UCEF] en 1941. Au lendemain des indépendances, UCEF sera restructurée pour servir les intérêts de la France et des nations nouvelles. Elle devient alors la Compagnie française pour le développement des fibres textes [CFDT]. Bien que ces organismes de gestion revêtent, plus tard, les couleurs des nouvelles nations avec des dénominations comme la SODECOTON au Cameroun, SOTOCO au Togo, SOCADA en Centrafrique, etc., l'ombre de la France sur cette économie coloniale demeure. Elle creusa le lit des travaux forcés dont les indigènes étaient victimes.

Les accointances entre les intérêts singuliers et ceux de l'État justifient la réquisition des travailleurs très peu ou pas du tout rémunérés. Car aux travaux des champs vient s'ajouter l'aménagement des voies d'évacuation de ces produits. Souvent, c'est avec les mains nues que les indigènes percent les montagnes ou les forêts denses. Il faut, en plus, des porteurs pour les évacuer vers les ports. Pour que toutes ces activités liées au développement de l'économie coloniale fonctionnent impeccablement, il faut une administration autoritaire qui s'appuie sur des instruments efficaces.

Hesling en a conscience qui ne laisse passer aucune fissure. Il forge des infractions propres au cas singulier de la Haute-Volta. Il verrouille tout du point de vue politique, fiscal, et du prestige de la France. Par exemple, les 9 premières infractions portent sur l'obligation de payer les taxes. Tout évitement est sanctionné. L'impôt est payé par tout indigène ayant l'âge de s'y conformer. Contrainte de corps, taxe de capitation ! Qu'il travaille ou pas, il doit s'acquitter de ses obligations fiscales. Chercher à s'y soustraire est crime punissable. Qu'importent les critiques qui viennent de la métropole ou de l'intérieur des colonies. L'administrateur colonial juge que ces peuples sont si primitifs que chaque aspect de leur vie doit être dirigé. Il considère que l'avancée dans la civilisation orchestrera l'annulation des infractions. Ainsi, Dakar a un plus petit nombre d'infractions parce que les Sénégalais sont plus avancés que les autres. Dakar, Saint-Louis, Rufisque et Gorée étant des départements français, donc des lieux de civilisation, on y distribuera plus d'exemptions qu'ailleurs en colonie.

On note la même discrimination pour ce qui est de l'AOF et de l'AEF. Ces derniers territoires étant considérés comme les moins avancés, sont les plus sanctionnés. Ici, les concessions commerciales règnent en maîtres. Elles sont, toute proportion gardée, sur le même pied que l'administrateur colonial. Elles légifèrent, jugent et exécutent avec la complicité de quelque impuissant administrateur. N'est-on pas ici au « cœur des ténèbres » comme le suggère Joseph Conrad dans ses élucubrations anthropologiques ? La répression est plus sévère qu'ailleurs ainsi que le notent Savorgnan de Brazza et André Gide dans *Voyage au Congo* [Paris : Gallimard, 1927]. Car l'option de confier ces territoires aux concessions, véritables structures de pillage et de ponction des ressources, est désastreuse. Impôts de capitation, travaux forcés, amputation des membres, meurtres sont le lot des populations de l'AEF.

Notes et références

1/ Connu comme colonie de la Haute-Volta en AOF, le pays est l'un des plus mouvementés dans l'histoire de la colonisation française. Ce bled, enclave, fut conquis d'abord et avant tout pour son apport au développement de la France en matières premières. Le coton en constitue l'ossature. C'est autour de cette matière que se fondent les appétits des uns et des autres. Les luttes syndicales dans cette colonie asseyent l'indocilité. Celle-ci va conduire non seulement à plusieurs soulèvements sociaux, mais à la prise en main de l'État par l'armée. Sous Thomas Sankara surviendra l'un des plus rigoureux pouvoirs du sabre, parce que progressiste. C'est de lui que vient le passage de la Haute-Volta au Burkina Faso, le pays des hommes intègres.

Annexe 1 : Archives coloniales [Archives nationales du Sénégal]

17G/55 (17), Archives du Sénégal.

Le Lieutenant-gouverneur Général de la Haute-Volta

À

Monsieur le Gouverneur Général de l'A.O.F

[Direction des Affaires Politiques & Administratives]

Dakar

No 1466 A.G. : Rapport sur l'Indigénat et son fonctionnement en Haute-Volta.

Par télégramme 166 du 26 Septembre, vous avez bien voulu me demander de vous adresser sans délai, un rapport circonstancié sur l'application de l'Indigénat, avec statistiques à l'appui, ainsi que mes propositions éventuelles en vue de réformes à apporter à ce régime. J'ai l'honneur de vous fournir ci-dessous, les renseignements concernant la Haute-Volta, et qui me permettrent [sic] d'examiner successivement l'importance du rôle joué à l'heure actuelle, par la répression disciplinaire dans la vie administrative de la Colonie, le caractère général de ses interventions, les critiques, que ces dernières peuvent soulever et la nature des modifications qui pourraient être envisagées.

L'Indigénat, issu du décret du 30 Juillet 1887, est actuellement régi en Haute-Volta, par un arrêté organique, pris par le Haut-Sénégal-Niger à la date du 4 février 1918, et par divers textes complémentaires des 15 juin, 14 août, 21 septembre et 14 novembre 1918, (H.S.N.) et, du 28 octobre 1922, (H-V). Ces différents arrêtés comprennent un ensemble de cinquante paragraphes, qui déterminent les infractions passibles de peines disciplinaires en Haute-Volta :

1*- le refus d'acquitter les taxes et impositions.

2*- la négligence apportée dans le paiement des taxes et impositions.

3*- la dissimulation des personnes et des matières, objets ou animaux imposables.

4*- la complicité dans la dissimulation visée au paragraphe précédent.

5*- toute déclaration volontairement inexacte relative au nombre des personnes imposables, ou à la quantité ou la valeur des matières, objets ou animaux imposables.

6*- toute entrave apportée au recensement des personnes, matières, objets, ou animaux, ou à la perception des taxes et impôts.

7*- le départ, sans autorisation, d'une circonscription territoriale ou d'un village officiellement reconnu par l'Administration, dans le but de se soustraire au paiement de l'impôt, ou aux recherches de la police, ou dans toute autre intention frauduleuse échappant à la compétence des tribunaux ordinaires.

8*- le refus de fournir des renseignements d'intérêt public demandés par les représentants ou agents de l'autorité dans l'exercice de leurs fonctions ou la réponse mensongère faite à une demande de cette nature.

9*- toute indication volontairement inexacte donnée à un représentant ou agent de l'autorité, en vue de le tromper sur la route à suivre, ou sur l'emplacement d'un pâturage, d'une localité, ou d'un point d'eau.

10*- le refus d'exécuter les travaux ou de prêter les concours réclamés par réquisition écrite ou verbale, dans un cas intéressant l'ordre, la sécurité, ou l'utilité publique, ainsi que dans les cas d'incendie, de naufrage, famine, épizootie, épidémie et autres sinistres et calamités.

11*- la mauvaise volonté apportée dans l'éxécution [sic] des travaux ou le concours visés au paragraphe précédent.

12*- le fait de ne pas répondre, en dehors des cas de force majeure, à une convocation de service écrite ou verbale émanant du Commandant de cercle ou de subdivision, ou de son délégué, et transmise soit directement, soit par un de ses agents dûment qualifié.

13*- l'omission volontaire de la déclaration de changement de résidence lors d'un passage à titre définitif d'une circonscription territoriale dans une autre.

14*- le fait de détenir sans autorisation une arme à feu, de la poudre ou des munitions, en dehors des cas où cette infraction constitue un délit relevant de la compétence des Tribunaux.

15*- la fabrication non autorisée d'armes à feu, de poudre et de munitions.

16*- le refus de la part d'un indigène résidant dans une région dont le désarmement a été ordonné, de remettre ou présenter ses armes au représentant de l'autorité.

17*- tout acte ou toute déclaration de nature à entraver le recensement des armes à feu, ou à tromper l'autorité chargée de ce recensement.

18*- tout acte ou propos irrespectueux à l'égard d'un agent ou représentant européen de l'autorité.

19*- tout propos, discours ou chant, proféré en public de nature à affaiblir le respect dû à l'autorité française ou à ses représentants européens, à nuire à l'exercice de cette autorité ou à provoquer le désordre ou l'indiscipline mais ne revêtant pas toutefois un caractère suffisamment grave pour compromette la sécurité publique ni suffisamment déterminé pour constituer une infraction commise au préjudice de l'Etat ou de la Colonie d'une administration publique.

20*- la mise en circulation d'un bruit alarmant et mensonger de nature à nuire à l'exercice de l'autorité ou à provoquer de l'agitation sous les réserves mentionnées au paragraphe précédent.

21*- l'immixtion, sans désignation spéciale à cet effet dans les affaires publiques ou le règlement des litiges d'ordre judiciaire, lorsqu'elle ne revêt pas le caractère d'usurpation de titre ou de fonction.

22*- le port illégal, dans un but non délictueux, de costumes ou d'insignes réservés aux agents de l'autorité ou aux militaires, ou de vêtements ou objets imitant ces costumes ou insignes.

23*- les pratiques de charlatanisme, magie, divination ou sorcellerie de nature à nuire ou à effrayer, mais n'ayant pas un but ou ne revêtant pas un caractère criminel ou délictueux.

24*- les plaintes ou réclamations sciemment inexactes ou non fondées relatives à une affaire ayant été précédemment l'objet d'une solution judiciaire régulière, et formulées après l'expiration des délais d'appel.

25* l'asile ou l'aide accordés [sic], dans le but de la soustraire aux recherches, à agitateurs politiques ou religieux.

26*- l'asile ou l'aide accordés [sic], dans le but de la soustraire aux recherches, à une personne inculpée d'un délit de droit commun ou d'un crime, lorsque l'asile ou l'aide accordés [sic] ne revêtent [sic] pas le caractère de complicité.

27*- l'ouverture, sans autorisation d'un établissement religieux ou scolaire.

28*- la constitution, sans autorisation, d'une association ayant un but ou un caractère religieux ou politique.

29*- l'appel non autorisé fait à la générosité publique en faveur d'un personnage religieux ou d'une association religieuse.

30*- la détérioration ou la destruction, dans un but non délictueux, de matériel, bâtiments, jardins ou plantations, appartenant à l'Etat ou à la Colonie, ou de tout objet d'utilité publique.

31*- la coupe, l'abattage ou la détérioration, sans autorisation régulière, d'arbres ou arbustes faisant partie de bois domaniaux ou communaux en dehors des cas spécialement prévus et sanctionnés par la réglementation forestière en vigueur.

32*- l'allumage d'un feu de brousse dans une zône [sic] à l'intérieur de laquelle de tels feux ont été interdits par l'autorité locale, et en dehors de telles zônes [sic], tout allumage de feu de brousse auquel il a été procédé sans que les précautions suffisantes aient été prises pour éviter la propagation de l'incendie.

33*- l'entrave apportée à la navigation par le jet dans les fleuves, lacs ou cours d'eau de tous objets de nature à rendre difficile ou dangereux le passage des embarcations.

34*- le défaut de surveillance, de la part de ceux qui en sont chargés des fous dangereux, des lépreux, des contagieux ou des animaux malfaisants ou féroces.

35*- la non-déclaration à l'autorité, dans un délai de trois jours à compter de celui au cours duquel on s'en est saisi, d'un animal divaguant dont on ignore le propriétaire.

36*- tout coup de feu tiré sans autorisation, hors le cas de légitime défense, à moins de cinq cents métres [sic] des limites extérieures d'une agglomération européenne ou d'un poste administratif ou militaire.

37*- le fait d'avoir, sans un but non délictueux, allumé ou transporté du feu, quelle qu'en soit la nature, à proximité d'un dépôt de poudre, d'explosifs ou de munitions d'artillerie.

38*- l'organisation d'une danse bruyante ou autre réjouissance tumultueuse, sans autorisation spéciale, au-delà de l'heure ou en dehors des limites fixées à cet effet par l'autorité locale.

39*- le fait d'organiser un jeu de hasard de nature à engendrer des désordres ou de prendre part à ce jeu.

40*- la provocation d'un désordre public ou d'une bagarre pouvant dégénérer en rixe de nature à nécessiter l'intervention de la police.

41*- le jet dans un puits, une source ou un cours d'eau dans un but non délictueux, de matières quelconques de nature à contaminer l'eau.

42*- l'abattage, le dépeçage et le dépouillement des animaux de boucherie, le séchage de poissons ou de viande et le dépôt d'immondices de toute nature pratiqués hors des lieux spécialement désignés à ces effets par l'autorité locale, ou si aucun lieu n'a été désigné, à une distance de moins de deux cents métres [sic] de toute habitation, en dehors des cas spécialement prévus et sanctionnés par les règlements sanitaires en vigueur.

43*- le dépôt d'un cadavre humain ou animal à la surface du sol ou son enfouissement à moins de 1 m, 50 de profondeur, lorsqu'il y a été procédé à une distance de moins de 500 métres [sic] de toute habitation ou voie de communication ou de tout puits ou cours d'eau, en dehors des cas spécialement prévus et sanctionnés par les réglements [sic] sanitaires en vigueur.

44*- le défaut d'arrachage et de destruction par le feu avant le 1er février de chaque année, des pieds de gros mil, sorgho vulgaire, ayant fructifié avant cette date.

45*- abandon, par des porteurs régulièrement engagés des charges à eux confiées [sic] par l'administration.

46*- le refus de recevoir les espèces et monnaies françaises ayant cours légal.

47*- l'abandon par des laptots régulièrement engagés, des embarcations faisant des transports administratifs.

48*- les infractions relatives aux eaux stagnantes, dans l'intérieur des villes.

49*- la fabrication par des indigènes de pointes et armatures de fléches [sic] et la culture des plantes à poison, notamment du strophantus.

50*- le défaut de laissez-passer de transhumance pour les troupeaux se déplaçant à l'intérieur de la Colonie.

Chapitre 5

Au-delà du racisme, la division comme tactique de gouvernance

Une lecture du code matraque montre qu'en Mauritanie, l'administration coloniale codifie la discrimination raciale. Elle dresse des listes propres aux Maures et Noirs. Le propre du système colonial c'est de diviser pour mieux régner. L'indigénat, avons-nous appuyé, est fondé sur le racisme, le placement d'un groupe social, les Blancs de la colonie au-dessus des Noirs. Mais il est à noter qu'il veilla aussi à diviser les indigènes entre eux. Ainsi, les Maures et les Arabes étaient une race supérieure aux Noirs. La pire des divisions fut pratiquée au Rwanda où les Hutu, éleveurs, longilignes en taille furent considérés supérieurs aux Tutsi, agriculteurs, plus petits de taille. Les Belges inculquèrent pour ainsi dire le sentiment de fierté et de mépris des Hutu contre les Tutsi. On en veut pour preuve l'usage du qualificatif « Cancrelats » que Radio des Mille Collines distilla aux masses hutu pour que fonctionne à perfection le génocide. Pour que les Hutu s'engagent, en 1994, dans une inénarrable entreprise de massacre de l'histoire humaine, il fallait qu'à leurs yeux les Tutsi soient de simples objets. Du moment que les Tutsi étaient des « Cancrelats », on pouvait en disposer sans remords.

Au Cameroun, l'indexation de l'ethnie bamiléké fut aussi fortement instillée au cœur des indigènes. Ainsi que sème le colon Lamberton dans un article publié dans *Défense Nationale* de mars 1960 :

« *Le Cameroun s'engage sur le chemin de l'indépendance avec, dans sa chaussure, un caillou bien gênant. Ce caillou c'est la présence d'une minorité ethnique : les Bamiléké, en proie à des convulsions dont l'origine ni les causes ne sont claires pour personne.* »

« Nègres » « Sauvages », « Cancrelats », « Caillou dans la chaussure », les métaphores ne sont pas choisies au hasard en colonie. Tout est choisi pour pousser les indigènes à la périphérie, à la marge de la civilisation. En République indigénisée, on ne procède pas autrement. Elle charrie des concepts plus exclusifs les uns que les autres : « Sans-papiers », «Beur »,

« Karcher », et « Islamistes » « Terroristes ». Toutes ces métaphores signifient exclusion par indexation.

D'origine camerounaise, Stéphane vivrait en France depuis des années sans papiers. Citoyen figurant, nègre à meubler l'espace, on le voit ici avec Rama Yade en lunettes noires au premier plan. Lorsque *Le Canard enchaîné* du 11 février 2015 le traîne dans la boue en l'indexant de « sans-papiers », les journaux de France reprennent les uns plus insultants que les autres, l'expression d'indexation. On comprend pourquoi *Le Monde* [11 février 2015] titre par exemple, « Stéphane Tiki, président sans papiers des jeunes UMP ». Suite à ces pressions, Tiki, poste dans son Facebook :

« *C'est une polémique infamante. Tant pour garantir l'issue favorable de ma demande, que pour assurer la sérénité de l'action des Jeunes Populaires, j'ai décidé de me mettre en congé de sa direction.* »

Hier comme aujourd'hui, ces métaphores collent à la peau. Elles mettent au banc des accusés. Elles ont pour but de planter la haine de l'autre dans les cœurs. Toute tentative de justification n'en constitue pas moins la recherche de la victime. En présentant le Bamiléké comme l'autre, Lamberton conforte les autres ethnies dans leur droit de rejet de celui-ci. Car écrit-il :

« *L'histoire obscure des Bamiléké n'aurait d'autre intérêt qu'anecdotique si elle ne révélait à quel point ce peuple est étranger au Cameroun. Le gros de la population camerounaise appartient sans aucun doute au groupe bantou ; pour les Bamiléké, c'est moins sûr. En l'absence d'une enquête approfondie, force est de se référer à des travaux fragmentaires souvent contradictoires.* »

Il ressort de ces propos que la République-empire place ses colonies sur la voie des guerres ethniques bien avant leur irruption sur la scène internationale. Les divisions haineuses en sont les données de base. Maures et Mauritaniens de race noire vont donc vivre dans la haine de l'autre, ce qui aboutira aux tensions entre Sénégalais et Mauritaniens. On notera la même chose en Côte d'Ivoire avec l'irruption du concept de l'ivoirité qui place les Ivoiriens du nord du côté des étrangers, des êtres étranges, donc à éliminer. Il en va de même pour le Tutsi appelé à littéralement disparaître de la scène rwandaise en 1994.

Le lieutenant-gouverneur de la Mauritanie argue qu'il faut deux listes pour les deux groupes ethniques de cette colonie. Ses arguments sont à mon avis fallacieux. Voici d'ailleurs ce qu'il en dit :

« *Ces propositions ont trait à deux régimes différents, l'un applicable aux indigènes de race noire, l'autre aux Maures.*

Ainsi que je vous l'exposais dans ma lettre précitée, le régime à appliquer aux indigènes de race noire habitant la rive droite du Sénégal devra s'inspirer de celui auquel sont soumis les indigènes de même race installés sur la rive gauche. »

Le recours aux faits géographiques n'est pas fondé. Il y a des Maures et des Noirs au Sénégal comme il y en a en Mauritanie. De plus, on se rend compte que la liste des infractions pour réprimer les Noirs compte 48 infractions contre 40 appliquées à la race maure. Qui des Maures et des Noirs sont les plus engagés politiquement, prompts à l'indocilité fiscale et à fouler aux pieds la dignité des Blancs ?

Annexe 1 : Archives coloniales [Archives nationales du Sénégal]

7G/55 (17), Archives du Sénégal.

Le Lieutenant-gouverneur p.i. de la Mauritanie

À

Monsieur le Gouverneur Général de l'A.O.F.

[Direction des Affaires Politiques et Administratives]

Dakar

No 3283 : Infractions spéciales repressibles [sic] par voie disciplinaire [3.j.]

Comme suite à ma lettre no 3096 A du 3 courant et en réponse à votre télégramme No 212 du 29 Novembre dernier, j'ai l'honneur de vous adresser des propositions relatives à l'application du Décret du 15 Novembre 1924 sur les infractions spéciales répressibles par voie disciplinaire. Ces propositions ont trait à deux régimes différents, l'un applicable aux indigènes de race noire, l'autre aux Maures.

Ainsi que je vous l'exposais dans ma lettre précitée, le régime à appliquer aux indigènes de race noire habitant la rive droite du Sénégal devra s'inspirer de celui auquel sont soumis les indigènes de même race installés sur la rive gauche. Je vous transmets donc ci-joint une liste, en différant que très peu de celle qui vous a été soumise par le Gouvernement du Sénégal, énumérant les infractions spéciales devant donner lieu dans la colonie de la Mauritanie à l'application de sanctions de police administrative édictées par le Décret du 15 Novembre 1924.

Cette liste reproduit celle des arrêtés des 10 Janvier, 24 Mai et 29 Août 1918 auxquelles (sic) j'ai cru devoir ajouter les infractions prévues au Sénégal réprimant l'asile accordé à un indigène s'étant volontairement abstenu de se présenter devant la Commission mobile de recrutement bien qu'ayant été régulièrement convoqué et l'interdiction de poser sans autorisation en travers des cours d'eau des filets ou autres engins de pêche susceptibles d'interrompre la navigation.

La première de ces infractions me paraît conforme à vos instructions sur les bons absents et la seconde est nécessaire pour rendre uniforme la police des marigots de l'une et l'autre rive dans lesquels se livrent à la pêche les indigènes de la colonie voisine et de la Mauritanie.

Par contre, je n'ai pas cru devoir vous proposer le maintien de l'infraction relative à l'omission volontaire de se munir d'un laissez-passer au moment du départ du cercle de résidence pour une absence supérieure à un mois. L'Arrêté obligeant les indigènes séjournant dans les grands centres du Sénégal à se munir d'une carte d'identité n'étant pas en vigueur en Mauritanie.

J'ai supprimé au paragraphe 10 réprimant le refus d'exécuter des travaux ou de prêter les concours réclamés par réquisition verbale les épizooties, cette infraction tombant sous le coup du Décret du 7 Décembre 1915 sur la police sanitaire des animaux.

Le mot transporteurs a été ajouté au paragraphe relatif à l'abandon par les porteurs régulièrement engagés des charges à eux confiées par l'Administration, c'est en effet à des transporteurs que nous avons affaire en Mauritanie où les transports administratifs sont effectués par animaux.

Cette liste, que je vous demande de vouloir bien approuver, paraît longue ; mais l'énumération précise d'infractions strictement définies et limitatives offre l'avantage de limiter l'initiative de ceux qui sont appelés à les réprimer par voie disciplinaire.

L'application des peines de simple police aux infractions spéciales ainsi prévues paraît satisfaire aux besoins de la répression disciplinaire et prévoir tous les cas pouvant y donner lieu chez les indigènes de race noire. Elle sera suffisante également dans la plupart des cas chez les Maures.

Toutefois, étant donné la situation politique et économique toute spéciale de la Mauritanie où, par suite de l'état d'insécurité et de la nature même du pays, nous sommes obligés d'agir sur les indigènes plus directement que dans tout autre colonie, il semble que certaines de ces actions ou abstentions doivent, au moins pendant quelques années encore, être sanctionnées par les pénalités prévues par l'article 2 du Décret du 30 Septembre 1887 ; avec cette restriction que, comme le prévoit l'article II du Décret du 15 Novembre 1924, le cumul de l'amende et de la prison ne pourra être prononcé que dans le cas de récidive.

La Mauritanie est un pays difficile, privé de voies de communication dans lequel on ne peut se déplacer, dés [sic] que l'on quitte les pistes reliant les postes, sans guide et sans renseignements. Le fait de refuser de fournir un guide ou de donner de faux renseignements sur l'itinéraire à suivre, les points d'eau ou l'emplacement des campements peut entrainer les conséquences les plus graves pouvant aller jusqu'à la perte de détachements militaires, ou de fonctionnaires et agents de déplacements.

Le libre jeu de l'offre et de la demande n'y joue pas encore et nous sommes dans la nécessité d'intervenir pour faire assurer les transports administratifs et la nourriture des troupes stationnées dans le pays. Le refus ou la mauvaise volonté de fournir des animaux de bât ou de boucherie et le fait d'abandonner des charges dans la brousse constituent des infractions de nature à compromettre le ravitaillement du personnel et des garnisons de nos postes.

La Mauritanie, de par la proximité de la zône [sic] insoumise du Sud Marocain et de la Colonie de Rio de Oro dans laquelle l'autorité des Espagnols ne se fait sentir que sur la côte de l'Atlantique, ne jouit pas toujours d'une tranquillité complète, il importe que nous puissions arrêter dès le début toute tentative d'agitation politique ou religieuse qui viendrait à se produire et par suite atteindre les agitateurs et réprimer le fait de leur donner asile.

Pour les mêmes raisons de sécurité, il importe que nous ayons la possibilité de punir sévèrement ceux qui refusent de nous remettre leurs armes.

Annexe 2 : Archives coloniales [Archives nationales du Sénégal]

Liste des infractions spéciales passibles de sanctions de police administrative dans la Colonie de Mauritanie

No1 : Indigènes de race noire

1*- Le refus d'acquitter les taxes et impositions ;

2*- La négligence apportée dans le paiement des taxes et impositions ;

3*- Dissimulation des personnes et des matières objets ou animaux imposables ;

4*- La complicité dans la dissimulation visée au paragraphe précédent ;

5*- Toute déclaration volontairement inexacte relative au nombre de personnes imposables ou à la quantité ou à la valeur des matières, objets ou animaux imposables ;

6*- Toute entrave apportée au recensement des personnes, matières, objets ou animaux imposables, ou à la perception des taxes et impôts ;

7*- Le départ, sans autorisation, d'une circonscription territoriale dans le but de se soustraire au paiement d'un impôt ou aux recherches de la police ou dans toute autre intention frauduleuse échappant à la compétence des tribunaux ordinaires ;

8*- Le refus de fournir les renseignements d'intérêt public demandés par les Représentants ou agents de l'autorité dans l'exercice de leurs fonctions ou la réponse sciemment mensongère faite à une demande de cette nature ;

9*- Toute indication volontairement inexacte donnée à un Représentant ou Agent de l'autorité en vue de le tromper sur la route à suivre ou sur l'emplacement d'une localité, d'un pâturage ou d'un point d'eau ;

10*- Le Refus d'exécuter les travaux ou de prêter les concours réclamés par réquisition écrite ou verbale dans un cas intéressant l'ordre, la sécurité ou l'utilité publics, ainsi que dans les cas d'incendie, de naufrage, famine, épidémie et autres sinistres ou calamités ;

11*- La mauvaise volonté apportée dans l'exécution des travaux ou le prêt des concours visés au paragraphe précédent ;

12*- le fait de ne pas répondre, en dehors des cas de force majeure, à une convocation de service écrite ou verbale émanant du Commandant de cercle ou de subdivision ou de son délégué et transmise soit directement, soit par un de ses agents dûment qualifié ;

13*- L'omission volontaire de la déclaration de changement de résidence lors d'un passage à titre définitif d'une circonscription territoriale dans une autre ;

14*- Le fait de détenir sans autorisation une arme à feu, de la poudre ou des munitions, en dehors des cas où cette infraction constitue un délit relevant de la compétence des tribunaux ;

15*- La fabrication non autorisée d'armes à feu de poudre ou de munitions ;

16*- Le refus de la part d'un indigène résidant dans une région dont le désarmement a été ordonné de remettre ou présenter ses armes au Représentant de l'autorité ;

17*- Tout acte ou toute déclaration de nature à entraver le recensement des armes à feu ou à tromper l'autorité chargée de ce recensement ;

18*- Tout acte ou propos irrespectueux à l'égard d'un agent ou Représentant européen de l'autorité ;

19*- Tout propos discours ou chant, proféré en public de nature à affaiblir le respect dû à l'autorité française ou à ses Représentants européens, à nuire à l'exercice de cette autorité ou à provoquer le désordre ou l'indiscipline mais ne revêtant pas, toutefois, un caractère suffisamment grave pour constituer une infraction commise au préjudice de l'Etat, de la Colonie ou d'une Administration publique ;

20*- La mise en circulation d'un bruit alarmant et mensonger de nature à nuire à l'exercice de l'autorité ou à provoquer de l'agitation, sous les réserves mentionnées au paragraphe précédent ;

21*- L'immixtion sans désignation spéciale à cet effet dans les affaires publiques ou le règlement des litiges d'ordre judiciaire, lorsqu'elle ne revêt pas le caractère d'une usurpation de titre ou de fonction ;

22*- Le port illégal, dans un but non délictueux, de costumes ou insignes réservés aux agents de l'autorité ou aux militaires, ou de vêtements ou objets imitant ces costumes ou insignes ;

23*- Les pratiques de charlatanisme, magie, divination ou sorcellerie de nature à nuire ou à effrayer mais n'ayant pas un but ou ne revêtant pas un caractère criminel ni délictueux ;

24*- Les plaintes ou réclamations sciemment inexactes ou non fondées, relatives à une affaire ayant été précédemment l'objet d'une solution judiciaire régulière et formulée après l'expiration des délais d'appel ;

25*- L'asile ou l'aide accordés [sic] dans le but de les soustraire aux recherches, à des agitateurs politiques ou religieux ;

26*- L'asile ou l'aide accordés [sic] dans le but de la soustraire aux recherches, à une personne inculpée d'un délit ou d'un crime lorsque l'asile ou l'aide accordés [sic] ne revêtent [sic] pas le caractère de complicité ;

27*- L'asile accordé à un indigène qui s'est volontairement abstenu de se présenter devant la commission de recrutement ;

28*- L'ouverture sans autorisation d'un établissement religieux ou scolaire ;

29*- La constitution, sans autorisation d'une association ayant un but ou un caractère religieux ou politique ;

30*- L'appel non autorisé fait à la générosité publique en faveur d'un personnage religieux ou d'une association religieuse ;

31*- La détérioration ou la destruction dans un but non délictueux de matériel bâtiments jardins ou plantations appartenant à l'Etat ou à la Colonie ou tout ouvrage ou objet d'utilité publique ;

32*- La coupe, l'abattage ou la détérioration sans autorisation régulière d'arbres ou arbustes faisant partie des bois domaniaux ou communaux en dehors des cas spécialement prévus et sanctionnés par la réglementation forestière en vigueur ;

33*- L'allumage d'un feu de brousse dans une zône [sic] à l'intérieur de laquelle de tels feux ont été interdits par l'autorité locale et, en dehors de telles zônes [sic] tout allumage de feu de brousse auquel il a été procédé sans que des précautions suffisantes aient été prises pour éviter la propagation de l'incendie ;

34*- L'entrave apportée à la navigation par le jet dans les fleuves, lacs ou cours d'eau de tous objets de nature à rendre difficile ou dangereux le passage des embarcations ;

35*- La pose sans autorisation en travers des mêmes cours d'eau de filets ou autres engins de pêche susceptibles d'interrompre la navigation ;

36*- Le défaut de surveillance de la part de ceux qui en sont chargés des fous dangereux, des lépreux, des contagieux ou animaux malfaisants ou féroces ;

37*- La non déclaration à l'autorité, dans un délai de trois jours à compter de celui au cours duquel on s'en est saisi d'un animal divaguant dont on ignore le propriétaire ;

38*- Tout coup de feu tiré sans autorisation, hors le cas de légitime défense, à moins de cinq cents métres [sic] des limites extérieures d'une agglomération européenne ou d'un poste administratif ou militaire ;

39*- Le fait d'avoir, dans un but non délictueux, allumé ou transporté du feu, quelle qu'en soit la nature à proximité d'un dépôt de poudre, d'explosifs ou de munitions d'artillerie ;

40*- L'organisation d'une danse bruyante ou autre réjouissance tumultueuse, sans autorisation spéciale, au-delà de l'heure ou en dehors des limites fixées à cet effet par l'autorité locale ;

41*- Le fait d'organiser un jeu de hasard de nature à engendrer des désordres ou de prendre part à ce jeu ;

42*- La provocation d'un désordre public ou d'une bagarre pouvant dégénérer en rixe et de nature à nécessiter l'intervention de la police ;

43*- Le jet dans un puits, une source, un abreuvoir ou un autre cours d'eau, dans un but non délictueux, de matières quelconques de nature à contaminer l'eau ;

44*- L'abattage, le dépeçage et le dépouillement d'animaux de boucherie, le séchage de poissons ou de viande et le dépôt d'immondices de toute nature pratiqués hors des lieux désignés spécialement à cet effet par l'autorité locale, ou, si aucun lieu n'a été désigné à une distance de moins de deux cents métres [sic] de toute habitation, en dehors des cas spécialement prévus et sanctionnés par les réglements [sic] sanitaires en vigueur ;

45*- Le dépôt d'un cadavre humain ou animal à la surface du sol ou son enfouissement à moins de 1 mètre 50 de profondeur, lorsqu'il a été procédé à une distance de moins de 500 métres [sic] de tous points ou cours d'eau, ou en dehors des cas spécialement prévus et sanctionnés par les réglements [sic] sanitaires en vigueur ;

46*- Abandon par les porteurs ou transporteurs régulièrement engagés des charges à eux confiées par l'Administration ;

47*- Le refus de recevoir des espèces et monnaies françaises ayant cours légal ;

48*- Les infractions relatives aux eaux stagnantes à l'intérieur des villes prévues par le Décret du 18 Octobre 1911 et l'Arrêté du 12 Décembre 1912 ;

Annexe 2 : Archives coloniales [Archives nationales du Sénégal]

Liste des infractions spéciales passibles de sanctions de police administrative dans la Colonie de Mauritanie.

No2 : Indigènes de race maure

1*- Le refus d'acquitter les taxes et impositions ;

2*- La négligence apportée dans le paiement des taxes et impositions ;

3*- Dissimulation des personnes et des matières objets ou animaux imposables ;

4*- La complicité dans la dissimulation visée au paragraphe précédent ;

5*- Toute déclaration volontairement inexacte relative au nombre de personnes imposables ou à la quantité ou à la valeur des matières, objets ou animaux imposables ;

6*- Toute entrave apportée au recensement des personnes, matières, objets ou animaux imposables, ou à la perception des taxes et impôts ;

7*- Le départ, sans autorisation, d'une circonscription territoriale dans le but de se soustraire au paiement d'un impôt ou aux recherches de la police ou dans toute autre intention frauduleuse échappant à la compétence des tribunaux ordinaires ;

8*- L'omission volontaire de la déclaration de changement de résidence lors d'un passage à titre définitif d'une circonscription territoriale dans une autre ;

9*- Le fait de détenir sans autorisation une arme à feu, de la poudre ou des munitions, en dehors des cas où cette infraction constitue un délit relevant de la compétence des tribunaux ;

10*- La fabrication non autorisée d'armes à feu de poudre ou de munitions ;

11*- Tout acte ou toute déclaration de nature à entraver le recensement des armes à feu ou à tromper l'autorité chargée de ce recensement ;

12*- Tout acte ou propos irrespectueux à l'égard d'un agent ou Représentant européen de l'autorité ;

13*- Tout propos discours ou chant, proféré en public de nature à affaiblir le respect dû à l'autorité française ou à ses Représentants européens, à nuire à l'exercice de cette autorité ou à provoquer le désordre ou l'indiscipline mais ne revêtant pas, toutefois, un caractère suffisamment grave pour constituer une infraction commise au préjudice de l'Etat, de la Colonie ou d'une Administration publique ;

14*- La mise en circulation d'un bruit alarmant et mensonger de nature à nuire à l'exercice de l'autorité ou à provoquer de l'agitation, sous les réserves mentionnées au paragraphe précédent ;

15*- L'immixtion sans désignation spéciale à cet effet dans les affaires publiques ou le règlement des litiges d'ordre judiciaire, lorsqu'elle ne revêt pas le caractère d'une usurpation de titre ou de fonction ;

16*- Le port illégal, dans un but non délictueux, de costumes ou insignes réservés aux agents de l'autorité ou aux militaires, ou de vêtements ou objets imitant ces costumes ou insignes ;

17*- Les pratiques de charlatanisme, magie, divination ou sorcellerie de nature à nuire ou à effrayer mais n'ayant pas un but ou ne revêtant pas un caractère criminel ni délictueux ;

18*- Les plaintes ou réclamations sciemment inexactes ou non fondées, relatives à une affaire ayant été précédemment l'objet d'une solution judiciaire régulière et formulée après l'expiration des délais d'appel ;

19*- L'asile ou l'aide accordés [sic] dans le but de la soustraire aux recherches, à une personne inculpée d'un délit ou d'un crime lorsque l'asile ou l'aide accordés [sic] ne revêtent [sic] pas le caractère de complicité ;

20*- L'asile accordé à un indigène qui s'est volontairement abstenu de se présenter devant la commission de recrutement ;

21*- L'ouverture sans autorisation d'un établissement religieux ou scolaire ;

22*- La constitution, sans autorisation d'une association ayant un but ou un caractère religieux ou politique ;

23*- L'appel non autorisé fait à la générosité publique en faveur d'un personnage religieux ou d'une association religieuse ;

24*- La détérioration ou la destruction dans un but non délictueux de matériel bâtiments jardins ou plantations appartenant à l'Etat ou à la Colonie ou tout ouvrage ou objet d'utilité publique ;

25*- La coupe, l'abattage ou la détérioration sans autorisation régulière d'arbres ou arbustes faisant partie des bois domaniaux ou communaux en dehors des cas spécialement prévus et sanctionnés par la réglementation forestière en vigueur ;

26*- L'allumage d'un feu de brousse dans une zône [sic] à l'intérieur de laquelle de tels feux ont été interdits par l'autorité locale et, en dehors de telles zônes [sic] tout allumage de feu de brousse auquel il a été procédé sans que des précautions suffisantes aient été prises pour éviter la propagation de l'incendie ;

27*- L'entrave apportée à la navigation par le jet dans les fleuves, lacs ou cours d'eau de tous objets de nature à rendre difficile ou dangereux le passage des embarcations ;

28*- La pose sans autorisation en travers des mêmes cours d'eau de filets ou autres engins de pêche susceptibles d'interrompre la navigation ;

29*- Le défaut de surveillance de la part de ceux qui en sont chargés des fous dangereux, des lépreux, des contagieux ou animaux malfaisants ou féroces ;

30*- La non déclaration à l'autorité, dans un délai de trois jours à compter de celui au cours duquel on s'en est saisi d'un animal divaguant dont on ignore le propriétaire ;

31*- Tout coup de feu tiré sans autorisation, hors le cas de légitime défense, à moins de cinq cents métres [sic] des limites extérieures d'une agglomération européenne ou d'un poste administratif ou militaire ;

32*- Le fait d'avoir, dans un but non délictueux, allumé ou transporté du feu, quelle qu'en soit la nature à proximité d'un dépôt de poudre, d'explosifs ou de munitions d'artillerie ;

33*- L'organisation d'une danse bruyante ou autre réjouissance tumultueuse, sans autorisation spéciale, au-delà de l'heure ou en dehors des limites fixées à cet effet par l'autorité locale ;

34*- Le fait d'organiser un jeu de hasard de nature à engendrer des désordres ou de prendre part à ce jeu ;

35*- La provocation d'un désordre public ou d'une bagarre pouvant dégénérer en rixe et de nature à nécessiter l'intervention de la police ;

36*- Le jet dans un puits, une source, un abreuvoir ou un autre cours d'eau, dans un but non délictueux, de matières quelconques de nature à contaminer l'eau ;

37*- L'abattage, le dépeçage et le dépouillement d'animaux de boucherie, le séchage de poissons ou de viande et le dépôt d'immondices de toute nature pratiqués hors des lieux désignés spécialement à cet effet par l'autorité locale, ou, si aucun lieu n'a été désigné à une distance de moins de deux cents métres [sic] de toute habitation, en dehors des cas spécialement prévus et sanctionnés par les réglements [sic] sanitaires en vigueur ;

38*- Le dépôt d'un cadavre humain ou animal à la surface du sol ou son enfouissement à moins de 1 mètre 50 de profondeur, lorsqu'il a été procédé à une distance de moins de 500 métres [sic] de tous points ou cours d'eau, ou en dehors des cas spécialement prévus et sanctionnés par les réglements [sic] sanitaires en vigueur ;

39*- Le refus de recevoir des espèces et monnaies françaises ayant cours légal ;

40*- Les infractions relatives aux eaux stagnantes à l'intérieur des villes prévues par le Décret du 18 Octobre 1911 et l'Arrêté du 12 Décembre 1912 ;

Chapitre 6

« Territoire militaire » ou terre d'internement

L'esprit d'internement est celui de répression à outrance. On sait que la Réunion et la Guyane furent les terres où la France envoyait les malfrats de tous ordres. En Afrique, ce sont les territoires enclaves où la vie est dure et invivable. Tels sont le Niger et le Tchad, car s'ils sont avant tout des terres d'exploitation, ils sont aussi des lieux de punition, d'extrême dépaysement. Interner c'est tuer à petit feu à la fois l'interne et sa famille et/ou les peuples qu'il dirigerait. Interner équivaut à une torture psychologique des plus cruelles.

Avant 1917, il y a, en dehors du code de l'indigénat, deux systèmes judiciaires dans les colonies : le système judiciaire français applicable aux seuls citoyens français et la justice indigène réservée aux sujets coloniaux. Il s'agit en principe d'instances qui ont pour fonction de juger contradictoirement l'individu. En d'autres termes, d'un système où l'individu est présumé innocent jusqu'à ce que sa culpabilité soit clairement démontrée. On peut donc dire que malgré l'arbitraire 'deux poids deux mesures' propre à tout espace colonisé, il y a le souci de dire le droit.

En 1917, la France est en pleine guerre. Elle y a de plus en plus besoin d'hommes et de ressources pour nourrir l'armée. Le député Blaise Diagne [13 Octobre 1972 - 11 Mai 1934] expose devant ses pairs la pratique par le colonel Mangin qui consiste à utiliser les tirailleurs comme chair à canon. Il y a donc malaise en métropole comme en colonie, car les indigènes rechignent à payer le prix d'une guerre qui ne les concerne pas. Il y a donc de plus en plus de la peine à recruter au moment où l'armée a un grand besoin d'hommes. L'abrogation de l'indigénat par décret du 7 décembre 1917 n'est pas fortuite. Elle est liée à l'atmosphère générale dans une A.O.F de plus en plus indocile. En fait, ce qui est abrogé c'est la justice indigène. Celle-ci constitue une entrave à la célérité de décision. Elle est moins souple que le régime des infractions. En contexte de guerre, il faut agir vite.

En d'autres termes, l'indigénat ne fut jamais abrogé. D'ailleurs, les infractions vont être constamment révisées et mises à jour par les lieutenants-gouverneurs et autres commandants de cercle, chefs de subdivision, fonctionnaires coloniaux zélés. Une lecture attentive du décret montre que les colonies sont désormais en état d'urgence et que le régime de l'indigénat est généralisé. Ce qui compte désormais, c'est la toute-puissance de l'autorité qui doit être incontestable.

« Art. 2- Seront punis de I à 25 francs d'amende et I à 15 jours de prison ou de l'une des deux peines seulement les individus non justiciables des tribunaux français qui se seront livrés à des agissements quelconques pouvant affaiblir le respect dû à l'autorité française ou à ses représentants européens soit en tenant ou en proférant en public des propos, discours et chants, soit en prenant part à des manifestations ou démonstrations, soit en mettant en circulation oralement ou par écrit des bruits alarmants ou mensongers.

Art.3- Les peines précitées pourront être doublées en cas de récidive. »

Ces deux articles portent sur les sanctions qui étaient infligées aux indigènes ayant enfreint une ou l'autre infraction. À noter la volonté de corser la sanction. Il faut aussi noter que la suite des articles porte sur la déportation qui était alors considérée comme une sanction politique, car l'administration déporte ce qui constitue un danger. En déportant, elle prévient la contagion de l'esprit contestataire.

Annexe 1 : Archives coloniales [Archives nationales du Sénégal]

17G/55 (17), Archives du Sénégal.

Le Lieutenant-gouverneur du Niger

À

Monsieur Le Gouverneur Général de l'A.O.F

[Direction des Affaires Politiques et Administratives]

No 390 : Objet : A.S du régime de l'indigénat

Projet de Décret complétant le Décret du 22 Mars 1924 sur la Justice indigène.

En A.O.F, les contraventions aux arrêtés de simple police et de police administrative du Gouverneur Général et des Lieutenants-gouverneurs sont sanctionnées à l'égard des délinquants judiciaires des tribunaux indigènes par les tribunaux du 1er degré.

Toutefois les Commandants de cercle, leurs adjoints et les Commandants de subdivision, sont au cours de leurs tournées investis à l'égard des individus justiciables des tribunaux indigènes des attributions de juge de simple police et sont habilités à sanctionner, en cette qualité, sans l'assistance d'assesseurs ni de greffier, les infractions qu'ils constateront aux arrêtés visés au paragraphe précédent.

Les jugements prononcés par les fonctionnaires précités au cours de leurs tournées sont transcrits sur le registre des jugements du tribunal de premier degré de leur résidence.

Annexe 2 : Archives coloniales [Archives nationales du Sénégal]

Projet de Décret abrogeant celui du 7 Décembre 1917

Art.1er- Le régime de l'indigénat tel qu'il était organisé précédemment en A.O.F est abrogé.

Art. 2- Seront punis de I à 25 francs d'amende et I à 15 jours de prison ou de l'une des deux peines seulement les individus non justiciables des tribunaux français qui se seront livrés à des agissements quelconques pouvant affaiblir le respect dû à l'autorité française ou à ses représentants européens soit en tenant ou en proférant en public des propos, discours et chants, soit en prenant part à des manifestations ou démonstrations, soit en mettant en circulation oralement ou par écrit des bruits alarmants ou mensongers.

Art.3- Les peines précitées pourront être doublées en cas de récidive.

Art.4- Les sanctions aux infractions énoncées à l'article 2 du présent décret seront infligées par les Commandants de cercle, leurs adjoints et par les Commandants de subdivision et notifiées mensuellement au Lieutenant-gouverneur de la Colonie qui peut les réduire ou les annuler en conseil privé ou d'Administration.

Art.5- Lorsque le Commandant de cercle estime que les infractions prévues à l'article 2 sont d'une gravité telle que les sanctions mises à sa disposition sont insuffisantes, il adresse au Lieutenant-gouverneur un rapport détaillé et sollicite l'application d'une peine plus élevée.

En attendant la décision de l'autorité supérieure le prévenu est incarcéré dans un local particulier de la prison du chef-lieu de cercle ou de subdivision.

Le Lieutenant-gouverneur, après avoir pris l'avis du Tribunal d'Homologation et du Procureur de la République près du Tribunal statue par arrêté pris en conseil privé ou d'Administration, sans être lié par aucun avis. Il rend compte au Gouverneur Général de sa décision par un rapport exposant tous les faits de la cause et auquel seront annexés les avis du Tribunal et du Procureur de la République.

Art.6- La peine infligée par le Lieutenant-gouverneur ne peut dépasser 100 frs d'amende et trois ans de résidence obligatoire dans une localité déterminée.

Art.7- Les indigènes coupables de faits d'insurrection contre l'autorité de la France ou de troubles politiques graves ne rentrant pas dans les cas prévus ci-dessus peuvent être astreints à quitter le lieu habituel de leur résidence et à résider obligatoirement pendant dix ans au maximum dans une localité qui leur sera désignée.

Ils sont autorisés à se faire accompagner d'une de leurs femmes et de ses enfants. Les frais de transport sont à la charge du budget local de la colonie sur le territoire de laquelle les faits répréhensibles ont été commis. Ce même budget devra servir une pension alimentaire ou condamné et à sa famille pendant le temps de sa détention et de ses voyages d'aller et de retour.

La peine de résidence obligatoire est prononcée, sur la proposition du Lieutenant-gouverneur arrêtée en conseil privé ou d'Administration, par arrêté du Gouverneur Général, après avis de la Chambre d'Homologation de la Cour d'Appel et du Procureur Général. Ces avis ne lient pas le Gouverneur Général.

Art.8- En attendant la décision du Gouverneur Général, l'inculpé est maintenu sous la surveillance de l'autorité locale. Il peut être détenu dans un local spécial des locaux pénitentiaires sur décision du Lieutenant-gouverneur si besoin en est.

Art.9- Lorsque les actes ou manœuvres, les faits d'insurrection et les troubles politiques graves visés à l'article 7 précédent sont l'œuvre d'une collectivité, le Lieutenant-gouverneur peut adresser au Gouverneur Général, après avoir pris l'avis du Tribunal d'Homologation et du Procureur de la République ainsi que du Conseil Privé ou d'Administration, une proposition en vue de frapper d'une contribution en espèces ou en nature la collectivité ayant pris part aux actes délictueux.

Le Gouverneur Général statue comme il est dit à l'article 7 ci-dessus.

Art.10- En vue de prévenir la dilapidation des biens des condamnés pendant leur absence le Gouverneur Général pourra prononcer le séquestre de leurs biens pendant la durée de leur peine.

Art.11- Le Gouverneur Général de l'Afrique Occidentale Française déterminera par un arrêté les mesures d'application de détail du présent décret.

Chapitre 7

L'insolent indigène et le général

On cite souvent et à tort, le Guinéen Sékou Touré comme le seul à avoir défié de Gaulle. Inexacte présentation des faits historiques. Ils sont nombreux qui subtilement se moquent de l'homme fort de la libération. Le fier Modibo Keita était de ceux-là. L'ancien Soudan français, à savoir la République du Mali est, en Afrique francophone, l'un des pays où l'appétit du pouvoir militaire est la marque de la nation. Modibo Keita qui est élu comme le premier président du pays s'arroge les pleins pouvoirs et contraint tous les autres partis à se fondre dans le sien. Pendant huit annuités, le Mali va vivre sous le régime de parti unique. Modibo Keita avait, comme beaucoup de ses contemporains, les ambitions d'une Afrique de l'Ouest fédérée. Il voyait en cela non pas une nuée de petites nations sans poids, mais une force unie face à l'Occident. Mais le projet de fédération échouera et le Mali deviendra une nation ayant une politique véritablement progressiste. Dès l'accession du pays à l'indépendance, Modibo Keita, comme Sékou Touré, prend ses distances vis-à-vis de l'ancienne puissance coloniale. Mieux, son soutien au Front de libération nationale d'Algérie, des décisions économiques contraires aux intérêts de la France irritent de Gaulle. On comprend le ton condescendant de la lettre qu'il fait porter par André Malraux à Modibo Keita :

« *Je ne méconnais aucunement, croyez-le bien, les difficultés que comporte, pour la république du Mali, sa situation nationale et internationale présente et je pourrais m'expliquer que cette situation influe par épisodes sur votre comportement. Mais l'attitude générale que vous avez adoptée vis-à-vis de nous est véritablement désobligeante et injustifiée.* »

Faire allusion au comportement d'un chef d'État en écrivant que « l'attitude que vous avez adoptée vis-à-vis de nous est véritablement désobligeante… » constitue une manière de dire que Modibo Keita est insolent. Or, on sait qu'en colonie toute insolence, tout irrespect vis-à-vis de l'autorité est punissable et sévèrement sanctionné. C'est dire que l'obséquiosité escomptée n'est pas et que l'autorité française, de Charles de Gaulle, est offusquée. N'est-ce pas là un chemin qui mène aux sanctions en temps de colonie ?

Car en fait, le progressiste Modibo Keita veut se libérer de la France. Il veut une économie malienne qui sert les Maliens, une devise malienne libérée du franc CFA. Modibo Keita alla jusqu'à s'attaquer à l'instrument de domination qu'est la langue française. Il voulait une langue malienne qui narre avec profondeur l'être au monde du Malien. En un mot, Modibo Keita était postcolonial jusqu'au tréfonds de lui-même. Il voulait laver son pays des prurits du colonialisme. Or, un tel combat est voué à l'échec, car les séquelles sont profondément ancrées. C'est d'autant plus vrai que le colon reste accroché à son os. La France ne décolonise que pour mieux coloniser. Alors l'impertinence de Modibo Keita irrite. Quand et comment de Gaulle réagira-t-il ? Autrement dit, quelle sera la nature de la sanction appliquée à l'impertinent Modibo ? Sera-t-elle comme celle appliquée à Sékou Touré, c'est-à-dire une conspiration internationale pour faire échouer la Guinée ?

Selon Bintou Sanankoua dans *La Chute de Mobido Keita* [Paris : Editions Chaka, 1990], Modibo Keita finit sa course au somment de l'État malien dès l'instant où il choisit le parti unique et la voie socialiste. Dans l'ombre, la France suscite une farouche opposition à ses desseins. Des manifestations antigouvernementales au coup d'État, il n'y a qu'un pas qui est vite franchi. Le 19 novembre 1968, Modibo Keita qui avait quitté la capitale pour Koulikoro, regagne celle-ci au bord d'un tank. L'officier Moussa Traoré se charge de demander au président élu par la majorité des Maliens de démissionner, d'abandonner la voie du socialisme. Ce que rejette Modibo Keita qui sera démissionné et vivra, en retrait du politique jusqu'à sa mort. Avec Moussa Traoré, c'est le « Pouvoir de sabre » en marche. Le Mali ne s'en remettra jamais.

1968-1992 constitue le tracé du pouvoir de sabre au Mali. Moussa Traoré règne sans partage. Il est tout le pouvoir. Il participe du législatif, du judiciaire et de l'exécutif. Il a horreur de la libre expression. Toute parole contradictoire l'irrite. Il agit en marge des constitutions. Il rejette la délibération, l'expression des opinions. Il rejette toute alternance. Tout pouvoir de sabre est absolu.

Le pouvoir de sabre y a plus d'attrait que dans les autres pays francophones à l'instar du Sénégal voisin. En ces jours du 22 mars 2012, un groupe de militaires dont le grade n'excède pas celui du capitaine, vient de mettre fin à l'expérience démocratique qu'avait amenée un autre coup, celui orchestré par Amadou Toumani Touré contre le dictateur Moussa Traoré dans les années 90. Ironie du sort, c'est le même putschiste qui a amorcé un sincère espoir d'une démocratie qui tombe vulgairement. Car ATT, comme on l'appelle, qui vient à son tour d'être chassé du pouvoir, avait assuré très vite la transition démocratique en remettant le pouvoir aux civils. Mieux, il avait, pendant des années emboîté les voies d'une véritable démocratie, se hissant ainsi au premier rang d'enseignant de la culture de la démocratie dans son pays et en Afrique en général. Qu'il ait eu l'ambition, après les mandats d'Alpha Omar Konaré de diriger son pays, ne pouvait être que de bon augure. Alors qu'il devait organiser les élections et se retirer du pouvoir pour montrer que l'alternance politique est indispensable, il cherche à s'accrocher au pouvoir. Le pouvoir de sabre rejette l'alternance, le pouvoir du bulletin de vote. Tout mauvais gouvernant peut narguer ses compatriotes si sur sa tête ne plane pas le couteau de contrôle de gestion. Mais voici que Sanogo et ses hommes ont mis fin à une expérience qui donnait beaucoup de signes d'espoir.

Comment comprendre la valse des pouvoirs arbitraires, cet appétit du pouvoir par les armes sans plonger dans le passé du continent ? Le passé de l'ancien Soudan français aide à comprendre cette soif du pouvoir par les armes. Tout officier ou sous-officier, tout militaire qui prend le pouvoir par les armes n'est qu'une pâle copie du bon tyran autrement dit du gouverneur, du lieutenant-gouverneur, du commandant du cercle, cette pléthore d'exécutants de l'arbitraire. Comme l'a si bien peint Thicaya U'Tamsi dans *Le Destin Glorieux du Marechal Nnikon Nniku* [Paris : Présence Africaine, 1979] les nations nouvelles dans les anciennes Afrique occidentale française et équatoriale française sont les espaces où tout militaire, de quelque niveau qu'il soit, peut brandir l'arme sur le président de la République élu ou pas en lui demandant : « Qu'as-tu fait pour être là où tu es ? Es-tu plus méritant que Moi ? »

Annexe 1 : Archives coloniales [Archives nationales du Sénégal]

17G/55 (17), Archives du Sénégal : Projet d'Arrêté.

Arrêté du Gouverneur Général de l'Afrique Occidentale Française portant énumération des infractions spéciales répressives par voie disciplinaire dans la Colonie du Soudan français.

Le Gouverneur Général de l'Afrique Occidentale Française

Commandeur de la Légion d'Honneur,

Vu le décret du 18 octobre 1904, portant réorganisation du Gouvernement Général de l'Afrique Occidentale Française ;

Vu l'article 3 du décret du 6 mars 1877, portant que les dispositions du Code Pénal métropolitain sont rendues applicables dans la Colonie du Sénégal et Dépendances ;

Vu l'article 8 du décret du 30 septembre 1887, concernant la répression au Sénégal des infractions spéciales commises par les indigènes non citoyens français ;

Vu le décret du 18 septembre 1913, permettant d'étendre les pouvoirs disciplinaires des administrateurs coloniaux aux officiers et agents civils exerçant des fonctions administratives dans les circonscriptions territoriales de l'Afrique Occidentale Française ;

Vu le décret du 22 mars 1924, portant réorganisation de la Justice indigène en Afrique Occidentale Française ;

Vu la loi du 29 septembre 1916, déclarant Citoyens Français les natifs des Communes de plein exercice du Sénégal et leurs dépendants (sic) ;

Vu le décret du 15 novembre 1924, déterminant en Afrique Occidentale Française l'exercice des pouvoirs disciplinaires et des mesures propres à l'Indigénat, et notamment ses articles 1 à 10 ;

Sur la proposition du Lieutenant-gouverneur du Soudan Français ;

Le Conseil de Gouvernement entendu,

Arrête :

Article 1er. - Sont qualifiées, dans la Colonie du Soudan Français, infractions spéciales répressives par voie disciplinaire, les actions ou abstenions dont suit l'énumération, lorsqu'elles ont été commises par des indigènes non justiciables des Tribunaux français :

1*. Le refus d'acquitter ou d'exécuter les taxes et impositions, la négligence apportée dans leur paiement ou leur exécution, la dissimulation des personnes ou matières imposables, la complicité dans cette dissimulation, les déclarations volontairement inexactes relatives à la quantité des personnes et matières imposables, l'entrave au recensement de ces personnes et matières ou à la perception et l'exécution des taxes et impositions.

2*. - Le départ, sans autorisation, d'une circonscription territoriale, dans le but de se soustraire au paiement d'un impôt ou aux recherches de la police ou dans toute autre intention frauduleuse échappant à la compétence des tribunaux ordinaires, ou pour passer à titre définitif dans une autre circonscription territoriale.

3*. - Le refus de fournir tout renseignement d'intérêt public demandé par les représentants ou agents de l'autorité dans l'exercice de leurs fonctions ou toute indication volontairement inexacte à l' occasion de ces demandes.

4*. - Le refus, la négligence ou la mauvaise volonté pour l'exécution des travaux ou le prêt des concours réclamés par réquisition écrite ou verbale dans un cas intéressant l'utilité, la sécurité ou l'ordre public, ainsi que dans les cas d'incendie, naufrage, famine, épidémie, épizootie et autres sinistres et calamités.

5*. - Le défaut d'obtempérer, sans motif valable aux convocations de service écrites ou verbales émanant du Commandant de Cercle, ou de Subdivision ou de son désigné, faites directement par l'intermédiaire d'un de ses agents dûment qualifié.

6*. - La fabrication non autorisée d'armes à feu, de poudre ou de munitions, de pointes et armatures de flèches et la culture des plantes à poison, notamment le strophantus, ou la détention sans autorisation de ces armes, munitions et poisons, en dehors des cas où elle constitue un délit relevant de la compétence des tribunaux.

7*. - Tout propos, discours ou chant proféré en public, mise en circulation d'un bruit alarmant et mensonger de nature à affaiblir le respect dû à l'autorité française ou à ses représentants européens, à nuire à l'exercice de cette autorité ou à provoquer le désordre ou l'indiscipline, mais ne revêtant pas un caractère suffisamment grave pour compromettre la sécurité publique ni suffisamment déterminé pour constituer une infraction commise au préjudice de l'Etat, de la Colonie ou d'une Administration publique et tout acte et propos irrespectueux à l'égard d'un agent ou représentant européen de l'autorité.

8*. - L'immixtion, sans désignation spéciale à cet effet, dans les affaires publiques ou le règlement des litiges d'ordre judiciaire, lorsqu'elle ne revêt pas le caractère d'une usurpation de titre ou de fonction.

9*. - Le port illégal, dans un but non délictueux, de costumes ou insignes réservés aux agents de l'autorité ou aux militaires, ou de vêtements ou objets imitant ces costumes et insignes.

10*. - Les pratiques de charlatanisme, magie, divination ou sorcellerie de nature à nuire ou effrayer, mais n'ayant pas un but ou ne revêtant pas un caractère criminel ni délictueux.

11*. - Les plaintes ou réclamations sciemment inexactes ou non fondées ayant déjà reçu une solution régulière.

12*. - L'asile ou l'aide accordés, dans un but de les soustraire aux recherches, à des agitateurs politiques ou religieux, ou à toute personne inculpée d'un délit ou d'un crime, lorsque l'asile ou l'aide accordés ne revêtent pas le caractère de complicité.

13*. - L'ouverture sans autorisation d'un établissement religieux ou scolaire ou la constitution non autorisée d'une association ayant un but ou un caractère religieux ou politique.

14*. - L'appel non autorisé fait à la générosité publique en faveur d'un personnage religieux ou d'une association religieuse.

15*. - La détérioration ou la destruction, dans un but délictueux, de matériel, bâtiments, jardins ou plantations appartenant à l'Etat ou à la Colonie ou de tout autre objet d'utilité publique.

16*. - La coupe, l'abattage ou la détérioration, sans autorisation régulière, d'arbres ou d'arbustes faisant partie de bois domaniaux ou communaux, en dehors des cas spécialement prévus et sanctionnés par la réglementation forestière en vigueur.

17*. - L'allumage d'un feu de brousse dans une zone à l'intérieur de laquelle de tels feux ont été interdits par l'autorité locale et, en dehors de telles zones, tout allumage de feu de brousse auquel il a été procédé sans que des précautions suffisantes aient été prises pour éviter la propagation de l'incendie.

18*. - L'entrave apportée à la navigation par le jet dans les fleuves, lacs ou cours d'eau de tous objets de nature à rendre difficile ou dangereux le passage des embarcations ou le fait de laisser vaguer les bateaux ou pirogues ou de les amarrer de manière à gêner la libre circulation.

19*, - Le défaut de surveillance, de la part de ceux qui en sont chargés, des fous dangereux, des lépreux, des contagieux ou des animaux malfaisants ou féroces.

20*. - La non-déclaration à l'autorité, dans un délai de trois jours à compter de celui ou cours duquel on s'en est saisi d'un animal divaguant dont on ignore le propriétaire.

21*. - Tout coup de feu tiré sans autorisation, hors le cas de légitime défense, à moins de cinq cents mètres des limites extérieures d'une agglomération européenne ou d'un poste administratif ou militaire.

22*. - Le fait d'avoir, dans un but non délictueux, allumé ou transporté du feu quelle qu'en soit la nature, à proximité d'un dépôt de poudre, d'explosifs, de munitions d'artillerie ou de matières inflammables.

23*. - L'organisation d'une danse bruyante ou une réjouissance tumultueuse, sans autorisation spéciale, au-delà de l'heure ou en dehors des limites fixées à cet effet par l'autorité locale.

24*. - Le fait d'organiser un jeu de hasard de nature à engendrer des désordres ou de prendre part à ce jeu.

25*. - La provocation d'un désordre public ou d'une bagarre pouvant dégénérer en rixe de nature à nécessiter l'intervention de la police.

26*. - Le jet dans un puits, une source, un abreuvoir ou un cours d'eau, dans un but non délictueux, de matières quelconques de nature à contaminer l'eau.

27*. - L'abattage, le dépeçage ou le dépouillement des animaux de boucherie, le séchage de poissons ou de viande et le dépôt d'immondices de toute nature pratiqués hors des lieux désignés spécialement à cet effet par l'autorité locale ou, si aucun lieu n'a été désigné, en dehors des cas spécialement prévus et sanctionnés par les règlements sanitaires en vigueur.

28*. - Le dépôt d'un cadavre humain ou d'un animal à la surface du sol ou son enfouissement à moins de 1 mètre 50 de profondeur, lorsqu'il y a été procédé à une distance de moins de cinq cents mètres de toute habitation ou voie de communication ou de tout puits ou cours d'eau, en dehors des cas spécialement prévus et sanctionnés par les règlements en vigueur.

29*. - L'abandon par les porteurs régulièrement engagés des charges à eux confiées par l'Administration ou l'abandon par les laptots régulièrement engagés des embarcations faisant des transports administratifs.

30*, - Le refus de recevoir les espèces et monnaies françaises ayant cours légal.

31*. - Les infractions relatives aux eaux stagnantes à l'intérieur de la ville.

32*. - Le défaut, la négligence ou la mauvaise volonté pour les indigènes dont les enfants sont soumis à l'obligation scolaire par les règlements en vigueur, de se conformer à cette obligation.

Article 2. - Sont également qualifiées infractions spéciales répressibles par voie disciplinaire, les actions ou abstentions commises par des indigènes non justiciables des tribunaux français en contravention avec les dispositions en vigueur des arrêtés du Gouverneur Général ou du Lieutenant-gouverneur-Général de la Colonie pris en vertu de l'article 2 du décret du 30 septembre 1887 et rendus par application de l'article 3 du décret du 6 mars 1877, lorsque lesdits arrêtés spécifient explicitement que les contraventions indigènes sont punies par voie disciplinaire.

Article 3. - Aucune infraction, en dehors de celles énumérées aux deux articles précédents, n'est punissable par voie disciplinaire, et notamment aucune des infractions dont la répression n'est attribuée aux tribunaux indigènes par des arrêtés du Gouverneur Général ou du Lieutenant-gouverneur Général de la Colonie ou par le décret du 22 mars 1924.

Article 4. - Toutes les dispositions contraires à celles du présent arrêté sont et demeurent abrogées.

Article 5. - Le présent arrêté sera enregistré, inséré et communiqué partout où besoin sera et publié au Journal Officiel de la Colonie. /.

Dakar, le

Le Gouverneur Général,

Annexe 2 : Archives coloniales [Archives nationales du Sénégal]

Lettre officielle de Charles de Gaulle à Modibo Keita

1er mai 1961

Cher monsieur le Président,

M. Malraux, ministre d'État, vient vous voir de ma part. Il doit vous remettre une note de mon gouvernement et vous en préciser les motifs et les données.

En cette occasion, très importante pour ce qui concerne la direction que vont prendre les relations entre nos deux pays, je tiens à vous dire personnellement et franchement combien je suis affecté par la politique que le Mali pratique à l'égard de la France et à quel point je regretterais d'avoir à en tirer les conséquences pour mon pays. Je ne méconnais aucunement, croyez-le bien, les difficultés que comporte, pour la république du Mali, sa situation nationale et internationale présente et je pourrais m'expliquer que cette situation influe par épisodes sur votre comportement. Mais l'attitude générale que vous avez adoptée vis-à-vis de nous est véritablement désobligeante et injustifiée.

Vous connaissant vous-même et connaissant l'État dont vous êtes le chef et le peuple dont vous êtes le guide, je ne puis croire que cet état de choses réponde à vos réelles intentions. S'il en est effectivement ainsi, ne pourrions-nous replacer nos rapports sur de meilleures bases ?

Je vous prie de croire, cher monsieur le président, à mes sentiments de très haute considération et à mes souvenirs les meilleurs.

Charles de Gaulle

Chapitre 8 :

Du glas des commandants de cercles : « Sopi » et « Y'en a marre » (1)

On sait que l'administration coloniale procède par la méthode de diviser pour mieux régner. De ce point de vue, les quatre communes spéciales du Sénégal [Dakar, Saint-Louis, Gorée et Rufisque] furent épargnées en principe (2) de l'ignoble code de l'indigénat tandis que les cercles les environnant connurent comme les autres colonies, une féroce répression, une permanente ponction des revenus des indigènes, et la soumission aveugle aux emprisonnements, internements, interdictions de séjour, déportations. Par exemple, pour la seule année 1923, les cercles de Louga, Tivaouane, Thies, Baol, Kaolack, Tambacounda, Casamance, Dagana, Podor, Matam, et Bakel se virent infligé 1. 926 peines, un total de 1.123 amendes qui générèrent un montant de 14.570, 816 peines de prison ferme pour un total de 8.951 journées d'enfermement. Comme on le constate, le régime de l'indigénat fut plus qu'une pratique visant à soutenir l'autorité de l'administration. Elle eut aussi pour but de dépouiller les populations financièrement ainsi que leur dignité.

1. Le Sabre en perpétuité

Depuis que le Conseil constitutionnel sénégalais en date de 27 janvier 2012 a statué que le vieux Abdoulaye Wade, arrivé à la fin de son mandat, peut se présenter pour un 3e mandat présidentiel, en violation de la Constitution du pays qui les limite à deux, la militarisation du Sénégal est à l'ordre du jour. Un vieillard de 85 ans sonnés veut que son pays sombre dans l'irraison. Wade s'accroche au pouvoir comme le président camerounais Paul Biya qui, à 80 ans, a fait remanier la Constitution du Cameroun en 2008 pour se représenter une énième fois comme président. Le vieillard de 85 ans a choisi de passer outre la Constitution qui limite les mandats. Cette loi, dit-il, ne me concerne pas. Et pourtant, c'est lui Wade qui a modifié cette même Constitution en 2005. C'est sous lui que la limitation des mandats a été introduite. Nonobstant, elle ne le concerne pas. Il choisit délibérément de la violer envers et contre tous.

Pour y arriver, il a payé un cabinet américain pour faire valoir son droit. Il a donc simplement défié la loi. Il s'est porté candidat en toute violation de la Constitution. Depuis le 27 janvier 2012, il est question d'un homme soutenu par les armes contre le peuple représenté par M23, un mouvement de jeunes qui veut protéger la Constitution ; un mouvement qui veut redonner la voix aux sans voix. Le M23 est avant tout constitué de tous ceux qui, en début des années 2000, chassèrent Abdou Diouf du pouvoir et imposèrent Abdoulaye Wade. Le M23 nous rappelle le mouvement Sopi. Le vieux Wade doit son ascension au pouvoir au mouvement Sopi. Ce même mouvement renaît depuis le 27 janvier 2012 sous le nom de M23. Il constitue la rue contre le pouvoir. Il rappelle cette même rue qui donna le tournis au pouvoir colonial. C'est la peur de cette rue, de cette masse, de ces laissés-pour-compte qui donna lieu au forgeage du code de l'indigénat sénégalais. En colonie, le Sénégal est un espace en guerre. En colonie, le régime politique est policier. Il contrôle et sévit. Voici donc l'horreur coloniale qui se reproduit. Ce vieillard en est le symbole. Il a choisi le chaos à l'ordre.

2. Des vieilles recettes : « Interdiction des manifestations »

'Ce sit-in permanent s'apparente à un délit de vagabondage, pour occuper cette place et créer un fait accompli', a affirmé jeudi Ousmane Ngom, ministre sénégalais de l'Intérieur, précisant : « au Sénégal, nous sommes dans un régime de liberté, c'est-à-dire que le principe de la liberté de réunion, de manifestation et de rassemblement sur la voie publique est garanti par la Constitution. » (3)

Ousmane Ngom est ministre de l'Intérieur du Sénégal dans le gouvernement d'Abdoulaye Wade. Manière de policier comme le furent le haut-commissaire, le chef de subdivision, le commandant du cercle, espèces d'instruments de l'oppression coloniale française en Afrique. Malgré le progrès démocratique au Sénégal avec trois présidents depuis l'Indépendance [Léopold Sédar Senghor de 1960 à 1980, Abdou Diouf de 1980 à 2000 et Abdoulaye Wade de 2000 à 2012], Ngom parle comme on parlait en colonie. Il ne voit en ses concitoyens que la masse menaçante. Son interdiction est la reprise du code sénégalais. Il imposait l'ordre à tous. Il réprimait alors tout vagabondage. Il punissait sévèrement toute divagation de bêtes sur la voie publique. Dire ici que le peuple vagabond et les bêtes sont une seule et même chose dans l'esprit du gardien de l'ordre colonial ou néocolonial est un euphémisme. En d'autres termes, le code percevait alors la liberté physique des Sénégalais comme une menace contre le colonat local. Cantonner donc les indigènes participe de l'esprit du maintien de l'ordre public, un ordre qui profite à ceux qui ont tous les privilèges, un ordre public qui exclut l'indigène, qui le présente comme l'ennemi numéro 1.

3. « Y'en a marre » ou le triomphe des nouvelles technologies.

Créé par le rappeur Keur Gui, et les journalistes Cheikh Fadel Barro et Aliou Sané, le mouvement Y'en a marre a, comme son prédicteur mouvement Sopi, changé la face du Sénégal. Depuis lors, le mouvement s'est étendu au Burkina avec le succès éclatant du « Balai national » qui chasse du pouvoir en 2014 le tyranneau Blaise Compaoré.

Je suis de ceux qui, en 2000, ont salué l'arrivée d'Abdoulaye Wade au pouvoir. Je suis de ceux qui ont célébré le Sénégal et la Côte d'Ivoire. Wade opposant éternel de Senghor et de son fils politique Abdou Diouf prenait les rênes du pouvoir sénégalais. En Côte d'ivoire, il y avait un Laurent Gbagbo. Qu'enfin Gbagbo, opposant éternel d'Houphouët-Boigny prenne le pouvoir par les urnes constitue une retentissante victoire, le déculottage de Boigny, Foccart et autres instruments néocoloniaux. J'ai alors pensé qu'un jour nous nous débarrasserions de la Françafrique.

Dois-je déchanter aujourd'hui ? Bien sûr que non, car au-delà de la supercherie du vieux Wade, je retiens la marche inéluctable du peuple libéré. La raison de ma jubilation ? L'irruption du mouvement « Y'en a marre » créé par le journaliste activiste Fadel Barro sur la scène politique sénégalaise est le prolongement du mouvement Sopi de 2000, ce nouveau mouvement déshabilla le vieux Wade [(4)]. Il dut céder le fauteuil présidentiel à Macky Sall. Ces retentissantes victoires sont dues à l'irruption des nouvelles technologies. Le mobile participa au déculottage d'Abdou Diouf et de Wade. Il restitua la parole au peuple sénégalais, à la périphérie.

Or, le mouvement populaire Sopi 'voix du peuple sénégalais', de la rue réclamait non des strapontins, mais le siège du roi. Sopi nous rappelait que tout peuple peut et doit à un moment donné mettre fin à l'arbitraire, rejeter la tyrannie, prendre en main son destin, et choisir qui il veut pour le représenter. En ces années de la révolte populaire, Diouf, servile pantin chassé du pouvoir, annonçait pour moi, le glas de la mafia-France. En 2000, le mouvement Sopi représente la revanche du faible contre le plus fort. En 2000, le mouvement Sopi représente une certaine

Afrique, celle de Kwame Nkrumah, Ruben Um Nyobé, Patrice Lumumba, soutenus par Aimé Césaire, Frantz Fanon et W. E. Dubois : une Afrique des libertés, une Afrique à qui la France barra la route d'entrée au sein des nations libres ; une Afrique qui pourtant sommeille dans l'imaginaire populaire, du Sénégal à Dar es-Salaam, du Caire, à Capetown. En 2000, le mouvement Sopi était le peuple qui enfin rompait avec ma malédiction !

Cette Afrique-là avait donné du tournis aux colons. Je ne parlerai pas de Samory le Malinké. Je n'ai pas de mots pour Béhanzin, qui s'abreuva sans doute des faits des Amazones de son terroir. Je n'irai pas au Congo pour évoquer la femme rebelle ni à Madagascar. Il me suffit de dire que ceux qui, en 2000, prennent la rue pour « laver » le Sénégal de la gale qui le ronge depuis l'époque coloniale, avaient en tête toutes ces figures résistantes.

Or, le résistant Wade à 74 ans aux heures de Sopi, a eu un parcours d'indocile. Il a combattu le régime autocratique de Senghor pendant 26 ans au sein de son parti créé en 1974. Il rappelle un Gbagbo en Côte d'Ivoire. Ces deux ont tenu contre l'imposture. Leur lutte pour moi était alors symbole du vouloir populaire : l'alternance politique, la taxation avec représentation, l'exigence d'un bilan. Ces deux figures politiques représentaient alors une certaine Afrique en guerre contre de Gaulle et son homme de l'ombre Foccart. Au début de leurs règnes, j'ai vu Wade et Gbagbo comme ceux qui pouvaient donner un sens, une valeur à nos constitutions. Ils étaient l'antithèse de Senghor/Diouf / Boigny qui avaient remanié la Constitution maintes fois dans le seul but de barrer la voie à l'opposition et se maintenir au pouvoir. Car redisons-le, le refus de l'alternance est au cœur des pouvoirs colonial et post-indépendance. L'argument majeur : la stabilité, l'ordre public dans une Afrique gangrenée par le virus des pouvoirs militaires, est fallacieux.

Mais voici que depuis 2000, date de son ascension au pouvoir, Wade a modifié cette même constitution près de 17 fois. Les retouches de 2001 et 2008 participent d'un calcul machiavélique. Wade aura alors retouché la Constitution non dans l'intérêt du peuple sénégalais, mais pour des visées égoïstes. Que vaut alors cette loi du pays aux yeux de ce vieil homme de droit ? N'est-elle pas, comme toutes les constitutions africaines écrites par les coopérants français à la veille des indépendances, un simple torchon pour le cul de n'importe quel tyranneau ? Comment expliquer le détour que prend l'avocat Wade pour rejeter les exigences des Sénégalais qui réclament l'alternance ? En payant une somme faramineuse à un cabinet de l'État de Géorgie pour prouver la légalité de sa candidature, Wade ne met-il pas la supercherie au-dessus du principe et de l'honnêteté ? Tout pouvoir se limite-t-il à un jeu machiavélique ? Où est l'homme qui pendant des années a clamé haut et fort que les socialistes Senghor et Diouf refusaient l'alternance politique ? Où sont ses arguments contre ceux qui considèrent la Constitution comme simple torche-cul ?

Qu'on se le rassure, le peuple n'est pas dupe. Il n'a peut-être pas décrié les intentions derrière 17 remaniements, mais il est resté vigilant. Voici donc qu'au petit matin du 23 juin 2011, la rue sénégalaise s'est mise à gronder : « Y'en a marre ! » Cri de guerre et appel à la révolte. Il est l'émanation du peuple, des jeunes rassemblés au sein du M23, le mouvement du 23 juin 2011. Ces rues, de Dakar à Rufisque grondent, font face aux instruments de répression que constituent les armes sénégalaises au service non du peuple, mais d'un seul homme. Ces armes ont, comme à l'époque coloniale, versé le sang sénégalais.

Cette vieillesse soutenue par les armes de la République ne rassure pas. Elle ne reflète aucune dignité. Hué à son arrivée au bureau de vote en ce dimanche 27 février 2012, Wade m'a présenté l'image du commandant de cercle en voie de disparition en francophonie. Et pourtant, dans un entretien à *Jeune Afrique*, le premier ministre, Souleymane Ndéné Ndiaye en brossait un portrait dithyrambique. Citant pince-sans- rire Hamadou Hampate Bâ, Ndiaye en fait non un vain vieillard qui s'est accaparé le pouvoir et en a abusé, mais plutôt il peint Wade comme la voix des jeunes Sénégalais, une mine de savoir [6]. Ndiaye parle-t-il en toute liberté d'esprit ? N'est-il pas redevable au « vieux » comme tous les nommés du Conseil constitutionnel sénégalais ? Ce servile fonctionnaire dit haut et fort comme le vieillard Wade lui-même aux derniers moments de campagne qu'il croyait que sa victoire était assurée. Et comment, elle est assurée grâce aux armes, au bourrage des urnes, et aux consignes des marabouts, mais le perdant, c'est le Sénégal.

Heureusement, en terre africaine, il y a un certain Nelson Mandela pour nous rappeler que tout pouvoir sain commande l'alternance. En refusant un troisième mandat à Wade, le Sénégal prend résolument la voie du futur, le chemin obligatoire en Afrique francophone. En élisant Macky Sall, le Sénégal gagne une guerre de plus. Le principe de continuité nous commande de penser et d'agir autrement, car il a toujours existé une Afrique indocile, celle qui sommeille en tout Africain. Le mouvement « Y'en a marre » sans être dupe, sans aveuglement, accepte l'alliance avec les regroupements politiques et s'aligne, pour ainsi dire, sur les pas du mouvement Sopi.

Et voici que le M23 qui mène le combat à mains nues depuis 23 juin 2011, le fait par principe. Il est bien différent des politiciens qui y ont afflué pour s'octroyer la légitimité du peuple. Le M23 est avant tout la voix du peuple sénégalais qui demande la justice, l'alternance sans ambition politique. Le M23 c'est l'UPC de ma jeunesse, le « Parlement » estudiantin camerounais des années 90. C'est le refus de l'arbitraire. C'est la rue en mouvement. Le M23 rappelle à nos commandants de cercle, ces marionnettes des prestidigitateurs parisiens, que tout régime de sabre constitue une moribonde gesticulation. En colonie comme en néo-colonie, les rues ne dorment jamais. Elles sont comme des eaux. Elles n'avertissent pas l'instant de débordement. Dans un tel contexte, tout pouvoir de sabre, à la longue, s'essouffle et meurt. Tel est le message que grave au jour le jour, le M23. Il est le Sénégal en action. Quand dans le cours de l'histoire d'un peuple, les faits avérés prouvent qu'un corps opprime, le devoir de violence s'impose.

Notes et références

1. Bien que Sopi [changement en Wolof] fût le slogan du parti politique d'Abdoulaye Wade en 2000, il rallia avant tout la jeunesse sénégalaise qui en avait assez des 20 années du pouvoir d'Abdou Diouf qui avait succédé au premier président, Léopold Sédar Senghor qui lui aussi avait mis 20 au pouvoir. Les 40 années du pouvoir socialiste étaient aussi liées au parti unique, véritable tare des nouvelles nations francophones au sortir du colonialisme français. L'alternance était ainsi inscrite au cœur de ce mouvement. Mais Wade héritait un régime qui lui avait laissé des tares, dont celle du président tout-puissant concentrant entre ses mains tous les pouvoirs. Mal lui en prit donc, car c'est au sein de son propre parti que partiront les jeunes loups tel Macky Sall qui feront basculer le pouvoir en 2012. Il faut dire que le changement vient en grande partie par le mouvement des jeunes, « Y'en a marre » que fonde Fadel Barro.

2. Momar Coumba Diop, *Le Sénégal sous Abdoulaye Wade : Le Sopi à l'épreuve du pouvoir*. Paris : Karthala, 2013.

3. Je dis bien en principe, car tous les indigènes vivant dans ces communes ne sont pas Français, du moins ceux qui ne peuvent ni lire ni écrire la langue française.

4. Retrieved from *Jeuneafrique.com* : Sénégal : l'opposition prévoit de nouvelles manifestations vendredi et samedi, February 15, 2012.

5. Il faut surtout dire que l'irruption de ces mouvements résulte de la vie dure. Si les femmes, en 2000, en ont assez des coupures d'eau, il en sera de même pour les jeunes lorsqu'ils en auront marre des fréquentes coupures de courant électrique.

6. *Jeune Afrique*, 21/2/2012. En laissant son fils Karim Wade faire, le vieux président a largement contribué au détournement des deniers publics. Condamné à 6 ans de prison ferme et à payer une amende de 138 milliards de FCFA, on ne peut que dire que la condamnation reflète le degré de boulimie du fils de Wade. Car comment un jeune de 46 ans peut-il se faire en l'espace du temps du passage de son père à la présidence une fortune de l'ordre de milliards ? Voir l'article de Mehdi Ba « Sénégal : Karim Wade condamné six ans de prison ferme » in
http ://www.jeuneafrique.com/Article/ARTJAWEB20150319174908/justice-karim-wade

Annexe 1 : Archives coloniales [Archives nationales du Sénégal]

République Française

Liberté -Égalité -Fraternité

Colonie du Sénégal

Bureau politique | Saint-Louis, le 10 Décembre 1924

No 1840

Analyse :

Envoi d'un projet d'arrêté portant
Énumération des infractions ou abstentions
Spéciales donnant lieu dans la Colonie' du
Sénégal à l'application des sanctions de
Police administrative établie par le décret
Du 15 Novembre 1924

Le Gouverneur des Colonies

Lieutenant-gouverneur du Sénégal

À Monsieur le Gouverneur Général de l'Afrique

Occidentale Française

Dakar

Affaires politiques et administratives

En réponse à votre télégramme du 1er courant no 212 demandant de vous adresser des propositions pour vous permettre de prendre les arrêtés en vue de l'application du décret du 15 Novembre 1924 sur l'indigénat, j'ai l'honneur de vous rendre compte que je fais procéder à une enquête par les Commandants de cercle concernant les indigènes qui peuvent être admis à bénéficier de l'exemption prévue par l'article 5 de cet acte.

En attendant la réception du résultat de cette information je vous transmets ci-joint la liste des infractions ou des abstentions spéciales devant donner lieu dans la Colonie du Sénégal à l'application des sanctions de police administrative édictées par le décret du 15 Novembre 1924.

Exception faite pour les prescriptions du paragraphe 44 concernant la mise en circulation des arachides mélangées à des matières étrangères, qui ont motivé celle figurant dans l'arrêté local du 14 Mars 1918 relatif aux punitions disciplinaires actuellement en vigueur au Sénégal.

Les prévisions que ce règlement contient paraissent satisfaire aux besoins actuels de la répression disciplinaire et prévoir tous les cas pouvant y donner lieu.

Pour cette considération je ne l'ai pas modifié et l'ai simplement complété des prévisions nécessitées par les changements survenus depuis sa publication dans l'administration de la Colonie.

Celles-ci concernent :

Paragraphes 14 - L'omission volontaire de se munir d'un laissez-passer au moment du départ du cercle de résidence pour une absence supérieure à un mois. Cette mesure est justifiée par la mise en application du projet d'arrêté que je vous ai adressé par ma lettre du 29 Novembre dernier no 1789 BP obligeant les indigènes séjournant dans les grands centres de la Colonie à se munir d'une carte d'identité.

À cette occasion je crois devoir vous proposer de mettre en concordance cet acte avec les prescriptions du décret du 15 Novembre 1924 en y remplaçant les pénalités qui y sont inscrites par celles de simple police.

Paragraphe 28 - L'asile accordé à un indigène s'étant volontairement abstenu de se présenter devant la commission mobile de recrutement bien qu'ayant été régulièrement convoqué.

Cette prévision me parait conforme à l'esprit des instructions de votre lettre du 28 Août dernier no 411 cm, qui prescrit que des sanctions disciplinaires devront être prises contre les indigènes déclarés bons absents par la commission ne s'étant pas rendus à une convocation de l'Administrateur du cercle. Il semble en effet, logique que la punition encourue par l'auteur de la contravention soit également appliquée à celui qui s'en est rendu complice.

Paragraphe 36 - L'arrêté du 14 Mars 1923 ne prévoit dans son paragraphe 33 que le jet dans les cours d'eau d'objets susceptibles de gêner la navigation.

Il parait que cette prescription peut être utilement complétée par celle interdisant l'établissement de barrages de branchages établis pour la pêche par les riverains interrompant la circulation des embarcations de toute nature dans les marigots tributaires du Sénégal.

*

* *

Pour les considérations que je vous ai exposées dans ma lettre du 2 Octobre 1924 no 1510 BP il ne me parait pas nécessaire de maintenir dans aucune région de la colonie le régime de l'indigénat ainsi que l'article 11 du nouveau décret en prévoit à titre exceptionnel la possibilité. Cette option ressort de l'examen des peines disciplinaires infligées au cours de la présente année dans les cercles du Haut fleuve, de la Casamance, de Tambacounda et de la Haute Gambie, qui constituent la partie de la colonie dont la population est la moins évoluée.

Pour compléter les indications qui précèdent, concernant l'application au Sénégal du nouveau régime de l'indigénat institué en Afrique française par le décret du 15 Novembre 1924, il me parait utile de vous soumettre la remarque que m'ont suggérée les dispositions de l'article 8 de cet acte donnant compétences en Afrique Occidentale Française aux tribunaux de 2e degré pour l'examen des infractions spéciales commises par les indigènes exemptés par les articles 4 et 5 des peines disciplinaires des Administrateurs.

Cette particularité ne parait pas justifiée si l'on considère que les justiciables des tribunaux indigènes énumérés aux articles 4 et 5 à l'exception des chefs et des agents de l'Administration, relèvent aux termes du décret du 24 mars 1924, du tribunal du 1er degré pour les délits de droit commun présentant beaucoup plus de gravité que les infractions prévues par le Code de l'indigénat.

Pour cette considération il semble que les prescriptions de l'article 12 du décret du 22 Mars 1924 déférant dans les mêmes circonstances les anciens militaires au tribunal du 1er degré devraient être appliquées aux indigènes désignés aux paragraphes 4, 5, 6, 7 et 9 de l'article 4 du décret du 15 Novembre 1924.

Troisième partie

Nuée des vautours : de l'AEF à la CEEAC

Chapitre 1

De la banalisation du pouvoir répressif

Lorsque Paris décide d'étendre le régime de l'indigénat à l'Afrique équatoriale française, elle laisse apparaître le profond mépris qu'elle a toujours affiché à l'égard de cette partie du continent. C'est l'Afrique équatoriale par opposition à l'Afrique occidentale. Aux yeux de la horde du colonat sortie de l'École coloniale, pour emprunter l'expression de Joseph Conrad, l'AEF est *Hard of Darkness* [Le cœur des ténèbres]. Tout le contraire de l'AOF qui pérore en tête de la « Civilisation » avec Dakar, St-Louis, Gorée et Rufisque considérés comme des départements français. Les indigènes y sont plus civilisés qu'ailleurs en colonie. En d'autres termes, leurs statuts font basculer l'Afrique occidentale dans la sphère de l'Afrique avancée, en bonne voie de 'Civilisation'. Deux remarques sautent aux yeux pour ce qui est de cette lettre motivée que signe le Ministre Trouillot.

D'abord, la banalisation du régime de l'indigénat en Afrique équatoriale, espace où les indigènes seraient moins avancés. En Afrique occidentale française, les infractions ainsi que les peines sont prises par des administrateurs. Mais en Afrique équatoriale française, on agira autrement comme il ressort de cet extrait du décret :

« *Toutefois, il a paru nécessaire de spécifier que les pouvoirs disciplinaires pouvaient être exercés, non seulement par les administrateurs, mais encore par les fonctionnaires commandant les circonscriptions administratives.* »

On l'aura compris. Désormais, les populations sont livrées aux « fonctionnaires » administrants. Ces derniers n'ont rien d'administrateurs soumis aux règles et à une éthique sans faille. Il suffit de lire les différents portraits que Georges Toqué brosse dans son vulgaire pamphlet, *Les Massacres au Congo : La Terre qui ment, La Terre qui tue* [Paris : L'Harmattan, 1996 ; La Librairie Mondiale, 1907], pour comprendre qu'en AEF sont envoyés de vulgaires assassins qui tuent pour s'amuser. Que les différents ministres des Colonies cachent le rapport de Savorgnan de Brazza envoyé au Congo pour enquêter sur les assassinats de masse qui y sont perpétrés sous le commandement d'un certain Gentil, est la preuve on ne peut plus accablante du gouvernement français d'alors. Publié sous le titre *Le Rapport Brazza. Mission d'enquête au Congo : Rapport et documents* [Paris : Le Passager clandestin, 2014], ce document nous permet aujourd'hui d'interpeller la France, de placer ce pays au banc des accusés, d'acteur de crimes contre l'humanité. Car en fait, les crimes d'hier et d'aujourd'hui furent prémédités. Lorsqu'on instruit la hiérarchie et le corps exécutif d'agir sans contrainte éthique du métier, on lance les Georges Toqué, et autres Fernand Gaud, Le Maout sur la piste des crimes pensés et savamment exécutés. À cause de cela, la France est coupable. On prend des décisions qui respectent les données de notre formation et de l'éthique du métier. L'incompétence et le zèle peuvent conduire cette catégorie « d'administrateurs » à commettre de graves erreurs de jugement. Trouillot le reconnaît d'ailleurs qui énonce que plus tard, c'est-à-dire après avoir constaté les infractions et réprimé, on pourra se référer à l'autorité compétente, le gouverneur général. Tant pis pour la pauvre victime s'il est constaté, après coup, que le fonctionnaire n'a pas exercé un bon jugement. On vit alors comme si on était en état d'urgence, un contexte où l'administrateur agit avant de rechercher les preuves qui justifient l'action.

La deuxième remarque porte sur le délai d'action du fonctionnaire administrant. Il faut qu'il agisse vite dès qu'il constate un manquement de la part d'un indigène. L'empressement à infliger la punition est fondé en réalité, non sur le faux argument de délai, mais sur le désir farouche de préserver l'autorité du fonctionnaire administrant. Son autorité est au-dessus des droits de l'indigène. Elle doit être reconnue et respectée sans condition, sans délai ainsi que l'évoque Trouillot :

« *Les distances sont telles en Afrique équatoriale française que, s'il fallait, pour les peines de cette nature, attendre la décision du gouverneur général, des délais de plusieurs mois s'écouleraient, et il importe avant tout, en pareille matière, que la répression soit immédiate et que la sanction suive de près la faute commise* » [C'est moi qui souligne].

On semble ici s'appuyer sur le dicton populaire selon lequel « Obéir n'est pas obéir quand on obéit lentement. » L'indigène doit comprendre qu'on ne badine pas avec l'autorité. La soumission est inconditionnelle. Elle est immédiate. Quand on sait que l'AEF est confiée en gestion aux concessions, c'est-à-dire à des commerçants véreux et avides de gains déshonnêtes, on ne peut que s'attendre aux atrocités qui y furent perpétrées.

L'article 3 du présent décret pose problème comme je l'ai noté dans le commentaire ci-dessus. L'administrateur, supérieur hiérarchique, sait qu'il y aura des abus. On ne donne pas carte blanche à un novice sans s'attendre à des catastrophes. L'article 3 sonne comme une manière d'épée de Damoclès sur la tête du fonctionnaire administrant. Toute décision prise par lui est susceptible d'être remise en question, *a posteriori*, par le gouverneur général, l'administrant compétent. On pourrait avoir un sentiment de chagrin. Mais de la part du fonctionnaire, non de l'indigène. Le pauvre aura subi une répression inutile. Il aura perdu, mais il ne lui est donné aucun recours à la réparation des préjudices. C'est en cela que les infractions et les peines sont une monstruosité.

L'article 6 évoque les conséquences graves du régime de l'indigénat. Il est la consécration suprême de l'injustice commise sciemment. Bien pire, l'indigénat conduit à l'oppression non d'un individu, mais de toute une communauté. La peine et la punition collectives sont une monstruosité. La peine et la punition collectives sont un acte scélérat, un déni de l'humanité des indigènes. Car dans la masse punie, il y a des innocents, des enfants.

L'article 6 met à nu la République, la présente comme une République soucieuse des droits du citoyen. Mais une branche du pouvoir, un exécutif paranoïaque, arbitraire et despotique. Telle fut l'administration en République des colonies. Au détour de 1789 s'amorce une ère de déni de liberté. Telle est l'image de la République-empire à laquelle se substitue la République des colonies qui sombre avec les accords d'Evian de 1962. On y administre par décrets et arrêtés. Or, les décrets et arrêtés n'ont rien de loi. Ils sont la décision d'un groupe d'individus motivés par leurs propres intérêts. Ils nous disent qu'en contexte colonial, il n'a jamais été question de lois, mais de régime de l'indigénat. Il a toujours été question de décisions pensées et prises par des individus agissant pour le compte de la France. Les infractions sont donc un complot contre les peuples africains. Elles sont un savant instrument de pillage des biens des indigènes. Elles sont un ignoble instrument de spoliation des indigènes, car les peines constituent une saignée aussi bien dans les avoirs des indigènes que dans la privation de leur liberté. La dépossession est alors complète, parfaitement exécutée. Elle est synonyme de vol pur et simple. La République des colonies est donc, aujourd'hui, redevable aux colonies. Elle est justiciable. Elle est à l'image de Louis XVI, du despote. Elle est symbolisée par de Gaulle qui colonise pour combattre le nazisme. Elle est une monstruosité complexe parce que symbole de liberté et d'oppression. Elle doit répondre de ses crimes. Elle doit être menée à La Haye comme le sont les bandits de grand chemin qui pillent et tuent en Afrique francophone.

Martial Merlin, gouverneur de l'AEF du 28 juin 1908 au 15 mai 1917, prend le taureau par les cornes et conçoit une liste des infractions spéciales pour l'Afrique équatoriale française et qu'il fait publier dans le Journal officiel de l'Afrique équatoriale française de septembre 1910.

En 1910, le Cameroun ne fait pas encore partie de l'AEF. Il est une colonie allemande. Le gouverneur Merlin reprend la liste des infractions spéciales de 1887 et l'adapte à la couleur locale. Par exemple, l'allusion à la maladie du sommeil, à la culture, vente et usage du chanvre. On sait que l'administration coloniale sera plus pointilleuse sur les questions d'impôt et de corvée de portage en AEF qu'ailleurs dans d'autres colonies. L'évitement de l'impôt sera une forme de désobéissance à l'ordre colonial propre à l'AEF, car l'impôt sert avant tout les intérêts des compagnies concessionnaires. Taxation sans représentation, les indigènes déboursent sans demander des comptes. L'impôt ne leur profite en rien. Tout aussi sans intérêt pour les indigènes, le portage. Sans voies de communication, l'AEF recourt aux forces humaines, à l'animal humain. Des mesures draconiennes seront prises pour le faire payer aux populations frondeuses qui n'hésitent pas à se réfugier dans la forêt dense et impénétrable. Des villages entiers furent mis à feu pour défaut de paiement de l'impôt. Les atrocités sont telles qu'un administrateur colonial, René Maran, se trouve dans l'obligation morale de les dénoncer dans son célèbre roman *Batouala : Véritable roman nègre* [Paris : Albin Michel, 1921]. Quelles sont aujourd'hui les banques héritières des multinationales qui tirèrent profit de ces mesures inhumaines ? Ne doivent-elles pas payer en retour leur forfait ? Car tondre au forceps une population démunie est crime contre l'humanité.

Le 20 septembre 1911, soit près d'un an après l'arrêté du 10 septembre 1910, le gouverneur général Merlin se trouve dans l'obligation de modifier sa liste originale des infractions spéciales et à recommander un peu de retenue aux administrateurs. Pourquoi ? La substance même de l'arrêté peut aider à mieux comprendre les motivations de ce gouverneur.

On sait combien les corvées de « porteurs » faisaient l'objet de l'attention particulière des concessionnaires et autres administrateurs en AEF. Il n'y a pas de routes qui relient les différents postes. La Forêt y est dense et seuls les indigènes savent y circuler avec aise. Par conséquent, le manque de porteurs peut perturber énormément les activités en AEF. Le ravitaillement en matériels de guerre, d'entretien ou de consommation, l'évacuation des produits pour exportation vers les ports commandaient une fermeté sans pareille de ceux qui pillaient. La répression des rebelles et des défaillants doit donc être exemplaire. Georges Toqué, administrateur colonial, est de ceux qui comprennent la situation et n'hésitent pas à employer les méthodes barbares. Dans le texte cité ci-dessus, il narre avec frénésie le vampirisme lié à l'acte de coloniser en Afrique centrale ainsi qu'aux pratiques de gouvernance. Cette partie du continent n'a jamais été perçue comme colonie de peuplement. Elle pourvoit à l'empire ce qui lui manque comme matières premières. On comprend pourquoi l'administration est avant tout soutien aux concessions commerciales. Dans l'arrière-pays, ce sont de vulgaires aventuriers qui répriment les infractions spéciales. Nous reviendrons sur les faits qui le conduisent en prison.

Produire est une chose qui requiert une main-d'œuvre facile. Les indigènes sont drainés en masse vers les chantiers, vers les plantations. Mais une autre chose est de transporter ces matières vers les ports d'évacuation. C'est avant tout l'être humain qui sert de véhicule. Les piroguiers étaient réquisitionnés et devaient mettre leurs pirogues au service des multinationales et de l'administration sans compensation. On peut alors évaluer le coût sur les familles de pêcheurs. Manque à gagner, famille dans l'indigence pour des semaines, voire des mois. Il faut aussi noter qu'être réquisitionné n'exempte pas du paiement de l'impôt de capitation. Que l'indigène travaille ou pas, il devait s'acquitter de cet impôt.

Annexes 1 : Archives coloniales [Archives nationales du Gabon]

No 158. - Rapport au Président de la République française, suivi d'un décret portant réglementation sur l'indigénat en Afrique équatoriale française.

(31 mai 1910)

(Le Ministre des Colonies. = Direction des Affaires politiques et administratives ; - 1er Sous-Direction ; - 2e Bureau : Afrique et Service géographique et des Missions. = Ministère de la Justice.)

Monsieur Le Président,

Mon attention a été appelée sur l'incertitude du règlement actuellement en vigueur en Afrique équatoriale française, en ce qui concerne le régime de l'indigénat, et j'avais prié M. le Gouverneur général de l'Afrique équatoriale française de me soumettre un projet de décret, dont l'adoption lui paraitrait de nature à fixer les principes à suivre en cette matière.

Pour la rédaction de ce texte, ce haut fonctionnaire s'est inspiré, dans une large mesure, de la législation actuellement en vigueur en Afrique occidentale française qui est constituée par les décrets des 30 septembre 1887 et 21 novembre 1904.

Toutefois, il a paru nécessaire de spécifier que les pouvoirs disciplinaires pouvaient être exercés, non seulement par les administrateurs, mais encore par les fonctionnaires commandant les circonscriptions administratives. Il est souvent arrivé, en effet, que l'on a constaté, en invoquant les termes restrictifs du décret de 1887, à des adjoints des Affaires indigènes ou à des officiers, remplissant des fonctions politiques, la faculté de pouvoir prononcer des peines disciplinaires.

En outre, il a paru nécessaire d'autoriser les lieutenant-gouverneurs à prononcer en conseil d'administration les amendes collectives, les internements et les séquestres. Les distances sont telles en Afrique équatoriale française que, s'il fallait, pour les peines de cette nature, attendre la décision du gouverneur général, des délais de plusieurs mois s'écouleraient, et il importe avant tout, en pareille matière, que la répression soit immédiate et que la sanction suive de près la faute commise. D'ailleurs les lieutenant-gouverneurs ayant la direction de la politique indigène de leur colonie, il a semblé logique de leur laisser l'initiative des peines politiques à prononcer, sous la réserve de l'appel au gouverneur général en Conseil de Gouvernement et du contrôle du Ministre des Colonies qui s'exercera dans les mêmes conditions que pour l'Afrique occidentale.

Tel est l'esprit du projet de décret que j'ai l'honneur de vous soumettre et que je vous prie de vouloir bien revêtir de votre signature.

Je vous prie d'agréer, Monsieur le Président, l'hommage de mon profond respect.

Le Ministre des Colonies,

Signé : Georges Trouillot.

Annexes 2 : Archives coloniales [Archives nationales du Gabon]

(31 mai 1910)

Le Président de la République française,

Vu l'article 18 du Sénatus-consulte du 3 mai 1884 ;

Vu le décret du 15 janvier 1910, portant réorganisation du Gouvernement général de l'Afrique équatoriale française ;

Sur la proposition du Ministre des Colonies et du Garde des Sceaux, Ministre de la Justice,

Décrète :

Article premier : Les administrateurs coloniaux ou les fonctionnaires civils et militaires commandant les circonscriptions et les subdivisions administratives statuent, en Afrique équatoriale française, sur les infractions commises par les indigènes non justiciables des tribunaux français contre les arrêtés du gouvernement général ou des lieutenant-gouverneurs, rendus en exécution de l'article 3 du décret du 6 mars 1877 et de l'article 2 du présent décret.

Art. 2. - Les arrêtés déterminant les infractions spéciales à l'indigénat ne pourront être pris que par le gouverneur général et pourront être sanctionnés par des pénalités allant jusqu'à quinze jours de prison et 100 francs d'amende au maximum.

Les dispositions de l'article 3 du décret du 6 mars 1877, qui ordonnent la conversion des arrêtés édictant des pénalités supérieures à celles qui sont prévues au livre IV du Code pénal, ne sont pas applicables à ces arrêtés.

Art. 3. - Les décisions des administrateurs coloniaux ou des fonctionnaires civils et militaires commandant les circonscriptions et subdivisions administratives, prises en matière disciplinaire, pourront être frappées d'appel devant les lieutenant-gouverneurs statuant en Conseil d'administration.

Art. 4. - L'internement des indigènes non justiciables des tribunaux français ainsi que le séquestre de leurs biens ne pourront, en aucun cas, être prononcés pour une durée supérieure à dix ans.

Art. 5. - Les peines prévues à l'article précédent ne pourront être prononcées que pour faits d'insurrection contre l'autorité de la France, de troubles publics graves ou de manœuvres susceptibles de compromettre la sécurité publique et ne tombant pas sous l'application des lois pénales ordinaires.

Art. 6. - Dans les cas spécifiés à l'article précédent (insurrection, troubles politiques graves, manœuvres susceptibles de compromettre la sécurité publique), il pourra être imposé aux villages, sur les territoires desquels les faits se seront produits et aux collectivités destinées à assurer à l'administration le moyen de réprimer les désordres et d'en prévenir le retour.

Art. 7. - Les mesures relatives à l'application des trois articles qui précèdent ou à la réduction de la durée de l'internement devront, à peine de nullité, faire l'objet d'arrêtés des lieutenant-gouverneurs pris en Conseil d'administration.

Ces arrêtés seront portés immédiatement à la connaissance du Ministre des Colonies ; ils seront accompagnés d'un rapport du gouverneur général sur chaque affaire et d'une expédition de la délibération du Conseil d'administration de la colonie.

Art. 8. - Le Ministre des Colonies et le Garde des Sceaux, Ministre de la Justice sont chargés, chacun en ce qui le concerne, de l'exercice du présent décret, qui sera inséré au *Journal officiel* de la République française et de l'Afrique équatoriale française, au *Bulletin des lois* et au *Bulletin officiel du Ministère des Colonies.*

Fait à Paris, le 31 mai 1910.

Signé : A. Fallières.

Par le Président de la République :

Le Ministre des Colonies,	Le Garde des Sceaux ; Ministre de la Justice
Signé : Georges Trouillot.	Signé : Louis Barthou.

Annexes 3 : Archives coloniales [Archives nationales du Gabon]

Arrêté déterminant les infractions spéciales à l'indigénat

Le Gouverneur Général De l'Afrique Equatoriale Française,

Officier de la Légion d'Honneur.

Vu le décret du 15 Janvier 1919, portant création du Gouvernement général de l'Afrique Equatoriale Française ;

Vu le décret du 31 Mai 1910, portant règlement sur l'indigénat en Afrique Equatoriale Française,

Arrête :

Art. 1er.- Les infractions spéciales à l'indigénat sont ci-après déterminées :

Actes de désordre.

Mise en circulation de bruits mensongers et de nature à troubler la tranquillité publique.

Propos séditieux, outrages à l'égard d'un représentant qualifié de l'autorité.

Détérioration, bris, enlèvement de matériel de construction appartenant à l'Administration. Détérioration des bois domaniaux.

Asile donné à des malfaiteurs, à des agitateurs et à toute personne recherchée par l'Administration. Complicité d'évasion.

Refus de prêter aide en cas de sinistre, de tumulte ou d'arrestation d'un criminel ou d'un délinquant.

Entraves à la circulation sur les voies publiques, routes, sentiers ou cours d'eau.

Infractions aux règlements locaux de voierie et de navigation.

Pratique de sorcellerie quand les conséquences n'ont pas entrainé la comparution devant les tribunaux.

Vagabondage.

Port illégal d'insignes officiels, civils ou militaires.

Refus de payer l'impôt ou de s'acquitter des prestations. Entraves au recensement de la population ou de la matière imposable.

Départ d'une circonscription administrative sans avis préalable aux autorités.

Plaintes ou réclamations sciemment inexactes renouvelées auprès de l'Administration après une solution régulière, autrement que dans le cas d'appel à l'autorité supérieure.

Défaut d'obtempérer sans motif valable aux convocations et injonctions de l'Administration.

Contrebande dûment constatée sans préjudice des sanctions pécuniaires douanières.

Adultération volontaire de produits. Mise en circulation de tout produit falsifié.

Abandon de service par les porteurs, piroguiers, convoyeurs et guides. Détérioration des charges qui leur sont confiées.

Divagation des individus atteints d'aliénation mentale, de maladies épidémiques ou contagieuses, de la maladie du sommeil ou de la lèpre. Abandon des individus atteints de maladies contagieuses.

Divagation d'animaux nuisibles ou dangereux. Divagation d'animaux domestiques sur la propriété d'autrui.

Non déclaration des maladies contagieuses sévissant sur les hommes ou les animaux.

Non exécution des mesures d'hygiène ou de prophylaxie prescrites par l'Administration.

Pollution des eaux d'alimentation.

Inhumation hors des lieux consacrés et dans des conditions autres que celles prescrites par l'autorité locale.

Culture, vente et usage de chanvre.

Art. 2 - Les Lieutenants-Gouverneurs du Gabon, du Moyen-Congo et de l'Oubangui-Chari-Tchad sont chargés de l'exécution du présent arrêté, qui sera enregistré et communiqué partout où besoin sera, inséré et publié au *Journal Officiel* de l'Afrique Equatoriale Française.

Brazzaville, le 13 Septembre 1910.

M. Merlin

Annexes 4 : Archives coloniales [Archives nationales du Gabon]

Arrêté modifiant l'arrêté du 13 Septembre 1910, qui détermine les infractions spéciales à l'Indigénat.

Le Gouverneur Général de l'Afrique Equatoriale Française, Officier De la Légion d'Honneur

Vu le décret du 15 Janvier 1910, portant création du Gouvernement général de l'Afrique Equatoriale Française ;

Vu le décret du 31 Mai 1910, portant règlement sur l'Indigénat en Afrique Equatoriale Française ;

Vu l'arrêté du 13 Septembre 1910, déterminant les infractions spéciales de l'Indigénat,

Arrête :

Art. 1er. - Le paragraphe 17 de l'article 1er de l'arrêté du 13 Septembre 1910 est modifié et complété ainsi qu'il suit :

« Abandon de service, sans motifs valables, par les porteurs, piroguiers, convoyeurs, guides, ouvriers ou employés de chantiers publics. Détérioration des charges ou du matériel qui leur sont confiés. »

Art. 2. - Les Lieutenant-Gouverneurs du Gabon, du Moyen-Congo et de l'Oubangui-Chari-Tchad sont chargés de l'exécution du présent arrêté, qui sera enregistré et communiqué partout où besoin sera, inséré et publié au Journal Officiel de l'Afrique Equatoriale Française.

Brazzaville, le 20 Septembre 1911.

M. Merlin

Chapitre 2

Des chaînes impérialistes dans le Territoire du Cameroun[1]

1. L'ombre de l'Allemagne

Le territoire du Kamerun qui devient Cameroun et Cameroon lors du traité de Versailles en 1919 a toujours été et continue d'être un espace d'exception. Qu'en 2014, soit après 33 ans à la tête du pays, Paul Biya décide que l'Assemblée lui donne un acte d'arbitraire administratif participe de la continuité. Sans aucun doute, la loi contre la subversion/rébellion/terrorisme, etc., est dans l'ordre des choses en notre néo-colonie [2]. En d'autres termes, Biya suit les pas de son mentor politique le bon tyran Ahmadou Ahidjo. Celui-ci ouvrit la voie par l'ordonnance n°62/OF/18 du 12 mars 1962. Ahidjo obtint cet instrument pour écraser dans le sang l'UPC. Qu'il gouverne dans l'instabilité jusqu'en 1971, date de l'exécution publique d'Ernest Ouandié, le maquisard par excellence, est instructif de la nature du peuple camerounais.

Donc c'est dans l'ordre des choses que l'indocilité/la résistance/les luttes de libération jalonnent le parcours du Cameroun moderne. Que des voix s'élèvent aujourd'hui pour dénoncer la couardise politique de Biya est tout aussi fondé. En d'autres termes, la prévention et la répression des actes des islamistes peuvent n'être qu'un prétexte. L'histoire fera son bonhomme de chemin pour nous éclairer. Mais plongeons dans la période d'entre les deux guerres mondiales pour dire que l'indocilité des populations est exacerbée par leur haine contre la France et l'Angleterre qui, au lieu d'aider le territoire à s'acheminer vers son indépendance, le gouvernent comme leurs autres colonies. Du moment que la France gère le Cameroun comme l'Algérie, se sert de l'indigénat pour opprimer, les mouvements nationalistes comme le messianisme sont en droit de prospérer.

Pendant cette période, les soldats à la soutane s'élèvent, indexent et combattent. Voix singulières dans un monde enténébré, elles constituent la traversée de la théologie de libération. Rejet d'un ailleurs paradisiaque, elles prêchent un présent juste. Elles inspirent, doublent et accélèrent la parole profane de contestation. Tong Likeng, et autres Lotin Samé, Ndongmo sont des prêtres défroqués qui retournent la Bible contre le canon, à défaut de les unir pour la libération nationale. Les chants du ciel ont les accents des chants de libération. Ceux-ci éclairent l'option de la lutte armée que déclare l'UPC au lendemain du 13 juillet 1955, date d'interdiction du mouvement nationaliste. Date fatidique s'il en fut, 1955 connaît la multiplication des arrêtés et décrets des administrateurs coloniaux que poursuivra l'élite gouvernante du Cameroun naissant.

Notre analyse du monstre juridique version camerounaise laisse voir immédiatement la grande différence de chiffres en nombre d'infractions. L'Algérie en compte 27 tandis qu'au Cameroun une première liste énumère 20 infractions selon l'arrêté du 14 mars 1917. On est alors en pleine guerre. Le Cameroun est encore une colonie allemande. Arbitrairement, la France décide de le gérer comme une colonie. Après le traité de Versailles, la liste des infractions s'allonge. Elle passe à 34 selon l'arrêté du 8 août 1924. En l'espace de 7 ans d'occupation, le lieutenant-gouverneur du Cameroun décide de renforcer les chaînes. Pouvait-il en être autrement ? Ne sommes-nous pas entre les deux guerres ? L'ancienne colonie allemande ne vibre-t-elle pas au même rythme de mécontentement que l'hydre nazie ? Que ses rues grondent non pour l'Allemagne, mais pour le Kamerun profond, celui qui n'a jamais plié les genoux, est dans l'ordre des choses. Lotin Samé et ses ouailles refusent le lointain paradis au bien-être ici et maintenant, à la liberté. Aussi leurs chants du ciel sont appels à l'insurrection, au refus de l'arbitraire, à la liberté :

« *C'est comme ça qu'est notre vie ici-bas*

Pourquoi gémir encore sur notre sort ?

Les Allemands sont partis

Les Français sont venus les remplacer

Si les Anglais et les Américains viennent à leur tour

Ce sera la même chose jusqu'au jour

Où nous aurons la liberté

En attendant, prenez mon cadavre

Et mettez-le dans la sépulture

La liberté fait son chemin malgré tout

Chantez alléluia »

Donc la multiplication des infractions est sans aucun doute une réponse musclée à l'indocilité qui prend racine dans l'ancienne colonie allemande sous tutelle française. Tout au long du colonialisme français, il y aura des Camerounais nostalgiques de l'Allemagne et qui s'opposeront parfois jusqu'à la mort aux administrateurs français. *Samba* de Paul Tchakoute [Yaoundé : Editions CLE, 1968] est une tentative de glorifier, *a posteriori,* un acte de bravoure qui conduisit Martin Paul Samba au poteau de pendaison. Pour ce nostalgique du joug allemand, les chaînes des uns sont plus supportables que celles des autres. Bien plus, le Kamerun orthographié avec un 'K' est plus viril, essentiellement indocile. Tout le contraire du Cameroun avec 'C' qui participe de la féminisation, de la faiblesse du peuple kamerunais. Jusqu'à aujourd'hui, opter pour orthographe du nom du pays avec 'K' participe de la dissidence, du rejet du colonialisme français. Les UPCistes en exil orthographieront Kamerun à la fois pour dire leur opposition au colonialisme français et pour mieux indiquer la distance idéologique entre l'UPC et les mouvements pro-français que manipulent les administrateurs coloniaux.

Insistons que si de leur côté les Allemands tiennent à leur colonie, les Kamerunais colonisés, eux, abhorrent l'idée de se voir sous l'oppression d'une France peinte dans l'imagerie populaire comme une « femmelette ». N'a-t-elle pas été déculottée par deux fois par l'Allemagne ? Qu'est-ce donc que la France en début de 1940 ? Une nation sans territoire, car en fait l'Allemagne s'est une fois de plus montrée maîtresse de son ennemi de toujours. Elle occupe la France. Elle domine la France. Elle piétine la France. Où donc est la France libre ? Qu'est-elle sans l'Afrique ? Félix Eboué qui donne la voix à Charles de Gaulle embrigade en même temps les Africains. Insistons que l'appel du 18 juin 1940 est de nul effet sans l'Afrique. C'est plutôt celle du 27 octobre 1940 qui est capitale pour nous. Elle doit être enfoncée dans la gueule de la France. Elle marque le point de départ d'une France des armes. Si elle confirme le poids historique du Conseil de la défense de l'empire, elle doit tout aussi reconnaître le lieu d'où part la voix de détresse, celle de la France acculée, occupée jusqu'au tréfonds des colonies. Car Vichy étend son ombre partout. Donc, le 27 octobre 1940 consacre Brazzaville comme capitale de la France libre. Cela revient à plonger les Africains en général, les Kamerunais en particulier au cœur de ces conflits. Il y en a qui prirent les armes au sein des armées allemande et française. Dans un tel contexte, toute dissidence équivaut à la trahison. Si avec *Hitler ou la chute de l'hydre* Jean-Marie Pouka, comme de nombreux tirailleurs, prend fait et cause pour la France, il y a des Kamerunais qui se refusent de prendre les armes contre l'oppresseur de leur oppresseur. Pour eux, l'indocilité consiste à se soustraire du système de conscription, au refus du paiement de l'impôt, des corvées et autres portages.

Remontons le cours de l'histoire pour dire que Lucien-Louis Fournier arrive au Cameroun à une période charnière de l'histoire du pays. Les forces alliées ont le dessus sur l'Allemagne dans les colonies africaines. Selon ce militaire pur et dur, les liens entre l'Allemagne et les Camerounais doivent être complètement coupés. Pour mieux gérer les indigènes, Fournier n'hésite pas à adapter, dans le territoire du Cameroun, les lois en vigueur en Algérie. Il proclame, le 18 août 1917 les 20 premières infractions constituant le régime de l'indigénat. Il convient de noter que la France décrète cet ensemble de lois alors même que la Première Guerre mondiale fait encore rage en Europe et que le Cameroun vient de tomber entre les mains des forces alliées.

On notera l'obsession récurrente à propos de la protection de l'État, l'autorité de la France. Conçu selon le centralisme jacobin, l'État est au-dessus de tout. La sûreté de l'État est au-dessus des droits individuels. L'État a droit de vie et de mort sur les citoyens/sujets. Le refus de contradiction est évident dans la première infraction. On ne critique jamais l'État en colonie encore moins son représentant. Celui-ci jouit d'une certaine immunité. Il est par conséquent inattaquable. Il est tout-puissant. Oser s'attaquer à l'Etat ou à son représentant est acte de subversion, de rébellion. Le paradigme de subversion et de rébellion plane par conséquent sur tout. C'est un danger permanent qui justifie les méthodes fortes de l'autorité administrative.

Jusqu'en 1917, l'arrière-pays est encore enclavé. Les administrateurs et autres commerçants qui y servent et vivent ont besoin de porteurs. Il en faut pour drainer les produits coloniaux vers les centres administratifs et les ports. Il en faut pour les déplacements de fainéants administrateurs. Il y a des palanquins pour transporter ce colonat imbu de ses privilèges. Les roitelets et autres chefs auxiliaires de l'administration coloniale entrent dans la danse et se font porter comme les Blancs.

L'infraction portant sur les insignes se rapporte aux anciens combattants qui sont *ipso facto* cooptés dans la catégorie de citoyens après le service rendu à la patrie française. Les anciens combattants sont craints et révérés en colonie. Ils sont citoyens par la vertu des galons gagnés sur le champ de bataille. Ceux d'entre eux qui ont fait un tour à la métropole après la guerre sont prompts à la dissidence. Ayant été témoins du respect de principe de liberté, d'égalité, et de fraternité en métropole, ils font face au colonat local, souvent remettant en question les privilèges injustifiés des Blancs. *Indigènes* [France/Maroc, 120 minutes, 2006] de Rachid Bouchareb énonce clairement la marche de la dissidence jusque dans les rangs de l'armée. Bien plus, les anciens combattants sont le symbole même de la dissidence en colonie quand s'annoncent les mouvements de libération (3). Maints ouvrages de fiction comme ceux de Sembene Ousmane, *Camp de Thiaroye* (Sénégal, 150 minutes, 1988), *Le Grand Blanc de Lambaréné* (France/Cameroun/Gabon, 93 minutes, 1995), *Ô Pays, mon beau peuple* (Paris : Pocket, 1975) peignent souvent, de façon colorée, ce personnage atypique, défenseur des opprimés.

En colonie camerounaise et ce jusqu'en 1996, on paie l'impôt à l'État dès l'âge de 18 ans. Qu'on exerce un métier ou pas, on doit le payer sans contrepartie, sans compte rendu. La taxation sans représentation conduisit les Américains à se soulever contre l'Angleterre. Contexte de répression, contexte de contestation. Tout impôt dans un tel contexte est violation des droits humains, car tout indigène doit présenter aux forces de l'ordre le ticket d'impôt pour pouvoir jouir de ses libertés de mouvement et d'expression. On l'exige comme on le fait de la carte d'identité. En fait, il y a trois pièces obligatoires dans les nouvelles Républiques francophones : la carte du parti unique, le ticket d'impôt et la carte d'identité. Amadou Kourouma, dans *Le Soleil des indépendances* [Paris : Seuils, 1968] et dans son mordant humour, énonce que ces pièces constituent la part des retombées des indépendances pour le petit peuple. L'infraction relative aux mouvements des populations sera reprise par Ahidjo dans son ordonnance contre la subversion. Celle-ci institue le 'Laissez-passer', une pièce officielle que délivrent les chefs de subdivision en néocolonie camerounaise.

Car dès 1957, lorsque la lutte armée dans le maquis est la seule arme de l'UPC, le 'Laissez-passer' devient un système de contrôle. Quand il devient premier ministre en 1958 et 2 ans après président de la République, Ahmadou Ahidjo étend le système à tout le pays. Bien plus, il demande et obtient les pleins pouvoirs bien avant l'indépendance en

1960. Ainsi, dans le Cameroun indépendant, de l'époque coloniale à 1971, année de l'exécution d'Ernest Ouandié, dernier chef historique de l'UPC, les citoyens sont obligés de porter des 'laissez-passer' comme en Afrique du Sud où le système d'apartheid est en vigueur. En pays bamiléké, rendu ingouvernable par le lutte armée, ne pas porter sur soi un 'Laissez-passer' est aussi grave que passer pour 'maquisard', c'est-à-dire combattant de la liberté.

2. Des modalités du fonctionnement du régime de l'indigénat au Cameroun

Ce qui caractérise les colonies, c'est l'arbitraire, car le véritable législateur est le colonat local pour qui roule l'administrateur. Je dis bien colonat local, car du prêtre blanc à l'ouvrier blanc, tout colonisateur est protecteur du régime. Juge et partie. C'est dans cette perspective qu'il faut relire *Une Vie de Boy* [Paris :], *Le Vieux nègre et la médaille* [Paris], *Ville cruelle* [Paris], *Le Pauvre Christ de Bomba* [Paris] comme jalons de la parole dissidente. Ces œuvres mettent à nu le système qui continue à nous asservir. Dans ce système, le haut-commissaire se protège en même temps qu'il protège les intérêts des hommes d'affaires, de l'Église et des évolués cooptés comme auxiliaires de l'administration française. Le rôle du haut-commissaire c'est d'insuffler son zèle au colonat et aux suppôts de la France. Il les exhorte à défendre l'empire. En colonie, cette élite gouvernante est libre de faire ce que bon lui semble. Le sort de l'indigène est entre ses mains. Elle peut totalement ignorer la loi que rien ne lui arriverait. N'a-t-elle pas un précédent historique ? Que fit le gouvernement de Louis XIV à tous ceux qui violèrent le Code noir ? Les propriétaires des plantations n'étaient-ils pas juges et parties ? Ils appliquaient le Code pour leur bien. Il en va de même pour le colonat local en Afrique francophone. Il prend la loi entre ses mains. Qu'il s'agisse des aventuriers commerciaux ou des affairistes à la soutane, le colonat local est la loi. Il est au-dessus de la loi. Il administre la loi comme le font les planteurs dans le Nouveau Monde. Dire que les abus abondent est lapalissade.

Le haut-commissaire Lucien Fourneau sait qu'il y a mal pratique lorsqu'il décide de publier la circulaire éclairant l'applicabilité de la loi qu'il a lui-même publiée le 14 mars 1917. Fourneau veut 'éviter des abus possibles', mais ne trahit-il pas l'esprit qui l'amine ainsi que tout le colonat ? Il se présente comme le premier rempart de protection pour les Européens pour que les infractions adoptées protègent et privilégient.

Bien plus, les sanctions sont choisies et punies par la même autorité. Garant de l'ordre colonial, il conçoit les lois, les promulgue et les exécute. Mais ce choix, on le voit, est partisan. Il n'obéit qu'à la seule logique de satisfaire le haut-commissaire et le reste du colonat comme il ressort de cet aveu de Fourneau : « *L'infraction qui, d'une manière générale, est relative aux manquements des indigènes à l'égard des Européens auxquels ils sont liés par un contrat de travail n'a été maintenue par moi que provisoirement.* » Le bon vouloir d'un vice-roi, d'un bon tyran diraient Jules Ferry et autres ardents défenseurs du colonialisme.

Fourneau continue sur la même lancée pour parler de la suppression de cette sanction comme preuve de sa bienveillance à l'égard de l'indigène. Autrement dit, être indigène et employé d'un Européen, c'est être en servitude. Bien sûr, cette exigence de fidélité totale n'a pas de contrepartie. Qu'il soit maltraité ou mal payé ne constitue pas un crime assez grave pour abandonner le service d'un maître. Les droits sont ceux du maître et les obligations celles de l'indigène. On comprend pourquoi cinq mois après avoir promulgué les 20 premières infractions, le haut-commissaire Fourneau se rend compte que le colonat abuse de ses pouvoirs sur les indigènes, mais cela ne l'empêchera pas d'imaginer d'autres infractions. Ses instructions qui peuvent alors apparaître comme une volonté de protéger le plus faible, sont purement et simplement ignorées par le prochain administrateur.

Le texte circulaire, ensemble de modalités qui aident à l'applicabilité des lois, laisse entendre que Lucien Fourneau s'inspire du code allemand pour rédiger celui qui aide à gouverner le Cameroun. Comme d'habitude, l'esprit malin jaillit par ce détour. Les indigènes ont intérêt à accepter la France qui leur réserve un sort moins cruel que les Allemands. Le projet d'embrigadement, de bestialisation et d'animalisation constituait le lot quotidien des indigènes. Fourneau peut alors parler de « bienveillance à leur égard », car les sanctions sont en vigueur depuis 16 ans. Dans un esprit très français, Fourneau diabolise les Allemands pour s'assurer l'amour des Camerounais. Après tout, semble-t-il dire, nous sommes plus humains que les Allemands.

L'infraction portant sur l'abandon de service protège non l'indigène, mais l'employé européen. Mieux, il livre l'employé entre les mains de l'employeur. Qu'il soit mal payé, maltraité, l'employé n'a pas de droit. Il demeure au service de son employeur quelles que soient les conditions de travail. L'infraction stipule qu'il ne doit en aucune façon 'abandonner son emploi'. En d'autres termes, il est esclave de son employeur. On comprend pourquoi les syndicalistes comme Gaston Donnat vont devenir de puissants alliés des dissidents en colonie et aller jusqu'à passer à l'action. Dans *Afin que nul n'ignore* [Paris : L'Harmattan], Donnat nous aide à voir l'ampleur de son travail de formateur des syndicalistes et futurs hommes politiques comme Ruben Um Nyobé, Leonard Bouli. L'intransigeance face à l'arbitraire, le refus des injustices, la valeur humaine, de la liberté individuelle et collective, autant de concepts stimulants, dopants qui vont gonfler la jeunesse camerounaise entre les deux guerres. Les grèves sanglantes de 1945 à Douala et Yaoundé sont comme le terrain d'essai. Elles vont être poursuivies par une profonde organisation idéologique couronnée par la création de l'Union des populations du Cameroun [UPC] en 1948. Moralement et physiquement, Ruben Um Nyobé, Ernest Ouandié, Marthe Moumié, Martin Singap, Jérémie Ndelene, Yebga Leba, bref un groupe d'indociles envahit l'arène politique camerounaise. Il est bien aguerri pour faire face aux pires répressions colonialistes. Il a devant lui l'exemplarité de Diên Biên Phu.

3. L'exemplarité du bon tyran

Jules Ferry est de ceux qui fiévreusement défendent l'empire et sa figure emblématique : le bon tyran. Il voit celui-ci imposant, imbu des droits comme ceux que la Révolution avait éradiqués. Il est froid, distant, terrible, réunissant entre ses mains tous les pouvoirs. Il est, il me semble, un des héritages majeurs du colonialisme français en Afrique. Les anciens administrateurs coloniaux devenus assistants techniques au lendemain des indépendances s'activent pour mieux choisir. Où donc trouver une telle figure au Kamerun sinon au sein des grandes monarchies mieux aguerries que les sociétés acéphales pour gouverner ? Mais il faut éviter le piège tikar. Philippe Gaillard attire l'attention sur le fait que le choix du petit Peulh, Ahmadou Ahidjo, n'est pas un hasard. Ce que confirmera Pierre Mesmer. Ainsi que l'écrit Jean-François Bayart au sujet d'Ahmadou Ahidjo dans *L'Etat au Cameroun* [Paris : Presse de la Fondation des Sciences Humaines, 1984], Ahidjo en était arrivé au point où il pouvait se mesurer non plus à de Gaulle, mais à Louis XIV. Bayart écrit alors qu'en 1980, au terme de deux décennies de pratique des pleins pouvoirs, Ahidjo pouvait pérorer, « L'État c'est moi ». Exemplarité du bon tyran, Ahidjo donnait pour ainsi dire raison à Jules Ferry qui voyait pour la gouvernance en Afrique un moindre mal, la vice-royauté, autrement dit le bon tyran propre non pour l'Hexagone, mais pour le reste de l'empire. Charmante contradiction ! C'est bien ce fervent défenseur de l'éducation et de la laïcité qui pose les jalons de la République-empire.

Or, Ahmadou Ahidjo et Paul Biya sont deux figures emblématiques de l'ossification de la dictature au Cameroun. Si Ahidjo, sans solide éducation occidentale, est d'emblée choisi, c'est à cause de son appartenance aux grandes monarchies nordistes. De par ses origines ethniques, Ahidjo était bien placé pour être un bon tyran. Sujet du lamido, il ne pouvait que rêver d'une place au sein de la minorité gouvernante. Ahidjo sut se servir du rudiment d'éducation occidentale et des techniques de gouvernance en région musulmane et peulhe ; un bon tyran, l'incontesté dirigeant originaire du septentrion du Cameroun. Froid et distant, l'homme tirait cette approche de gouvernance des lamido. On ne les voit jamais parler, car leur bouche, comme leur tête, est enveloppée de tissu blanc. Le fondement de l'autocratie d'Ahidjo n'est pas du tout français. Il est ancré dans les structures locales. Il s'appuie sur le politique et le religieux. Ahidjo musulman, sujet d'un monarque ayant un rudiment de culture française, était plus acceptable qu'un vulgaire fils de chasseur ou cueilleur pahouin. On comprend pourquoi la France n'hésita pas dans son choix de celui qui perpétuera son système d'arbitraire administratif dans le Cameroun indépendant.

Tout le contraire de Paul Biya, fils de catéchiste, pauvre et médiocre élève de l'école nouvelle. Il est pourtant celui sur qui la France porte son choix en 1982, quand elle juge opportun de se débarrasser du nordiste. D'abord parce qu'en 22 ans de servilité sous les ailes du tyran Ahidjo, Biya eut le temps d'apprendre de son maître. Froid et distant comme Ahidjo, Biya parle rarement aux Camerounais. Le choix se justifie aussi parce que Biya est le pur produit de l'École coloniale de Paris. Cette école puise amplement dans *Principes de colonisation et de législation coloniale* [Paris : Larose, 1895] pour dresser les administrateurs coloniaux. Je dis bien dresser et non former, car on va en colonie comme militaire ou ayant l'esprit militaire. Biya, il faut le dire, n'a pas les couilles pour confronter. Il ruse très souvent. Il se sert de l'autre pour confronter. Même verbalement, Biya est incapable de confronter. C'est par la bouche de divers chantres comme Henri Bandolo, Charles Ndongo, Jacques Fame Ndongo, Charles Ateba Yene, Hubert Mono Ndjana, etc., que Biya affrontait verbalement ses adversaires politiques. Certains comme Hubert Mono Ndjana tentèrent en vain de lui coller une étiquette de progressiste dans *L'Idée sociale chez Paul Biya* [Yaoundé : Université de Yaoundé, 1985].

Certes Mongo Béti Dans *Lettre ouverte aux Camerounais ou le seconde mort de Ruben Um Nyobe* [Rouen : Peuples Noirs-Peuples Africains, 1986], convoque le poids politique de Louis-Paul Aujoulat pour justifier l'irruption de Biya sur la scène politique camerounaise. Mais il faut reconnaître que de 1961 à 1982, Biya est le type de fonctionnaire politique inodore et incolore qui peut passer partout. Il est de ceux qui prennent tous les coups sans broncher. Suiviste inconditionnel, il est une manière de pieuvre qui s'accroche sans effort de résistance. Servile 'boy' sous Ahidjo, Biya ne pouvait que récolter de beaux fruits. Tout le contraire d'un Ayissi Mvondo ou d'un Albert Ndongmo qui se mesurait à Ahidjo. Si Biya réussit à se maintenir à la tête du Cameroun pendant 33 ans, c'est plus à cause de cette habileté à se laisser couler dans toutes les moules. Pense-t-il ? On ne sait jamais. On a, à tort, vite conclu en se basant sur quelques actes politiques souvent pris après de nombreux événements que l'homme était un génie politique.

De même que tous les administrateurs coloniaux, plusieurs « Évolués » comme Biya ont été exposés aux enseignements d'Arthur Girault, Jules Ferry et du maréchal Bugeaud. Ainsi que l'écrit Le Cour Grandmaison dans *L'Anatomie d'un monstre*, Jules Ferry était séduit par les thèses du maréchal Bugeaud qui voyait en tout administrateur colonial, un bon tyran, un « Vice-roi, à la fois civil et militaire ». Cette figure politique est déjà présente au sein de maintes ethnies camerounaises. Mais comme je l'ai dit ci-dessus, Biya, produit d'une société acéphale, ne connaît pas ces valeurs. Il a dû les assimiler à l'« école d'Ahidjo », enfant peulh imprégné des valeurs féodales. Docile serviteur, Biya se laisse couler dans les rouages et les institutions de la première dictature camerounaise pour être. Sa génération participe de la toute-puissance de l'autorité publique. On ne la critique pas. On ne pointe pas du doigt ses grossières défaillances. Elle a, autour d'elle, une puissante machine de gouvernance avec des armées formées pour écraser les oppositions, des agents dressés dans des grandes écoles créées pour perpétrer l'hégémonie de la puissance coloniale. En tant qu'autorités, Ahidjo et Biya se voient au-dessus de tout. Ils ne tolèrent pas la contradiction. Ils demandent l'obéissance totale. Ils sont tatillons sur l'ordre public, l'autorité publique. Ils l'incarnent. Il faut aussi dire que leur silence ou leur éloignement, en fait des mystères, des mythes. Alors, à défaut de dire juste, on spécule. Il en est ainsi jusqu'aux littéraires qui dressent dans maints ouvrages à succès le portrait du bon tyran camerounais. Il suffit de lire *Africapolis* de René Philombe [Yaoundé :

Semence africaine 1973], *Gueido* de Jacqueline Leloup [Yaoundé : CLE, 1986], *Le Crane* [Yaoundé : CLE, 1995] ou encore *Les Deux Mères de Guillaume Ismaël Dzewatama* de Mongo Beti [Paris : Buchet Chastel, 1986]. Bien des Camerounais s'étonnent pourquoi Biya, un éternel absent, n'a jamais été inquiété. C'est surtout parce que tout bon tyran écrase quand il faut, mais aussi divise pour mieux régner. Il y a, en chaque collaborateur du bon tyran, un virtuel président. Oser s'attaquer au bon tyran, c'est prendre un chemin escarpé qui conduit sinon à la mort, du moins à l'un des nombreux cachots des tyranneaux.

N'empêche. Quelques-uns ont pris le chemin de la confrontation. Mais presque tous sont tombés dans le piège tendu par le Président à savoir l'enrichissement aux dépens du peuple camerounais. La spécificité du régime Biya, c'est l'utilisation de ce piège. Depuis 1982, le tyranneau s'en est amplement servi. Il a multiplié des collaborateurs indélicats. Il a fait l'aveugle et le sourd pour les prendre comme on le ferait des mouches. Moins qu'à l'époque d'Ahmadou Ahidjo, la corruption est la marque du régime Biya. On en use pour se remplir les poches quand on est nommé. On s'en sert pour se faire une place dans les grandes écoles. Rusé, Biya a laissé plusieurs de ses collaborateurs puiser dans les caisses de l'État pour finalement sévir. Les prisons de Kondengui et du SED sont remplies de hauts fonctionnaires de l'État.

Les cas exceptionnels sont ceux de Garga Haman Adji et Maurice Kamto. Ils ont tous démissionné de leurs fonctions pour défier Biya politiquement. La seule arme que notre bon tyran a contre ces deux hommes politiques, c'est la censure ou la répression. Préfets, sous-préfets et autres zélotes du système dictatorial ne peuvent rien tolérer à l'instar du sous-préfet de l'arrondissement de Yaoundé V, Martin Locko Motassi. L'administrateur justifie ainsi qu'il suit la censure contre Kamto :

« *J'ai l'honneur de porter à votre connaissance qu'il ne m'a pas été possible de vous délivrer le récépissé de déclaration escompté, votre retrait de vos fonctions de ministre délégué auprès du ministre de la Justice, objet de votre communiqué en date du 30 novembre 2011, communiqué qui par ailleurs a été relayé par tous les supports modernes de communication, ayant été clair et précis dans l'esprit du Peuple Camerounais à qui vous vous adressiez en général et dans l'esprit des populations placées sous mon encadrement en particulier. Aussi, toute démarche visant à redonner un sens à votre « retrait » du gouvernement après bientôt deux mois, ne peut que constituer une menace à l'ordre public que je ne saurais cautionner.* »

En 2012, au Cameroun, un obscur sous-préfet de la capitale traduit ainsi par des faits, l'esprit du 1er article de l'arrêté d'août 1924 qui stipule que les « Actes de désordre » sont à réprimer par voie de discipline. Dans ses propos, « Menace à l'ordre public » fonctionne alors comme expression clé des maux à la fois de Kamto et de ses compatriotes. L'ordre ici n'a de sens que pour l'obséquieux serviteur d'un régime vomi par les Camerounais depuis 1955. Locko Motassi ne peut avoir en tête que l'État tribal que dirige Biya depuis 1982. Car de quelle menace peut être un homme qui a permis au pays de récupérer la région de Bakassi jadis occupée par les Nigérians ?

Comme on le constate, le Camerounais qui assume le commandement doit être craint. Il est au-dessus de tout. Il doit faire comprendre au Camerounais ordinaire le poids des charges qu'il est supposé porter. Il doit peser sur les esprits et les corps. Il doit faire trembler les Camerounais comme l'ont fait les administrateurs coloniaux.

4. « Pouvoir de sabre » et théâtralisation

Comme je l'ai déjà écrit dans *People Theater and Grassroots Empowerment in Cameroon* [New Jersey : Africa World Press, 2006], le Cameroun est un pouvoir militaire déguisé. Je dénonçais déjà l'exorbitant traitement de faveur que Biya montre à l'égard des différentes armes de la République. Véritables instruments de répression, les différentes armes au Cameroun ont été formées pour servir le Président. Produits des tortionnaires français, pour la majorité anciens combattants des guerres d'Indochine et d'Algérie, les formateurs avaient peu d'égard pour le peuple. Il en va de même pour notre armée, gendarmerie, police et les différents services secrets comme la terrible DIRDOC que Foccart aide à mettre sur pied. Nos armes sont des machines à broyer. En réponse à une question d'un des auteurs de *Kamerun ! Une guerre interdite aux origines de la Francafrique*,

Semengue avoue pince-sans-rire, au sujet de la théâtralisation de la terreur :

« *On était obligé de prendre... de couper les têtes d'un rebelle quand on a tué un chef rebelle... de tuer un rebelle et d'apporter sa tête au village. C'était un peu d'information parce que les rebelles croyaient qu'ils étaient invulnérables* »
http ://www.dailymotion.com/video/xgfd4j_tetes-coupees-le-general-pierre-semengue-assume_news (3bis).

En Avril 2010, Philippe Nguemata, journaliste au quotidien *Le jour* me demande de lui proposer un texte sur notre 20 mai, j'ai immédiatement balayé du revers de la main cette sollicitation, car je ne voulais parler ni comme les griots du régime qui continuent à chanter les louanges de notre tyranneau administrateur néocolonial ni comme les sécessionnistes anglophones qui semblent oublier le destin collectif pour s'appesantir sur un inutile combat entre anglo-franco. Réflexion faite et compte tenu du sombre passé de nos armes et du bruit qui est fait au sujet d'un soi-disant Haussmann de Yaoundé et de ses actions, je me suis dit que le sujet valait quelques rappels.

Or, le 20 mai au Cameroun projette *ipso facto* dans l'imaginaire, mon imaginaire, le soi-disant Boulevard Jean Paul II, le Carrefour de la poste centrale, la cathédrale, mais surtout la dominante croix de Lorraine. Ce dernier élément oriente le discours et commande que nous nous souvenions que le 20 mai est avant tout théâtralisation du pouvoir, un pouvoir qui broie l'indigène. Pâle copie du 14 juillet en colonie, notre défilé du 20 mai est le symbole du « pouvoir de sabre ». Ce concept renvoie à la conception et la gestion de la colonie et de la néo-colonie comme un espace à régime spécial. Les armes républicaines y ont essentiellement pour mission la répression des masses indigènes reconnues hostiles au colonat local hier, aux évolués aux commandes aujourd'hui. Est-il donc étonnant de constater que du commandant de cercle aux gouverneurs, en passant par les hauts-commissaires, la chaîne de commandement est avant tout militaire en colonie ? Tout agent de l'administration est le symbole d'un pouvoir du bâton. Le pouvoir de sabre doit avoir les indigènes à l'œil. Il doit les surveiller et les punir de façon spectaculaire. Mieux, il doit frapper les imaginations. Par conséquent, il est spectacle. Par des actes exemplaires, il doit terrifier les indigènes. Les armes de la République qui défilent sont une démonstration de force. Elles défilent pour infliger à la masse, la toute-puissance du bon tyran.

Quand donc nos différentes armes, souvent équipées de vieux outils de guerre français vernis pour le théâtre, chaque fois foulent le boulevard de 20 mai, et que M. Biya et ses 'ministrions' jouissent assis à la tribune, il convient d'avoir en tête un spectacle similaire du temps où présidaient les Roland Pré, Pierre Messmer, Marchand et autres. Les armes de la République avaient alors pour rôle de laisser les gueules indigènes stupéfaites. Telle est l'information portant sur le nationalisme par Pierre Semengue cité ci-dessus. Couper les textes et les exposer équivaut à la monstration de la toute-puissance des armes.

Pour dire plus exactement, la croix implantée en plein centre de notre capitale est donc un discours permanent. Elle est le rappel de la toute-puissance de l'empire, de la France marchant sur les cadavres de ses ennemis. Plus d'un demi-siècle après la décolonisation, elle fait remonter la colonie dans nos mémoires. Elle proclame au quotidien notre défaite. Elle est une solennelle proclamation du déni de notre liberté. On ne peut donc jouir du défilé du 20 mai au boulevard Jean-Paul II en oubliant la croix de Lorraine. Qu'est-elle pour tout patriote camerounais, sinon l'équivalent de la croix gammée ? Ne participe-t-elle pas de la même oppression que l'Allemagne hitlérienne ? Ne nous rappelle-t-elle pas que l'Afrique fut elle-même libératrice de son bourreau ? En d'autres termes, ne faut-il pas raser les signes de notre défaite pour sereinement grandir ?

Quand chaque 20 mai les différentes armes arpentent le Boulevard, il est de bon ton d'avoir en tête non pas un Cameroun libre, mais une nation embrigadée, que dis-je, enterrée comme notre fleuve Mfoundi [(4)].

Ah, le Mfoundi !

Sous le macadam qui part du bois sainte Anastasie au rond-point de la poste se trouve enfoui notre Mfoundi. Jadis ce fleuve avait allure fière. Il nous rappelait, par ses furies, l'indocilité de nos peuples. Le Mfoundi était le symbole même de la liberté, du refus d'embrigadement. Quand elle débordait son lit, la capitale en cuisait. Ah, notre Mfoundi, l'indomptable rivière, symbole de notre peuple. Un matin, Emah Basile décida de l'enterrer pour faire honneur à un pape. Je l'imagine notre Mfoundi dans sa turpitude. Je l'imagine réduit à un filet quand en plein air nous nargue la croix française. Mais contrairement à la Constitution, l'enterrement du Mfoundi est l'œuvre de nos frères. Emah n'a pas eu besoin de l'assistance technique française pour prendre la décision d'enterrer notre Mfoundi. C'est nous qui avons choisi la prison pour notre fleuve en laissant l'air libre à ceux qui nous ont humiliés. Vous avez dit malédiction !

Lorsque nos armes arrivent au niveau de ce monument, il convient d'avoir en tête les Camerounais fauchés à larges andins au napalm en pays bamiléké, les paysans et autres maquisards, combattants de la liberté en pays bassa, fauchés dans l'épaisse forêt de la Sanaga Maritime. Chaque fois que nos armes descendent cette rue, nous devons avoir en tête la suivante équation :

La croix de Lorraine = La croix gammée.

Tant que nos présidents, pâles symboles des hauts-commissaires commanderont nos différentes armées qui foulent notre Mfoundi enterré, il faut se dire que la France coloniale = l'Allemagne nazie.

Si donc moderniser Yaoundé est le discours du jour, s'il faut amener notre Ngola à tutoyer les capitales européennes, Paris et sa Seine, il faut déterrer notre Mfoundi. Il faut le laisser gronder. Notre Mfoundi est comme la Seine des Français, le symbole du peuple camerounais indomptable. Il rappelle ceux qui surent dire non au colonialisme. Que Ntsimi Evouna ait le courage de penser à ces indociles camerounais qui donnèrent des nuits blanches à nos oppresseurs. Ils ne dorment pas. Leurs esprits, comme le Mfoundi emprisonné, errent en attente d'un moment M. Être libre sera le jour où les eaux du Mfoundi surgiront de partout pour tout inonder, pour tout envahir. Le Mfoundi est comme le peuple camerounais. On peut embrigader un peuple un temps. Le Mfoundi, vous vous rappelez, surgit parfois du sol pour inonder, pour envahir, pour réclamer le carrefour de la poste, le cœur du Cameroun. Ce surgissement nous rappelle l'irruption du « Parlement » estudiantin, du SDF, bref de tous les mouvements sociaux des années 90. Pour un temps, le Cameroun devint un volcan social. Il le sera de nouveau en février 2008. Non, on n'emprisonne pas un fleuve, on ne bouche pas un volcan.

Chaque mort injuste vient s'ajouter à ce potentiel volcan, le peuple kamerunais que connote notre Mfoundi emprisonné. Si Ntsimi Evouna a le courage qu'on dit qu'il a, s'il veut être le Haussmann de Yaoundé, alors je lui conseille de débaptiser Le Bois sainte Anastasie pour adopter un nom boulou/Ewondo ; je l'encourage d'implanter, à la place de la croix de Lorraine, un monument à Martin Paul Samba. En clair, si le 20 mai doit avoir une signification pour le Camerounais, il faut non seulement libérer notre Mfoundi, mais aussi ramener le défilé sur une voie qui a un sens pour nous tous. Il faut détruire les présentes armes pour bâtir de nouvelles, celles vraies qui ont pour base le peuple, le commun des Kamerunais.

Bien plus, pour que nos armes qui paradent tous les 20 mai aient un sens, il faut les reformer profondément. Elles furent formées dans la logique de répression. Elles furent formées dans l'esprit du code matraque. J'ai déjà évoqué l'augmentation du nombre. Il faut aussi dire que les infractions propres au Kamerun portent sur l'ordre public : « *1* Actes de désordre ; 3* Mise en circulation de bruits mensongers et de nature à troubler la tranquillité publique. Propos séditieux ; actes irrespectueux à l'égard d'un représentant qualifié de l'autorité ; 4* Asile donné à des malfaiteurs, à des agitateurs, à des vagabonds, à des indigènes enfuis de leur village et à toute personne recherchée par l'administration. Complicité d'évasion.* »

Cet arsenal juridique traverse le Kamerun colonial et indépendant. La lutte armée que mena l'UPC ou l'indocilité des populations justifie leur maintien comme instrument de gouvernance. Car du moment que la France opte pour la confrontation totale en interdisant l'UPC en 1955, elle est contrainte de placer le Kamerun en situation de conflit permanent. Entre les mains d'André-Marie Mbida, Ahmadou Ahidjo et plus tard Paul Biya, les armes sont des instruments de répression aveugle. Les infractions interdisant la liberté de mouvement, la protection des fugitifs, les regroupements, la possession d'armes quelle que soit leur nature, etc., rappellent le Code noir. Entre les mains de ses propres fils, la nation camerounaise est en esclavage.

Le Cameroun faut-il le rappeler est, aux yeux des Anglais et des Français, une colonie d'exploitation. Il ne vaut que comme source d'approvisionnement de la métropole en matières premières. Mais comme on l'a déjà dit pour les autres colonies, la France veut exploiter sans investir. Ce sont donc les colonies d'exploitation qui doivent fournir les données sans lesquelles l'exploitation ne se ferait pas. D'où le recours au paiement des taxes quelle que soit la condition de l'indigène. L'impôt de capitation fut un instrument de tonte des laissés-pour-compte. Le refus de paiement d'impôt, la protection de ceux qui se soustraient à cette obligation constituent des actes que le colonat réprima avec la plus cruelle des méthodes. À cela, il faut ajouter les travaux publics qui font partie d'un ensemble de corvées auxquelles l'indigène ne peut se soustraire. Il convient de rappeler que le secteur public comme privé a besoin de cette main-d'œuvre pas chère. Chaque fois que les subdivisons manquent de prisonniers pour exécuter ces tâches, l'administrateur requiert les services des indigènes. Il va vers les chefs indigènes qui lui fournissent la main-d'œuvre. Il s'agit en fait de travaux forcés. Pour mieux traduire cette situation de forçat, les populations forgeront le concept de Njockmassi qui connote servitude, esclavage. Mot composé de Njock et de Massi. La racine renvoie à la localité de Njock dans le département de Nyong et Kelle. Ainsi que l'a bien souligné Richard Joseph dans *Le Mouvement nationaliste au Cameroun* [Paris : Karthala, 1986], y furent conduits des milliers de Camerounais qui périrent de faim, de paludisme et autres malnutrition, bastonnade. Souvent arrêtés dans les régions aussi éloignées que l'ouest ou le nord du Cameroun, ces Camerounais y furent conduits, composèrent des chants très voisins des blues que chantaient les Noirs esclaves dans les plantations du Nouveau Monde. Me vient à l'esprit la suivante empreinte de souffrance, de nostalgie, mais d'indexation de l'ennemi, l'exploiteur colonial :

Coryphée : Mine mine

Chœur : Oo mine mine

Coryphée : Suffer don kam

Chœur : Oo mine mine(5)

Notes et références

1. *Poésie : luttes de libération au Cameroun*. Yaoundé : Ifrikiya, 2007. Je donne dans cet ensemble de poèmes nationalistes la réplique à Joseph Richard (1986). *Le*

Mouvement nationaliste au Cameroun [Paris : Karthala] qui nie jusqu'à l'habileté des nationalistes de romancer leur combat.

2. Nous avons reproduit ci-après le texte intégral portant sur le terrorisme pour que la génération future comprenne qu'entre les exceptions coloniale et néocoloniale, il n'y a pas de limites.

3. *Kamerun ! Une guerre cachée aux origines de la Françafrique* est un ouvrage magistral qui, dans un langage clair, dans une patiente recherche et confrontation des sources, nous permet de mieux comprendre le Kamerun. Les auteurs ouvrent des horizons nouveaux pour une juste lecture de l'espace camerounais. Par exemple, ils nous permettent de voir qu'en dehors des Anciens combattants Kamerunais, il faut opposer les « colons de combat » qui voulurent que le Kamerun bascule dans le registre sud-africain. Comme les Boers, ils voulaient un Cameroun d'apartheid. Très appréciée aussi la tentative de faire parler les acteurs de la guerre interdite comme Pierre Semengue. Nous sommes heureux de reproduire dans cet ouvrage l'image du coupeur des têtes pour l'interpeller comme je l'ai fait dans *Le Chien noir ou la confession publique au Cameroun* [Paris/Yaoundé : L'Harmattan, 2012]. Où sont les fosses communes où la France et ses illuminés enterrèrent nos têtes ?

4. Le sultan des Bamoun fut une des victimes de l'indigénat. Il fut soumis à l'arbitraire mesure d'internement qui consistait à éloigner de leur terroir tous les leaders s'opposant aux autorités françaises. On escomptait ainsi couper les populations de la source de contestation de l'autorité coloniale. Roman d'une prolixe imagination et mordante ironie, *Mont Plaisance* [Paris : Philippe Rey, 2011] de Patrice Nganang participe de ma relecture de nos espaces, de nos réalités, trop souvent méconnus. Me baladant dans les rues d'Efoulan à Yaoundé avec un exemplaire de ce roman sur la vie de Njoya interné, je voulais savoir où se trouvait Mont Plaisance. Je suppliai plus d'un, même les Bamoun habitant dans ce bled de m'aider. Tous me regardèrent comme ils le font de nos fous de la capitale. Qu'étais-je enfin sinon un parfait illuminé ? Mais personne ne pouvait me dire qu'il a existé un tel lieu, un tel quartier à Yaoundé.

5. Le travail forcé fait partie de l'arsenal du colonat local pour développer les structures d'exploitation des matières premières utiles à l'industrie de la France. Dans l'espace camerounais où les intérêts égoïstes et privés se confondent avec l'utilité publique, les indigènes sont, en dehors des impôts, la machine ouvrière au service de tout le colonat. Forcés hors de leurs terroirs, ils furent fauchés à larges andins par les maladies, les durs travaux et la malnutrition, dans les chantiers du chemin de fer dans la région de Njock. Ils y étaient en servitude où pour oublier leur condition, ils inventèrent des chants caustiques comme le firent les esclaves dans les plantations du Nouveau Monde.

Annexe 1 : Archives coloniales [Archives nationales du Cameroun]

Arrêté du 14 mars 1917

Arrêté déterminant les infractions spéciales à l'indigénat

Le Gouverneur Des Colonies, Commissaire De

La République Française Dans Les Territoires

Occupés de l'Ancien Cameroun, Commandeur De

La Légion d'Honneur

Arrête :

Article premier :

1* Mise en circulation de bruits mensongers et de nature à troubler la tranquillité de l'autorité ;

2* Détérioration, bris, enlèvement de matériel de construction appartenant à l'Administration, détérioration de bois domaniaux ;

3* Asile donné à des malfaiteurs, à des agitateurs ou à toute personne recherchée par l'Administration. Complicité d'évasion ;

4* Refus de prêter aide en cas de sinistre, de tumulte ou d'arrestation d'un criminel ou d'un délinquant ;

5* Entraves à la circulation sur les voies publiques, routes, sentiers ou cours d'eau ;

6* Abandon de service, sans motifs valables, par les porteurs, piroguiers, convoyeurs, guides, ouvriers ou employés de chantiers publics, détérioration des charges ou matériels qui leur sont confiés ;

7* Pratique de sorcellerie quand les conséquences n'ont pas entraîné la comparution devant les tribunaux ;

8* Vagabondage ;

9* Port illégal d'insignes officiels, civils ou militaires ;

10* Refus de payer l'impôt ou de s'acquitter des prestations, entraves à la perception de l'impôt, dissimulation de la matière imposable et connivence dans cette dissimulation, entraves au recensement de la population ou de la matière imposable ;

11* Départ d'une circonscription administrative sans avis préalable aux autorités ;

12* Plaintes ou réclamations sciemment inexactes renouvelées auprès de l'Administration après une solution régulière, autrement que dans le cas d'appel à l'autorité supérieure ;

13*Défaut d'obtempérer, sans motif valable, aux convocations et injonctions de l'Administration ;

14* Contrebande dûment constatée sans préjudice des sanctions pécuniaires douanières ;

15* Adultération volontaire de produits, mise en circulation de tout produit falsifié ;

16* Abandon de service par les porteurs, piroguiers, convoyeurs et guides, détérioration des charges qui leur sont confiées ;

17* Divagation des individus atteints d'aliénation mentale, de maladies épidémiques ou contagieuses, de la maladie du sommeil ou de la lèpre, abandon des individus atteints de maladies contagieuses ;

18* Non déclaration des maladies contagieuses sévissant sur les hommes ou les animaux domestiques, inexécution des mesures d'hygiène et de prophylaxie prescrites par l'Administration, pollution des eaux d'alimentation ;

19* Inhumation hors des lieux consacrés et dans les conditions autres que celles prescrites par l'autorité locale ;

20* Culture, vente et usage du chanvre ;

21* Abandon sans raison valable de leur poste par les domestiques payables indigènes, mauvaise volonté persistante, paresse, insubordination dans l'exécution de leur tâche.

Art. 2. - Le présent arrêté sera enregistré, communiqué et publié partout où besoin sera.

Douala, le 14 mars 1917

Lucien FOURNEAU.

Annexe 2 : Archives coloniales [Archives nationales du Cameroun] Circulaire relative à l'application de l'arrêté déterminant les infractions de l'indigénat.

Le Gouverneur Des Colonies Commissaire De La République Française Dans Les Territoires Occupés de l'Ancien Cameroun, Commandeur de La Légion d'Honneur, à

Messieurs les chefs de circonscription

Il m'a semblé nécessaire, en mars dernier, pour éviter des abus possibles dus à l'absence de codification française des infractions à réprimer par voie disciplinaire, de les réunir en un seul texte et de les mettre ainsi à la portée de tous. Je me suis inspiré surtout de la législation française.

Aucune des infractions envisagées ne me paraît devoir nécessiter un commentaire spécial. Une seule disposition qui est la reproduction littérale du texte de l'arrêté du 15 octobre 1901 de l'administration allemande mérite un examen plus approfondi.

L'infraction qui, d'une manière générale, est relative aux manquements des indigènes à l'égard des Européens auxquels ils sont liés par un contrat de travail (abandon de leur travail, sans raisons suffisantes, mauvaise volonté persistante, paresse, insubordination dans l'exécution de leur tâche) n'a été maintenue par moi que provisoirement. La suppression immédiate de cette disposition pouvait avoir sur les rapports entre employeurs et indigènes des conséquences fâcheuses ; les indigènes libérés, du jour au lendemain, d'obligations sanctionnées depuis près de 16 ans par des punitions disciplinaires, auraient pu être portés à abuser de cette liberté nouvelle et interpréter d'une façon erronée une décision qui, dans mon esprit, aurait été une mesure de bienveillance à leur égard.

Il vous appartient, par une application raisonnée et sage du texte, de me permettre de prendre dans l'avenir la mesure que je n'ai pu prendre dès maintenant.

Je vous prie d'apporter à l'examen des faits qui vous sont signalés en cette matière, toute votre attention et de n'infliger une punition que lorsque l'infraction vous apparaîtra, après avoir réuni tous les éléments d'appréciation, revêtir un caractère de gravité tel qu'une sanction s'impose. Dans chaque affaire qui vous sera soumise vous entendrez, si faire se peut, contradictoirement l'employeur et l'indigène lorsque, de votre enquête, il résultera que l'indigène n'a contrevenu à ses obligations que poussé à bout par les menaces ou les mauvais traitements de l'employeur.

En donnant ainsi quelques garanties à l'indigène en ce qui concerne cette infraction, reproduite du droit allemand, vous m'aiderez à atteindre le but que je me suis assigné, à savoir : la radiation pure et simple de cette disposition du tableau des infractions spéciales de l'indigénat.

Douala, le 18 Août 1917

Lucien FOURNEAU.

Annexe 3 : Archives coloniales [Archives nationales du Cameroun] Arrêté d'Août 1924 déterminant les infractions spécifiques à l'indigénat par Application du décret du 8 Août 1924.

Le Commissaire De La République Française Au Cameroun

Officier De La Légion D'Honneur

Vu le décret du 23 mars 1921, déterminant les attributions du Commissaire de la République française dans les Territoires du Cameroun ;

Vu le décret du 8 Août 1924, déterminant au Cameroun l'exercice des pouvoirs disciplinaires,

Arrête :

Article premier. - Les infractions spéciales réprimées par voie disciplinaire sont les suivantes :

1* Actes de désordre ;

2* Organisation de jeux de hasard ;

3* Mise en circulation de bruits mensongers et de nature à troubler la tranquillité publique. Propos séditieux ; actes irrespectueux à l'égard d'un représentant qualifié de l'autorité ;

4* Asile donné à des malfaiteurs, à des agitateurs, à des vagabonds, à des indigènes enfuis de leur village et à toute personne recherchée par l'administration. Complicité d'évasion ;

5* Refus de prêter l'aide en cas de sinistre ou d'accident, de tumulte ou d'arrestation d'un criminel ou d'un délinquant ;

6* Port illégal d'insignes officiels, civils ou militaires ;

7* Entraves à la circulation sur les voies publiques, routes, sentiers, cours d'eau. Mauvais état des secteurs de routes dont l'entretien a été attribué à des villages ;

8* Racolage, sur la voie publique, des convois de porteurs et porteurs isolés venus vendre des produits aux établissements fixes d'un centre urbain classé ou non ;

9* Détérioration volontaire de matériel appartenant à l'administration ;

10* Vagabondage ;

11* Départ d'une circonscription administrative sans avis préalable aux autorités ;

12* Abandon de service, sans motifs valables, pour les porteurs, piroguiers, convoyeurs, guides, ouvriers ou employés de chantiers publics. Détérioration des charges ou du matériel qui leur sont confiés ;

13* Pratique de sorcellerie quand les conséquences n'ont pas entraîné la comparution devant les tribunaux ;

14* Plaintes ou réclamations sciemment inexactes renouvelées auprès de l'administration après une solution régulière, autrement que dans le cas d'appel à l'autorité supérieure ;

15* Mauvaise volonté à payer les impôts, contributions et taxes de toute nature et à s'acquitter des protestations. Entraves à la perception de l'impôt, au recensement de la population ou de la matière imposable. Dissimulation de la matière imposable et connivence dans cette dissimulation ;

16* Insoumission aux réquisitions de l'administration pour travaux publics essentiels ; (3)

17* Brutalité des agents indigènes à l'égard des travailleurs enfuis des chantiers de travaux publics ;

18* Tentative de simulation ou d'aggravation de plaies ou blessures naturelles dans le but de circonvenir l'autorité aux fins de licenciement d'un chantier public ;

19* Défaut d'obtempérer sans motifs valables aux convocations de l'administration ;

20* Contrebande dûment constatée sans préjudice des sanctions pécuniaires (sic) douanières ;

21* Adultération volontaire de produits. Mise en circulation de tous produits falsifiés ;

22* Abattage dans les centres urbains, sans autorisation préalable, d'animaux de boucherie, pour les livrer à la consommation ;

23* Abattage et exportation, sans autorisation préalable, de gros et petit bétail, susceptible de reproduire ;

24* Divagation d'animaux nuisibles ou dangereux. Divagation d'animaux domestiques sur la propriété d'autrui ;

25* Refus de recevoir les espèces de monnaie et billets français circulant légalement dans le territoire, selon la valeur pour laquelle ils ont cours ;

26* Abattage sans autorisation des arbres à produits et des essences de bois durs. Détérioration des bois domaniaux ;

27* Refus d'effectuer des plantations vivrières. Mauvais état d'entretien, sans motifs valables, de ces plantations ;

28* Culture, vente et usage du chanvre ainsi que de tout produit toxique ;

29* Détention de boissons distillées et de boissons alcooliques titrant plus de 14 degrés ;

30* Fabrication et vente de boissons fermentées ;

31* Divagation des individus atteints d'aliénation mentale, de maladies épidémiques ou contagieuses, de la maladie du sommeil ou de la lèpre. Abandon des individus atteints de maladies contagieuses ;

32* Non déclaration des maladies contagieuses sévissant sur les hommes ou les animaux domestiques. Inexécution des mesures d'hygiène et de prophylaxie prescrites par l'administration. Pollution des eaux d'alimentation ;

33* Inhumation hors des lieux consacrés et dans les conditions autres que celles prescrites par l'autorité locale ;

34* Pratiques d'usages médicaux et utilisation de médicaments en dehors du contrôle de l'administration.

Article 2. - Le présent arrêté qui abroge toutes les dispositions antérieures contraires et dans son entier l'arrêté du 14 mars 1917, sera enregistré et communiqué partout où besoin sera.

Yaoundé le 4 octobre 1924.

Marchand

Annexe 4 : Archives nationales du Cameroun
Loi n° 2014/028 sur la répression du terrorisme

Chapitre I

Disposition générales

Article 1er : Objet et champ d'application

(1) La présente loi porte répression des actes de terrorisme.

(2) Le Code pénal, le Code de procédure pénale et le Code de justice militaire demeurent applicables dans leurs dispositions non contraires à la présente loi.

(3) Les infractions prévues par la présente loi relèvent de la compétence exclusive des juridictions militaires.

Chapitre II

Article 2

(1) Est puni de la peine de mort, celui qui, à titre personnel, en complicité ou en coaction, commet tout acte ou menace susceptible de causer la mort, de mettre en danger l'intégrité physique, d'occasionner des dommages corporels ou matériels, des dommages de ressources naturelles, à l'environnement ou au patrimoine culturel dans l'intention :

a) d'intimider la population, de provoquer une situation de terreur ou de contraindre la victime, le gouvernement et/ou une organisation nationale ou internationale, à accomplir ou à s'abstenir d'accomplir un acte quelconque, à adopter ou à renoncer à une position particulière ou à agir selon certains principes ;

b) de perturber le fonctionnement normal des services publics, la prestation de services essentiels aux populations ou de créer une situation de crise au sein des populations ;

c) de créer une insurrection générale dans le pays.

(2) Est puni de la peine de mort, celui qui, pour atteindre les mêmes objectifs que ceux précisés à l'alinéa 1 ci-dessus :

a) fournit et/ou utilise des armes et matériels de guerre,

b) fournit et/ou utilise des micro-organismes ou tous autres agents biologiques, notamment des virus, des bactéries, des champignons ou des toxines ;

c) fournit et/ou utilise des agents chimiques, psychologiques, radioactifs ou hypnotisants ;

d) procède à une prise d'otage.

(3) La peine est l'emprisonnement à vie lorsque les conséquences prévisibles des actes visés aux alinéas 1 et 2 ci-dessus sont la maladie d'animaux ou la destruction de plantes.

(4) Les infractions visées aux alinéas 1, 2 et 3 ci-dessus sont caractérisées même en cas de guerre officiellement déclarée.

Article 3

1) Est puni de la peine de mort celui qui, dans le but de financer les actes de terrorisme, et par quelque moyen que ce soit, directement ou indirectement

a) fournit et/ou réunit des fonds ;

b) fournit et/ou offre des services financiers.

2) L'infraction visée à l'alinéa 1er ci-dessus est caractérisée même si les fonds, moyens matériels et/ou services financiers n'ont plus été effectivement utilisés pour la réalisation de l'infraction.

3) Le financement du terrorisme est constitué même si les biens sont collectés et les services offerts sur le territoire d'un autre Etat.

Article 4 : Blanchiment des produits des actes de terrorisme

Est puni de la peine de mort :

(1) celui qui acquiert, recèle, détient, convertit, transfère, dissimule ou déguise des biens constitutifs des produits des actes de terrorisme.

(2) Celui qui utilise ou partage, même occasionnellement les produits des actes de terrorisme.

Article 5 : Recrutement et formation

(1) Est puni de la peine de mort, celui qui procède au recrutement et/ou à la formation des personnes en vue de leur participation aux actes de terrorisme quel que soit le lieu de commission.

(2) Est puni de la peine prévue à l'alinéa 1er ci-dessus

a) celui qui fait des offres, des promesses de dons, des présents ou avantages quelconques à autrui pour qu'il participe à un groupement formé ou à une entente établie pour réaliser des actes de terrorisme ;

b) celui qui menace ou fait pression sur autrui pour qu'il participe à un groupement formé ou à une entente établie pour réaliser des actes de terrorisme.

(3) Est puni d'un emprisonnement de dix (10) à vingt (20) ans celui qui, volontairement, s'enrôle ou se forme dans un groupe terroriste à l'étranger, dans l'intention de commettre des actes de terrorisme sur le territoire national.

(4) Dans les cas prévus à l'alinéa 2 ci-dessus, l'infraction est consommée même si l'incitation à participer au groupement et à l'entente n'a pas été suivie d'effets.

Article 6 : Responsabilité pénale des personnes morales

(1) Pour l'application de la présente loi, une personne morale peut être déclarée pénalement responsable.

(2) Lorsqu'une personne morale est déclarée pénalement responsable des actes de terrorisme, la peine est une amende dont le minimum est de cinquante millions (50. 000. 000) francs CFA.

Article 7 : Interruption de l'infraction ou de ses effets

(1) Est puni d'un emprisonnement de dix (10) à vingt (20) ans, celui qui, étant auteur ou complice d'un acte de terrorisme, permet d'interrompre la réalisation de l'infraction.

(2) Est puni de la peine prévue à l'alinéa 1er ci-dessus, celui qui, étant auteur ou complice d'un acte de terrorisme, permet d'éviter que l'infraction n'entraîne la mort, des blessures ou des dommages matériels.

Article 8 : Apologie des actes de terrorisme

Est puni d'un emprisonnement de quinze (15) à vingt (20 ans et d'une amende de vingt-cinq millions (25. 000. 000) à cinquante millions (50. 000. 000) de francs CFA ou de l'une de ces deux peines seulement, celui qui fait publiquement l'apologie des actes de terrorisme.

Article 9 : Déclaration mensongère et dénonciation calomnieuse

Est puni d'un emprisonnement de vingt (20) ans celui qui fait à l'autorité administrative ou judiciaire une déclaration mensongère ou une dénonciation calomnieuse en rapport avec les articles 7 et 16 de la présente loi.

Article 10 : Protection des témoins

Pour l'application de la présente loi, est puni de l'emprisonnement à vie, celui qui outrage ou menace un témoin, même implicitement de violences, de voies de fait ou de mort.

Chapitre III : Dispositions spéciales

Articles 11 : Garde à vue

Pour l'application de la présente loi, le délai de la garde à vue est de quinze (15 jours), renouvelable sur autorisation du Commissaire du Gouvernement.

Article 12 : Saisine de la juridiction compétente

Pour l'application de la présente loi, le Tribunal militaire est saisi par ordre de mise en jugement direct du Commissaire du Gouvernement.

Article 13 : Circonstances atténuantes

Pour l'application de la présente loi, et en cas d'admission des circonstances atténuantes :

(1) la peine d'emprisonnement ne peut être inférieure à dix (10) ans ;

(2) la peine d'amende ne peut être inférieure à vingt millions (20. 000. 000) de francs CFA.

(3) dans tous les cas, le sursis ne peut être accordé.

Article 14 : Peines accessoires

Dans les cas prévus aux articles 2, 3, 4, 5, 6 et 7 ci-dessus, la juridiction compétente, en cas de condamnation prononce en outre les peines accessoires prévues à l'article 19 du Code pénal.

Article 15 : Imprescriptibilité de l'action publique et des peines

Pour l'application de la présente loi, l'action publique et les peines prononcées par les juridictions compétentes sont imprescriptibles.

Articles 16 : Exemption

Est exempte de poursuite toute personne physique ou morale qui, s'étant concertée avec autrui pour commettre un acte de terrorisme et avant tout commencement d'exécution :

(1) en donne connaissance à l'autorité administrative, judiciaire ou militaire ;

(2) permet d'éviter par tous les moyens la réalisation de l'infraction ;

(3) permet d'identifier ses coauteurs ou complices.

Chapitre IV : Dispositions finales

Article 17 : La présente loi sera enregistrée, publiée selon la procédure d'urgence puis insérée au Journal Officiel en français et en anglais.

Chapitre 3

Le messianisme en marche : de Karnou à Kibangou

Écrire qu'en 1940, la France se trouve entre les fanges de l'hydre allemande est une lapalissade. Écrire que son salut viendra de ceux qu'elle tient bien en dessous de la condition des Juifs de la Shoah, c'est fourrer la vérité dans la gueule de ceux qui manipulent les faits historiques. Au moment où nos tirailleurs se joignent aux alliés pour écraser le nazisme, la France continue à perpétrer, en Afrique centrale, une véritable Shoah. Et pourtant, c'est du Tchad et plus tard du Congo que vient la lueur d'espoir. Le gouverneur Félix Eboué, Guyanais, est le premier à tourner le dos à Vichy. Non seulement il opte pour la «France libre », il donne enfin au réfugié de Londres, le général de Gaulle, une capitale d'où la France peut s'exprimer.

Il y avait déjà des années que le Kongo s'imposait dans l'imaginaire comme le berceau d'une Afrique centrale naissante, purifiée des turpitudes coloniales. On dit alors Kongo comme pour éradiquer l'anathème AEF [Afrique équatoriale française]. Livrés aux cupides concessions, ces territoires sont conscients du prix qu'ils paient pour l'épanouissement de l'empire français. Par de courageux indociles, ces territoires se refusent d'être la propriété de qui que ce soit. Ce qui répugne au plus haut point, c'est la fausse peinture des Africains comme des victimes consentantes. Ce que les africanistes du cercle de Paris passent sous silence, quelques singulières voix s'élèvent pour dire le fait. Je pense à l'ouvrage de Raphaël Nzabakomada-Yakoma dont le titre est déjà parlant : *L'Afrique centrale insurgée. La guerre du Kongo-wara 1928-1931* [Paris : L'Harmattan, 1986]. Il nous rappelle un mouvement qui embrasa ces territoires et dont le but était la conquête de la dignité humaine. Car si dans l'agenda français, l'Afrique centrale n'était qu'un vaste espace de production des biens, il est tout aussi évident qu'il exista des Africains qui se refusèrent une telle destinée. Les Kornu, Kibangou et autres Matsoua, Tong Likeng, Lotin Samé sont de ceux-là.

Un autre ouvrage digne d'intérêt c'est *Impôt colonial et résistance des populations au Congo* [Paris : L'Harmattan, 2013] d'André Engambé. Ces deux auteurs notent les raisons fondamentales de l'insurrection Kongo-Wara en réaction contre les abus commis par les concessions, et les agents en charge de l'application des sanctions relatives aux infractions spéciales. Rappelons que dès l'instant de l'introduction des sanctions en Afrique centrale, les agents ont tendance à cacher les horreurs commises. Elles sont si accablantes que le gouverneur général Dieudonné Reste De Rosca [1935-1939] s'en émeut. Il prend alors la décision de remettre de l'ordre dans la maison. Car dans les sanctions contre les infractions, personne n'est épargné. Femmes et enfants sont contraints aux travaux forcés [ramassage du caoutchouc] ou détenus en cas d'indocilité.

En 1940, la France qui se retrouve dans les fanges de l'hydre allemande n'existe presque plus. Contrainte de collaborer, la France de Vichy est impitoyable envers les zélotes de la France libre. Révisionnistes et africanistes qui brossent du revers de la main le Congo et Brazzaville vivent hors du temps. En 1940, la France est un pays colonisé. Elle n'a plus de souveraineté. Elle est mise au pas par l'Allemagne. Elle obéit à l'Allemagne. Triste destin que celui d'un pays, d'une République-empire qui se voulait au faîte des nations. En 1940, le général héros de la Première Guerre mondiale, Philippe Pétain abdique tandis que Charles de Gaulle, lui, rouspète. N'empêche, car s'écroule alors tout partout en métropole comme en colonie, l'argument dignité, autorité de la France. Qu'est-elle ? Rappelons que Brazzaville est la Capitale de l'A.E.F, mieux, de la France en 1940. C'est donc avant tout aux indigènes de la capitale que sont destinées les infractions que reprend le gouverneur général dans son décret du 31 mai 1910. Aussi allons-nous reproduire pour toutes les colonies de l'A.E.F, ces infractions. Là où l'autorité semble pointilleuse et agressive, nous chercherons la liste conçue par l'administrateur local. En termes clairs, nous intéressent alors en A.E.F non pas les infractions elles-mêmes, mais les réactions des uns et des autres. Les administrateurs pour corser la discipline et les indigènes pour les contester.

Ce qui importe avant tout, c'est la réaction des Congolais contre ces infractions spéciales. Dans leur application, il y aura beaucoup d'abus étant donné que toutes les colonies en A.E.F sont confiées aux compagnies concessionnaires. Celles-ci paient les impôts à l'État et se font payer en exploitant l'immense richesse des colonies. Et comme ils ont les mains libres, l'appétit du gain et le mépris de l'autre, ces aventuriers qui constituent le colonat local se lancent dans une répression aveugle. L'irruption du personnage du tirailleur sénégalais est d'une importance capitale.

Or, au sortir de la Première Guerre mondiale, ces Africains qui ont aidé à vaincre l'oppresseur de leur oppresseur et qui ont goûté, hors des colonies, l'odeur de la liberté, de l'égalité et de la fraternité, ces Africains-français vont corner les injustices dont ils sont l'objet. L'exemplarité du cas d'André Grenard Matsoua est à mes yeux source d'inspiration. Il est un des rares Africains à avoir organisé les indigènes de la métropole et des colonies, à avoir protesté par écrit contre le monstrueux instrument d'animalisation des indigènes, et à avoir payé le prix de son audace. Les recherches tardent à valider un homme qui, pendant que la Deuxième Guerre mondiale, rage contre la France, est outré de constater que les Africains sont, de nouveau, appelés à sauver leur oppresseur. L'ancien combattant Matsoua mène une guerre intellectuelle contre la France au sein de l'amicale qu'il crée en France. Condamné une première fois en 1930 à trois ans de prison et à dix ans d'interdiction de séjour au Moyen-Congo, déporté au Tchad, il sera de nouveau condamné en février 1941 à perpétuité. Aux yeux des Lari, une ethnie du Congo, Matsoua, né en 1889, acquerra le statut de martyr que le colonat local veut éviter.

Sont ainsi justifiées les multiples dénonciations qui transpirent dans *Batouala*, *Voyage au Congo*, et l'activisme politique de Matsoua au sein de l'amicale. L'ethnie lari constitue une revanche en ce Moyen-Congo muselé. Les Lari se soudent autour de Matsoua et de son mouvement. Ils tiennent tête au colonat local. Ils marchent pour Matsoua. Tournent en dérision les tentatives de discréditer Matsoua.

Annexe 1 : Archives coloniales [Archives nationales du Congo]

Le Gouverneur Général De l'Afrique Equatoriale Française,

Officier de la Légion d'Honneur.

Vu le décret du 15 Janvier 1919, portant création du Gouvernement général de l'Afrique Equatoriale Française ;

Vu le décret du 31 Mai 1910, portant règlement sur l'indigénat en Afrique Equatoriale Française,

Arrête :

Art. 1er.- Les infractions spéciales à l'indigénat sont ci-après déterminées :

Actes de désordre.

Mise en circulation de bruits mensongers et de nature à troubler la tranquillité publique.

Propos séditieux, outrages à l'égard d'un représentant qualifié de l'autorité.

Détérioration, bris, enlèvement de matériel de construction appartenant à l'Administration. Détérioration des bois domaniaux.

Asile donné à des malfaiteurs, à des agitateurs et à toute personne recherchée par l'Administration. Complicité d'évasion.

Refus de prêter aide en cas de sinistre, de tumulte ou d'arrestation d'un criminel ou d'un délinquant.

Entraves à la circulation sur les voies publiques, routes, sentiers ou cours d'eau.

Infractions aux règlements locaux de voierie et de navigation.

Pratique de sorcellerie quand les conséquences n'ont pas entrainé la comparution devant les tribunaux.

Vagabondage.

Port illégal d'insignes officiels, civils ou militaires.

Refus de payer l'impôt ou de s'acquitter des prestations. Entraves au recensement de la population ou de la matière imposable.

Départ d'une circonscription administrative sans avis préalable aux autorités.

Plaintes ou réclamations sciemment inexactes renouvelées auprès de l'Administration après une solution régulière, autrement que dans le cas d'appel à l'autorité supérieure.

Défaut d'obtempérer sans motif valable aux convocations et injonctions de l'Administration.

Contrebande dûment constatée sans préjudice des sanctions pécuniaires douanières.

Adultération volontaire de produits. Mise en circulation de tout produit falsifié.

Abandon de service par les porteurs, piroguiers, convoyeurs et guides. Détérioration des charges qui leur sont confiées.

Divagation des individus atteints d'aliénation mentale, de maladies épidémiques ou contagieuses, de la maladie de sommeil ou de la lèpre. Abandon des individus atteints de maladies contagieuses.

Divagation d'animaux nuisibles ou dangereux. Divagation d'animaux domestiques sur la propriété d'autrui.

Non déclaration des maladies contagieuses sévissant sur les hommes ou les animaux.

Non exécution des mesures d'hygiène ou de prophylaxie prescrites par l'Administration.

Pollution des eaux d'alimentation.

Inhumation hors des lieux consacrés et dans des conditions autres que celles prescrites par l'autorité locale.

Culture, vente et usage de chanvre.

Art. 2 - Les Lieutenant-Gouverneurs du Gabon, du Moyen-Congo et de l'Oubangui-Chari-Tchad sont chargés de l'exécution du présent arrêté, qui sera enregistré et communiqué partout où besoin sera, inséré et publié au Journal Officiel de l'Afrique Equatoriale Française.

Brazzaville, le 13 Septembre 1910.

Annexe 2 : Archives coloniales [Archives nationales du Cameroun]

Circulaire No 66 A/P A/S : Application du code de l'indigénat

Le Gouverneur Général de l'AEF

Aux Gouverneurs délégués à Bangui, Libreville, au Commandant de la Région du Tchad à Fort-Lamy, au Chef du Département du Moyen-Congo, et à l'administrateur-maire de Brazzaville, Brazzaville,

J'ai l'honneur d'attirer votre attention sur le nombre excessif de punitions infligées en application du code de l'indigénat.

Des graves abus ont été commis dans ce domaine. C'est ainsi que, pour un motif très contestable, il a été infligé, dans une même subdivision, entre le 3 et le 19 mars, le nombre inquiétant de 389 punitions disciplinaires.

Dans la seule région du Moyen-Congo, 2.395 indigènes ont été l'objet de sanctions disciplinaires, au cours du premier trimestre de l'année, chiffre qui se réduirait à des proportions normales si l'on en retranchait toutes les punitions arbitraires, abusives et inutiles, qui ont fait l'objet d'observations motivées.

Ces punitions représentent 20 793 journées de prison, il est bien évident que ces journées auraient été plus utilement employées par les indigènes punis au développement de leurs cultures vivrières et autres, par exemple.

Je vous prie donc instamment de réserver, à l'avenir, les rigueurs du Code aux seuls individus résolument réfractaires aux bons procédés et de ne jamais infliger de peines de prison aux femmes…

En particulier, j'insiste pour que les termes de l'arrêté du 28 décembre dernier, qui fixent les infractions punissables disciplinairement, soient interprétés stricto sensu.

Le 31 mai 1937. »

Chapitre 4

Inénarrable aspiration : « Le Gabon, département français »

La « Bataille de Libreville » en novembre 1940 constitue le seul moment d'agitation qui marque la vie du petit territoire pourvoyeur des matières premières qui deviendra le Gabon le 17 août 1960. Vichystes et gaullistes s'y affrontent sans merci parce qu'ils savent que l'avenir de la France dépend de l'Afrique. C'est de Gaulle qui ordonne cette bataille, car retranché à Londres, condamné par le gouvernement de Vichy, il est en fait un soldat sans armée, sans pays. On comprend pourquoi les zélotes gabonais vont pieusement demander l'adhésion du Gabon à l'Union que prône de Gaulle lorsqu'il forge, à sa mesure, la Vème République française(1).

Dans un texte intitulé *Le Colonisateur colonisé* [Lausanne : Pierre Favre, 1983], le dernier Gouverneur du Gabon pose clairement l'absurde aspiration de Léon Mba alors à la tête du Conseil du gouvernement gabonais en 1958. Trois ans à peine après la retentissante victoire de Diên Biên Phu, au moment où l'Algérie et son Front de libération nationale sont en pleine guerre de libération, enfin, la même année où Sékou Touré choisit, pour les Guinéens la liberté dans la pauvreté contre la richesse dans les chaînes, Léon Mba aurait demandé à Louis San Marco de solliciter auprès de de Gaulle, l'intégration du Gabon au sein de la République. Se fondant sur l'article 76 de la Constitution de la Cinquième République, le Gabon se croyait alors en droit de demander son intégration au sein de la République. L'indigénisation de la métropole, on le voit était déjà inscrite dans la loi fondamentale du pays, elle était en marche alors même que Charles de Gaulle était aux commandes. On comprend le titre de l'ouvrage de l'envoyé de Mba, San Marco qui parle comme du retour de l'ascenseur. Discours précurseur est-on tenté de dire, la France vit aujourd'hui cette réalité au grand dam du gaulliste qui, raciste jusque dans l'âme, aurait confié plus tard par écrit [*C'était de Gaulle.* Paris : Fayard, t 1, 1994] à Alain Peyrefitte :

« *Nous ne pouvons pas tenir à bout de bras cette population prolifique comme des lapins (...). Nos comptoirs, nos escales, nos petits territoires d'outre-mer, ça va, ce sont des poussières. Le reste est trop lourd.* »

Le problème fondamental qui sourd des propos de de Gaulle c'est que toute intégration au sein de la République commande une manière différente d'administrer le Gabon. Devenu un département, le Gabon exigerait le même traitement de la République. La France serait condamnée de dévoiler sa véritable face comme c'est le cas aujourd'hui avec la présence massive des indigènes. L'initiateur de l'ignoble système de Françafrique avance une autre métaphore qui mérite notre attention. Rappelons que d'après la même constitution, de Gaulle incarne l'autorité de la France. Il est chef des armes, donc chef de guerre. Il décide et agit. Il s'irrite à l'idée d'être contrarié, d'être contredit, surtout lorsqu'il s'agit des colonies. Il aurait confié à Peyrefitte :

« *Au Gabon, Léon M'Ba voulait opter pour le statut de département français. En pleine Afrique équatoriale ! Ils nous seraient restés attachés comme des pierres au cou d'un nageur ! Nous avons eu toutes les peines du monde à les dissuader de choisir ce statut.* »

L'exclamative, parfaite allusion à la situation géographique du Gabon connote à souhait le racisme d'un homme qui n'a jamais caché son dédain pour les Africains : « En pleine Afrique équatoriale ! » Il transpire ici le portrait d'un de Gaulle si irrité qu'il reprend à sa manière Joseph Conrad de « Cœur des ténèbres ». L'expression 'en pleine Afrique équatoriale' connote plus que les ténèbres, plus que les cavernes, car le racisme en colonie est avant tout administratif. En 1958, de Gaulle politique est pire que l'extrême droite actuelle et le comparer à Jean-Marie ou Marine Le Pen est pur euphémisme. Pour enfoncer le clou, le soi-disant libérateur de la France ajoute la métaphore de la pierre qui tient au cou un naufragé. Comment ne pas convoquer ici un autre militaire, le Colonel Jean Lamberton qui colle aux Bamiléké du Cameroun la même métaphore ? Comment ne pas voir ici l'expression de l'hypocrisie d'une classe politique qui défend, au sein de la République-empire, la politique d'assimilation ?

Depuis l'indépendance, le Gabon a-t-il été autre chose qu'un comptoir, une escale, bref un lointain et misérable territoire de la France ? Aux anciennes structures concessionnaires ont surgi de puissantes multinationales comme ELF, TOTAL. Elles tiennent entre leurs griffes, de vulgaires dirigeants, véritables suppôts de Paris. Car en fait qu'est-ce que le Gabon indépendant sinon un territoire pourvoyeur de matières premières à la France, un bled perdu dans la forêt équatoriale ? Véritables pions entre les mains de Foccart et ses successeurs, Omar Bongo père et

Ondimba Bongo fils sont avant tout de vulgaires agents de renseignements français. Car après, en effet, le service militaire de Bongo père (de 1958 à 1960), qu'il conclut au grade de lieutenant, il rejoint l'armée de l'air, puis les services secrets français. C'est donc à lui que de Gaulle et Foccart, ayant pris le soin de modifier la Constitution, placent à la tête de l'État gabonais après la mort de Léon Mba. Pendant ses quarante-deux annuités de règne, l'homme a-t-il été autre chose qu'un parfait bon tyran au service de la France ?

Zineb Dryef, journaliste à *L'OBS*, prête à Omar Bongo les suivants propos qui illustrent bien l'asservissement de cette nation indépendante à son ancien colonisateur : « *L'Afrique sans la France, c'est la voiture sans le chauffeur. La France sans l'Afrique, c'est une voiture sans carburant.* » http ://fr.wikipedia.org/wiki/Omar_Bongo. Ce creux parallélisme, on le voit, est tout à l'avantage de la France, car un chauffeur agit, pense. Il peut choisir autre chose que le carburant. Tout le contraire de l'Afrique chosifiée, comparée au carburant nécessaire, mais pas indispensable. La France peut obtenir ses matières premières ailleurs qu'en Afrique.

Ayant évoqué l'omnipotence du bon tyran, mon propos est clair. Pour se maintenir au pouvoir Bongo hier et son fils aujourd'hui ne peuvent s'appuyer que sur les lois d'exception. Qu'il s'agisse de la Constitution du Gabon de 1961, modifiée plusieurs fois pour faire accéder et maintenir Bongo au pouvoir ou qu'il s'agisse de la version surgie des résolutions de la Conférence nationale souveraine de 1991, la Constitution n'est qu'un chiffon entre les mains du bon tyran. Ceci est d'autant plus vrai qu'après les séances d'exorcisation et d'absolution de la conférence de 1991, Bongo la fera modifier cinq fois avant de mourir au pouvoir soit :

« *1-le 18 mars 1994 par la loi n° 1/94*

2-le 29 septembre 1995 par la loi n° 18/95

3 -le 22 avril 1997 par la loi n° 1/97

4-le 11 octobre 2000 par la loi n° 14/2000

5-et le 19 août 2003 par la loi n° 13/2003. »
http ://fr.wikipedia.org/wiki/Constitution_du_Gabon(2)

Est-il besoin de citer les nombreux décrets et arrêtés dont l'objectif est de réprimer ceux de Gabonais qui pensent autrement qu'Omar Bongo ?

Que dire des sanctions qui vont de la simple peine de prison à la mort d'homme ? Comment considérer les Gabonais autrement que de simples ouvriers au service de la Françafrique ? Comment accepter que les d'habitants de ce petit pays (moins d'un million) n'ait pas tous profité, je dis bien tous, de la manne pétrolière ? Qu'est-ce donc que le Gabon a de moins que l'Arabie saoudite ou le Quatar ? Ces pays ont du pétrole, mais pas le bois et autres minerais dont regorge le sol du Gabon. Alors, pourquoi n'y a-t-il pas un Gabon où le mérite et l'excellence émergent ? Où la compétition politique conduit au bien-être des Gabonais ? J'ai donc mal à cette nation !

Car par le truchement de la Françafrique, le Gabon est aujourd'hui un département déguisé de la France. On y vit en esclave dans une France opulente. On y vit dans les chaînes, dans une France des droits de l'Homme. On y vit pour pourvoir au bien-être des Français comme au temps colonial. Mon chagrin le plus profond pour cette nation de moins d'un million d'habitants, ce sont moins les biens mal acquis et la dynastie Ondimba que les Gabonais laissés dans le dénuement. Alors que le Gabon aurait pu être l'Arabie saoudite d'Afrique centrale, on en vient aujourd'hui à mener la guerre contre les laissés-pour-compte, les vagabonds. On l'est parce qu'on est pauvre. On ne choisit pas d'être vagabond. On est contraint d'épouser une telle condition. L'État gabonais reprend la dixième infraction spéciale du code de l'indigénat et la plante dans son code pénal. Ainsi qu'il court, le code n° 21/63 du 31 mai 1963 est impitoyable pour tout Gabonais sans ressources, sans domicile, peu importe qu'il ait choisi ou pas cette condition. Le chapitre ci-dessous de ce code est consacré à cette infraction :

« *Chapitre XVI*

Du vagabondage et de la mendicité

Article 196 : Toute personne valide qui ne peut justifier d'aucun moyen de subsistance, ni d'un domicile certain, et qui, volontairement, n'exerce habituellement ni métier, ni profession, et se trouve en état de vagabondage est passible à ce titre d'un emprisonnement de un à six mois.

Article 197 : Les mendiants, d'habitude valides, seront punis de peine de vagabondage. »

Il apparaît dès lors que le Gabon, plus que toute autre nation francophone, est le terrain privilégié où le code matraque a profusément sévi et continue de sévir. Peine de mort, internement, portage, travail forcé, prison, amende sont le lot du Gabonais en temps des colonies. Véritables instruments d'embrigadement, ils servaient à ponctionner le Gabon pour le bien de la métropole. Est-on, au Gabon indépendant, loin de tous ces crimes impunis ? Comment ne pas convoquer Bassek Ba Kobhio dans *Le Grand Blanc de Lambaréné* [Film, Cameroun, 1994]. Le Nobel Albert Schweitzer fait œuvre de civilisation dans un des bleds les plus reculés du Gabon. Il règne pourtant sur ses nègres comme tout bon tyran. Irrité en cas de contradiction, Schweitzer ridiculise. Lorsque ses nègres violent ses lois, Schweitzer est on ne peut plus impitoyable. Dans un tel cas, la punition est exemplaire et publique. Il ignore les richesses locales pour le bien des locaux. Il ignore jusqu'aux vertus de l'iboga et opère sans anesthésie. Il distribue des coups de pied à la volée, aux enfants comme aux pères devant leur progéniture. Le but final ? Bassek Ba Kobhio assène, et je cite de mémoire, l'Alsacien veut gagner le ciel sur le dos des indigènes [(3)].

Tel est, il me semble, le condensé du Gabon, vaste ensemble au fond anonyme, une inutile masse incapable de se sauver. Terre de turpitude, le Gabon fut aussi, dans l'administration française, une terre d'internement. Il accueillit l'intrépide Samory qui finit par y mourir. Combien d'autres y furent menés pour mourir ? Terre cruelle !

Notes et références

1. La IVème République française, on le sait, est un cuisant échec. Elle est aussi instable que la IIIème. C'est au terme de l'exigence des pleins pouvoirs que de Gaulle accepte de forger la Vème République avec un pouvoir présidentiel fort.

2. Alain Peyrefitte. *C'était de Gaulle*. Paris : Fayard, t 1, 1994.

3. Au Cameroun, premier pays du pré-carré français, le coopté valet Ahmadou Ahidjo modifie la Constitution trois fois avant d'abandonner le pouvoir. Successivement, il passe de la Constitution de 1960 à la Constitution de 1961 puis à celle de 1972. Son successeur le tyranneau Paul Biya suivra son exemple et la modifiera chaque fois qu'il se sentira menacé ; il a ainsi voulu asseoir son pouvoir et se maintenir.

4. Bassek Ba Kobhio. *Le Grand Blanc de Lambaréné*. Long métrage, Cameroun, 1994.

Annexes

Actes de désordre.

Mise en circulation de bruits mensongers et de nature à troubler la tranquillité publique.

Propos séditieux, outrages à l'égard d'un représentant qualifié de l'autorité.

Détérioration, bris, enlèvement de matériel de construction appartenant à l'Administration. Détérioration des bois domaniaux.

Asile donné à des malfaiteurs, à des agitateurs et à toute personne recherchée par l'Administration. Complicité d'évasion.

Refus de prêter aide en cas de sinistre, de tumulte ou d'arrestation d'un criminel ou d'un délinquant.

Entraves à la circulation sur les voies publiques, routes, sentiers ou cours d'eau.

Infractions aux règlements locaux de voierie et de navigation.

Pratique de sorcellerie quand les conséquences n'ont pas entrainé la comparution devant les tribunaux.

Vagabondage.

Port illégal d'insignes officiels, civils ou militaires.

Refus de payer l'impôt ou de s'acquitter des prestations. Entraves au recensement de la population ou de la matière imposable.

Départ d'une circonscription administrative sans avis préalable aux autorités.

Plaintes ou réclamations sciemment inexactes renouvelées auprès de l'Administration après une solution régulière, autrement que dans le cas d'appel à l'autorité supérieure.

Défaut d'obtempérer sans motif valable aux convocations et injonctions de l'Administration.

Contrebande dûment constatée sans préjudice des sanctions pécuniaires douanières.

Adultération volontaire de produits. Mise en circulation de tout produit falsifié.

Abandon de service par les porteurs, piroguiers, convoyeurs et guides. Détérioration des charges qui leur sont confiées.

Divagation des individus atteints d'aliénation mentale, de maladies épidémiques ou contagieuses, de la maladie du sommeil ou de la lèpre. Abandon des individus atteints de maladies contagieuses.

Divagation d'animaux nuisibles ou dangereux. Divagation d'animaux domestiques sur la propriété d'autrui.

Non déclaration des maladies contagieuses sévissant sur les hommes ou les animaux.

Non-exécution des mesures d'hygiène ou de prophylaxie prescrites par l'Administration.

Pollution des eaux d'alimentation.

Inhumation hors des lieux consacrés et dans des conditions autres que celles prescrites par l'autorité locale.

Culture, vente et usage de chanvre.

Chapitre 5

Dynamiter pour se faire plaisir

L'actuelle République centrafricaine, vaste territoire intérieur en Afrique centrale que les Européens ne foulent aux pieds qu'en 1884 et qui devient colonie française en 1904, sera intégrée à l'ensemble de l'AEF en 1910. Ce pays maudit par ses ressources fut au centre de grands rêves lorsqu'il prit forme, en tant que nation, sous son premier président Barthélemy Boganda. Député français, mais véritable panafricain, Boganda ne présidera son pays naissant qu'un an, de 1958 à 1959. Il disparaîtra le 29 mars 1959 dans un accident d'avion dans des circonstances qui restent encore obscures. Prêtre politique, il est à verser dans la liste des nationalistes à la soutane qui abondent en Afrique centrale. Il est comme les Matsoua de Kibangou au Congo, Tong Likeng au Cameroun, ceux qui transforment les prétoires en tribune politique et les chants du ciel en cris de dissidence.

Panafricaniste, j'ai dit, il rêvait d'un État fédéral d'Afrique centrale regroupant le Cameroun, le Congo, la Gabon et bien sûr la République centrafricaine. Il est l'antithèse de Jean-Bedel Bokassa, le gaulliste président qui s'autoproclame empereur comme l'analyse si bien Didier Bogo dans *Pouvoir et obéissance en Centrafrique* [Paris : Karthala, 1988]. Boganda a une vision unitaire pour les Centrafricains qui composent l'AEF. Il y croit si profondément que les symboles choisis pour cet immense État résonnent aujourd'hui comme faux lorsqu'ils sont appliqués à la seule RCA. Par exemple, l'hymne est on ne peut plus clair. Il a pour visée les peuples bantous dans leur entièreté.

« Ô Centrafrique, ô berceau des Bantous !

Reprends ton droit au respect, à la vie !

Longtemps soumise, longtemps brimée par tous,

Mais de ce jour brisant la tyrannie.

Dans le travail, l'ordre et la dignité,

Tu reconquiers ton droit, ton unité,

Et pour franchir cette étape nouvelle,

De nos ancêtres la voix nous appelle.

Refrain :

Au travail dans l'ordre et la dignité,

Dans le respect du droit dans l'unité,

Brisant la misère et la tyrannie,

Brandissant l'étendard de la Patrie. »

Il est un constat des réalités de tous ces pays, c'est qu'ils sont livrés aux grandes concessions commerciales qui pillent et tuent sans ménagement. Brouillon et incapable, l'État français est incapable d'administrer ses colonies de l'AEF. Il les vend littéralement aux compagnies concessionnaires. Ainsi qu'énumère Catherine Coquery-Vidrovitch in « La Haute-sangha au Temps des Compagnies Concessionnaires » in Yale,

« *... la vallée de la Sangha fut dès la fin du XIXe siècle disputée entre pas moins de douze compagnies concessionnaires aux noms les plus variés : Société de l'Afrique française, Cie de la Sangha, Cie des Produits de la Sanga-Lipa-Ouesso, Compagnie franco-congolaise de la Sangha, sociétés de l'Ekela-Sangha, de la haute Sangha, de la Kadéï-Sangha, Cie française du Congo, Société commerciale et agricole de la Mambéré-Sangha, Cie française du Congo et des colonies africaines. La plus petite de ces sociétés comptait 5,300 km, la plus grande (la Cie française du Haut Congo des frères Tréchot) 32,000 km.* »

Ces Concessions sont des structures d'exploitation. Seule la rentabilité ici et maintenant compte. Ayant signé des contrats d'une durée de 30 ans, ayant consenti quelques investissements en postes administratifs, pistes, ces concessions sont propriétaires du territoire. Ils y agissent en juges et parties. Ils ont les masses populaires comme force de travail et de nombreuses matières premières à s'approprier. Travaux forcés et brimades, actes tyranniques sont le lot des Bantous qui se voient appliqué par tout le colonat le monstrueux code matraque. Hommes, femmes et enfants, jeunes et vieillards en sont victimes.

Le jeune Boganda doit en avoir souffert dans sa chair, car son père, farouche résistant aux campagnes de pacification, sera tué tandis qu'un agent de la Compagnie forestière Sangha-Oubangui [CFSO] battra sa mère jusqu'à la mort pour avoir apporté une insuffisante quantité de caoutchouc. Comment ne pas prendre au mot cet aveu de Toqué qui, dans une envolée poétique, conclut ainsi qu'il suit dans *Les Massacres au Congo* [186] : « *Terre où nous apportons, plus fortes que nous et malgré nous, la mort et la corruption.* »

Boganda serait né au moment où la France regroupe, pour bien piller, ses territoires en Afrique centrale. Mais bien avant la fin de la Première Guerre mondiale, la République des colonies s'agite de l'intérieur contre les pratiques répressives qui sont le lot quotidien des indigènes. À ce propos, j'ai déjà convoqué ci-dessus l'administrateur colonial René Maran auteur du virulent roman-essai *Batouala* [Paris : Albin Michel, 1924]. La tendance s'accélère pendant et après la Deuxième Guerre mondiale. L'apport de l'Afrique est si déterminant qu'il est désormais question du procès du colonialisme. René Maran, André Gide donnèrent le ton à un combat qu'Aimé Césaire, Frantz Fanon, Jean-Paul Sartre et plus tard Olivier Le Cour Grandmaison et autres Achilles Mbembe soutiennent. La colonisation de l'Afrique, je l'ai amplement dit tout au long de ma compilation des infractions spéciales, fut un véritable génocide, déni de dignité humaine pour le colonisé ; bref, un crime contre l'humanité. En Afrique centrale, la vie de l'indigène est entre les mains de l'administrateur colonial.

Les Massacres au Congo : La terre qui ment, la terre qui tue [Paris : L'Harmattan, 1996], une œuvre autobiographique de Georges Toqué, un des acteurs de la colonisation de l'AEF constitue, à cet effet, un aveu terrible. Naïf et pauvre orphelin de père alléché par l'aventure coloniale, Toqué est l'un des tout premiers colonialistes à dénoncer les crimes perpétrés par son pays. Au terme d'un séjour en prison pour meurtre de l'indigène Pakpa, Toqué prend sur lui la décision de dire les répressions et massacres en terre colonisée. Ce qui est troublant, c'est que Toqué prend les allures de témoin, de celui qui dit ce qui est fait, quotidiennement, de l'indigène indocile. Son œil embrasse tour à tour l'individu et le groupe. La corvée varie selon les humeurs de l'administrateur. Individuelle, elle est presque toujours collective, même si le fautif est un membre de la communauté. Les punitions aussi. Femmes, enfants, vieillards, tout le village est enfermé dans un camp, et n'est libéré que lorsque la corvée est accomplie. La torture physique, morale et presque toujours la mort constituent les outils de forgeage des mécaniques indigènes. On punit et tue non par nécessité, mais par plaisir, car comment expliquer l'acte qui conduit Toqué en prison ?

Ainsi que le confie, rappelle et instruit l'officier de cavalerie M. de Roll, minable administrateur rongé par la tuberculose, à Toqué, en colonie, à Fort-Crampel,

« *La politique suivie ici, répondit-il, mais c'est tout simple : régime militaire. Le mot est simple.*

Tout un programme.

Parfaitement : chicotte, justice sommaire, répression, prison et toute la lyre. Le commandant de cercle a le droit de mort, comme vous en convaincront les conventions du 1er avril. » *Massacres au Congo*, p.38.

Véritable apologie pour les crimes coloniaux, Toqué attaque de l'intérieur, démonte la mécanique à tuer au quotidien. Pour un simple refus d'accomplir la corvée, toute une communauté est soumise à une rudesse des plus cruelles. Les camps de concentration sont érigés pour sévir

« *Faire des cases dans la brousse, hors de la vue des passagers ; les entourer d'un chemin de ronde et y placer des sentinelles. Les femmes détenues au camp y recevront une ration de mil qu'elles auront à broyer et à cuire elles-mêmes. La femme, et s'il y a lieu, les enfants seront rendus à l'homme quand celui-ci aura fourni la corvée qui lui est demandée (portage, impôt, etc.)* ». *Massacres au Congo*, p. 39.

Il faut rappeler que portage, corvée et impôts constituent, pour les fiers Bantous, les formes les plus cruelles de sanction. Dans l'imaginaire populaire, ils participent d'une condition d'esclavage. Marronner comme si on était au temps de l'esclavage est une pratique courante de protestation, de refus d'une telle condition. Les populations vont adopter une forme d'indocilité qui désarme le colonat. Elle consiste à prendre refuge dans les forêts. Il arrive que des villages se vident en hommes valides, laissant femmes, enfants et vieillards. Pour les contraindre à sortir des maquis, le colonat kidnappe leurs familles et les tient dans des camps de concentration. Véritables camps de la mort, ils sont insalubres.

Le crime de Pakpa, c'est non seulement au portage, mais aussi inciter les autres à faire comme lui. Pis encore, il est récidiviste, ce qui constitue un véritable affront pour de minables agents coloniaux tatillons au sujet du respect de l'autorité française. Gaud et Toqué pensent à un châtiment spectaculaire, faire exploser Pakpa devant la masse un 14 juillet. Ils le font pulvériser à la dynamite comme on le fait d'un vulgaire obstacle, d'une montagne, d'un pont, etc., juste pour s'amuser, pour voir les indigènes pétrifiés de peur. Comment ne pas convoquer ici le général Bugeaud se donnant une partie de plaisir à suffoquer jusqu'à la mort les résistants algériens ? Qu'est-ce donc qu'un Pakpa face à l'autorité française ? Il ne vaut pas plus qu'un objet dont on use sans regret. Comme l'avoue Toqué pris non de remords, mais d'un vif désir de vengeance contre Gentil et autres hypocrites administrateurs, le choix de l'infraction et la sanction reviennent jusqu'aux « agents inférieurs ».

En Afrique centrale, il y a peu d'administrateurs coloniaux ayant un sens d'honneur pour leur fonction. On y est pour exploiter. Les concessions paient à l'État colonial l'impôt exigé pour, à leur tour, plumer librement les populations. Ainsi, les concessions fonctionnent comme des États dans un État. Il revient aux agents en fonction dans ces concessions de décider des infractions et de les appliquer. Toqué rappelle à ses juges parisiens que la pratique est commune et que son jeu du 14 juillet n'est que le sommet de l'iceberg. En Afrique centrale, sous les yeux des gouverneurs et autres lieutenants-gouverneurs, les abus sont monnaie courante et les crimes contre les indigènes de simples banalités. Et pour mieux enfoncer le clou, Toqué rappelle ainsi qu'il suit la hiérarchisation de l'ordre punitif :

« 1. Les agents inférieurs peuvent, vis-à-vis des indigènes, appliquer les peines suivantes

a) La chicotte

b) L'amende

c) La barre de justice

d) La prison

2. Le commandant de cercle se réserve d'appliquer

e) La déportation

f) La mort » in *Massacres au Congo*, p. 39.

Cruelle condition que celle de l'indigène en Afrique centrale. Le plus vulgaire agent d'une concession pouvait décider de punir par voie de prison, de mort et de déportation. Il faut bien dire que Fort-Crampel, comme les autres bleds, est loin de la capitale. La justice doit y être expéditive. Alors, ces agents agissent et rendent compte après. Régime militaire en colonie, c'est peu dire au regard des aveux de Toqué, auteur du lugubre crime de Fort-Crampel un 14 juillet. Qu'il rejette le crime sur Gaud n'est pas important. Gaud agit dans l'ordre des choses. Tout agent, quel que soit son poids administratif, peut décider de la liberté ou de la vie des indigènes. La décision est prise avec une totale désinvolture. Acte vulgaire pour juste se faire plaisir, le genre de plaisir qui ne se donne que sous les Tropiques.

Ainsi que le rapporte Félicien Challaye dans *Souvenirs sur la colonisation* [Paris : Les Nuits rouges, 2003], l'administrateur colonial français se fait souvent de sordides plaisirs au détriment des indigènes. Il rapporte comment deux officiers français, Georges Toqué et Fernand Gaud théâtralisèrent, le 14 juillet 1903 le meurtre de Papka. En guise du pardon traditionnel du chef de l'État français pour les condamnés, Toqué et Gaud décident d'auréoler le cou de Papka avec une cartouche de dynamite. Devant une assemblée de Centrafricains pétrifiés, nos deux « bons tyrans » font exploser Papka et se frottant les mains, l'un d'eux aurait susurré : « *Ça a l'air idiot ; mais ça médusera les indigènes. Si après ça ils ne se tiennent pas tranquilles !* » Qu'importe leur fantaisiste condamnation ? Gaud et Toqué s'adonnaient à une pratique bien commune dans les colonies françaises. Coloniser c'est entre autres réprimer de façon spectaculaire. On comprend alors l'exposition des têtes sur les places publiques en pays bamiléké, l'explosion de l'immeuble où est caché Ali La Pointe devant la population de Cabash littéralement médusée dans, *La Bataille d'Alger* de Gillo de Pontecorvo.

Annexes

Texte : Enumération des infractions spéciales

Actes de désordre.

Mise en circulation de bruits mensongers et de nature à troubler la tranquillité publique.

Propos séditieux, outrages à l'égard d'un représentant qualifié de l'autorité.

Détérioration, bris, enlèvement de matériel de construction appartenant à l'Administration. Détérioration des bois domaniaux.

Asile donné à des malfaiteurs, à des agitateurs et à toute personne recherchée par l'Administration. Complicité d'évasion.

Refus de prêter aide en cas de sinistre, de tumulte ou d'arrestation d'un criminel ou d'un délinquant.

Entraves à la circulation sur les voies publiques, routes, sentiers ou cours d'eau.

Infractions aux règlements locaux de voierie et de navigation.

Pratique de sorcellerie quand les conséquences n'ont pas entrainé la comparution devant les tribunaux.

Vagabondage.

Port illégal d'insignes officiels, civils ou militaires.

Refus de payer l'impôt ou de s'acquitter des prestations. Entraves au recensement de la population ou de la matière imposable.

Départ d'une circonscription administrative sans avis préalable aux autorités.

Plaintes ou réclamations sciemment inexactes renouvelées auprès de l'Administration après une solution régulière, autrement que dans le cas d'appel à l'autorité supérieure.

Défaut d'obtempérer sans motif valable aux convocations et injonctions de l'Administration.

Contrebande dûment constatée sans préjudice des sanctions pécuniaires douanières.

Adultération volontaire de produits. Mise en circulation de tout produit falsifié.

Abandon de service par les porteurs, piroguiers, convoyeurs et guides. Détérioration des charges qui leur sont confiées.

Divagation des individus atteints d'aliénation mentale, de maladies épidémiques ou contagieuses, de la maladie du sommeil ou de la lèpre. Abandon des individus atteints de maladies contagieuses.

Divagation d'animaux nuisibles ou dangereux. Divagation d'animaux domestiques sur la propriété d'autrui.

Non déclaration des maladies contagieuses sévissant sur les hommes ou les animaux.

Non-exécution des mesures d'hygiène ou de prophylaxie prescrites par l'Administration.

Pollution des eaux d'alimentation.

Inhumation hors des lieux consacrés et dans des conditions autres que celles prescrites par l'autorité locale.

Culture, vente et usage de chanvre.

Chapitre 6

Poussières et sables, « Territoire militaire », Terre maudite

Le Tchad comme la République participe dans tous les sens du « Régime de sabre ». Au cœur de sa naissance, un homme, un paranoïaque, François Tombalbaye. Minable maître des écoles protestantes, le jeune homme ambitieux qui deviendra président comprend la nécessité de passer par le syndicalisme pour imposer sa voix. Membre fondateur du PPT (Parti progressiste tchadien) membre du RDA (Rassemblement démocratique africain), Tombalbaye réussit à forger un destin national au sein du Tchad de la guerre et de l'après-Deuxième Guerre mondiale. Il sera élu président de la nouvelle République du Tchad le 12 août 1960. Si son cheminement est tortueux, l'important c'est sa gestion de l'Afrique née des lubies de de Gaulle. Qu'il ait dissout l'Assemblée et louvoyer pour concentrer tous les pouvoirs entre ces mains est un truisme dans cette Afrique francophone qui suit les pas politiques du tortionnaire de Vichy, le maréchal Pétain, voire de l'auteur de la Vème République française, Charles de Gaulle.

Il avait la soif du pouvoir tout-puissant tout comme son ennemi Pétain. À la suite de Pétain, il manipula la classe politique pour obtenir les pleins pouvoirs. En cela, il n'était pas différent de Pétain. En acceptant de suivre Félix Eboué, gouverneur du Tchad pour s'offrir l'Afrique comme la « France libre », État imaginaire, plus concret sur papier que sur le terrain, de Gaulle jouait le même jeu que Pétain et Hitler. Car en fait, de Gaulle sait qu'en Afrique centrale se sont commis, presque quotidiennement, les crimes les plus odieux sur les populations. N'est-ce pas en 1921 que René Maran, administrateur colonial publie son *Batouala* [Paris : Albin Michel, 1921] et qui obtient le prix de Goncourt ? Que dire d'André Gide qui emboîte les pas à Maran pour amplifier la sonnette d'alarme en publiant, à la suite d'une annuité d'analyse de la situation coloniale, son *Voyage au Congo* [Paris : Gallimard, 1927] ? Le journal de Gide est un texte précurseur de l'aveu de Toqué, car l'écrivain y dénonce la pratique connue des gouverneurs, à savoir que les agents subalternes gomment les abus et ne donnent à la hiérarchie qu'une version romancée de la pratique du code en Afrique centrale.

Comment croire un seul instant que de Gaulle était ignorant des crimes commis pour l'honneur de la France ? Avec toute la lucidité qui fut sienne, il prit sur lui la résolution de marcher sur les cadavres d'Africains pour se forger le chemin qui mène à Paris occupée. Il en avait besoin après s'être vu offrir la gloire de la France résistante. Sans avoir rien fait stratégiquement ni physiquement, le libérateur n'était en fait qu'un tribun qui avait su s'imposer aux autres acteurs politiques tout aussi ambitieux. Que René Coty manipule les autres élus français pour qu'ils remettent les pleins pouvoirs à de Gaulle, quoi de véritablement original ! Les dirigeants français, de Louis XIV qui pompe 'l'État c'est moi' à Napoléon, Pétain, de Gaulle et autres Giscard d'Estain, Mitterrand, Sarkozy et Hollande, la tentative de la toute-puissance est présente. Par René Coty, ceux qui voient en l'acte officialisant les pleins pouvoirs de Tombalbaye après sa réélection en 1969 se trompent. Le dictateur était déjà dans l'homme à qui la France de de Gaulle confie le Tchad en 1960.

Le Tchad, comme la République centrafricaine, est en Afrique francophone l'un des pays ayant enregistré le plus de coups d'État. Tout militaire centrafricain ou tchadien a des ambitions présidentielles.

Depuis 1975, date de prise de pouvoir par les armes par Félix Maloum qui dépose François Tombalbaye, le Tchad, en état de guerre permanent, a connu une valse de dirigeants chefs de guerre tels que Goukouni Oueddei, Mahamat Choua, Hissène Habré. De 1982 à 1990, ce chef de guerre aura été un des bons tyrans dont les mains sont couvertes du sang de nombreux innocents. L'ampleur des crimes est telle que Human Rights Watch, organisme de défense des droits de l'Homme, intitule son rapport *La Plaine des morts : Le Tchad sous Hissène Habré 1982-1990.* Écrit sous la coordination d'Olivier Bercault, ce rapport est accablant. Il donne en effet le suivant bilan d'un règne sanglant :

« *Entre 1982 et 1990, le régime de Hissène Habré fut responsable de milliers de cas d'assassinats politiques, de « disparitions », de tortures et de détentions arbitraires. Rien que dans les documents de la DDS récupérés par Human Rights Watch, se trouvent les noms de 1 208 personnes tuées ou décédées en captivité et de 12 321 victimes de tortures, de détentions arbitraires et d'autres violations des droits humains.* » http ://www.hrw.org/sites/default/files/reports/chad.

Mais au Tchad, comme ailleurs en Afrique centrale, tout candidat au fauteuil de président chasse un bon tyran pour en revêtir la peau. Ainsi en va-t-il d'Idriss Déby qui s'est installé en permanence depuis décembre 1990. Car s'il est vrai que le Tchad, à la faveur du 'Vent d'Est', organise sa conférence nationale souveraine pour se guérir des maux Tombalbaye, Maloum et autres Oueddei, Habré, le naturel revient au galop. Au terme de ces séances publiques d'exorcisation où les crimes des uns et des autres sont exposés, et unanimement absouts, le pays se dote d'une constitution qui stipule en son article 61 :

« *Le Président de la République est élu pour un mandat de cinq ans au suffrage universel direct. Il est rééligible une seule fois.* »

Vœu pieux pour une volonté d'alternance politique dans un pays où le « Pouvoir de sabre » a toujours placé la force des armes au-dessus de la force des bulletins de vote. L'instabilité institutionnelle est, on le sait, le lot du régime Tombalbaye. Pas moins de trois révisions constitutionnelles. On se serait attendu qu'après la longue nuit qui mène à la conférence nationale souveraine, le pays se retrouve sur la bonne voie. En 2005, Déby fait modifier la Constitution de 1996 pour se maintenir au pouvoir. On note que la clause, « *Il est rééligible une seule fois* », devient en l'espace de 10 ans, donc de deux mandats remplis par Déby, « Il est rééligible. » La subtilité langagière est de taille puisqu'elle assure, depuis 2005, la réélection sans bavure du militaire Déby qui prend le pouvoir par les armes en décembre 1990. Et comme dans un système de parti unique, tous les pouvoirs sont soumis à l'exécutif, dire que les constitutions de ce pays sont, comme les autres textes, de simples décrets, c'est peu dire.

Annexes

Actes de désordre.

Mise en circulation de bruits mensongers et de nature à troubler la tranquillité publique.

Propos séditieux, outrages à l'égard d'un représentant qualifié de l'autorité.

Détérioration, bris, enlèvement de matériel de construction appartenant à l'Administration. Détérioration des bois domaniaux.

Asile donné à des malfaiteurs, à des agitateurs et à toute personne recherchée par l'Administration. Complicité d'évasion.

Refus de prêter aide en cas de sinistre, de tumulte ou d'arrestation d'un criminel ou d'un délinquant.

Entraves à la circulation sur les voies publiques, routes, sentiers ou cours d'eau.

Infractions aux règlements locaux de voierie et de navigation.

Pratique de sorcellerie quand les conséquences n'ont pas entrainé la comparution devant les tribunaux.

Vagabondage.

Port illégal d'insignes officiels, civils ou militaires.

Refus de payer l'impôt ou de s'acquitter des prestations. Entraves au recensement de la population ou de la matière imposable.

Départ d'une circonscription administrative sans avis préalable aux autorités.

Plaintes ou réclamations sciemment inexactes renouvelées auprès de l'Administration après une solution régulière, autrement que dans le cas d'appel à l'autorité supérieure.

Défaut d'obtempérer sans motif valable aux convocations et injonctions de l'Administration.

Contrebande dûment constatée sans préjudice des sanctions pécuniaires douanières.

Adultération volontaire de produits. Mise en circulation de tout produit falsifié.

Abandon de service par les porteurs, piroguiers, convoyeurs et guides. Détérioration des charges qui leur sont confiées.

Divagation des individus atteints d'aliénation mentale, de maladies épidémiques ou contagieuses, de la maladie du sommeil ou de la lèpre. Abandon des individus atteints de maladies contagieuses.

Divagation d'animaux nuisibles ou dangereux. Divagation d'animaux domestiques sur la propriété d'autrui.

Non déclaration des maladies contagieuses sévissant sur les hommes ou les animaux.

Non exécution des mesures d'hygiène ou de prophylaxie prescrites par l'Administration.

Pollution des eaux d'alimentation.

Inhumation hors des lieux consacrés et dans des conditions autres que celles prescrites par l'autorité locale.

Culture, vente et usage de chanvre.

Quatrième partie

Silence, on réprime et pille.

Tout au long de cette compilation des infractions spéciales ayant pour but de contrôler, réprimer et spolier l'indigène, il m'a semblé qu'une administration poltronne et raciste avait pour préoccupation majeure sa propre survie. Elle voit en tout indigène, une menace constante, un affront à l'autorité de l'administrateur. Par-dessus tout, elle a besoin de fonds pour son fonctionnement. Elle s'employa alors à mâter les indigènes, à les mettre au pas, pour qu'ils financent les colonies. La République des colonies n'est donc pas une République de droits. On y a que des devoirs quand on est indigène. Il me semble en effet que le foisonnement des décrets et autres arrêtés est dû à un fait : la peur des indociles indigènes. Car du 30 juillet 1887 au 31 décembre 1945, dates respectives de l'application et des réformes de l'ignoble régime, l'indocilité évolue en qualité et en quantité. Ceux qui s'opposent au régime sont, dès 1934, de trois ordres et leur nombre ne cesse de croître. Aux indigènes rebelles non scolarisés s'ajoutent les évolués et les tirailleurs. Ayant goûté aux bienfaits de la Révolution à l'école et sur le terrain de combat, étant au fait de ce qui se passe en métropole, évolués et anciens combattants sont en guerre contre la République-empire et ses zélateurs. En d'autres termes, on est en colonie comme on est en guerre. Confronté à une résistance farouche dans les colonies, l'administrateur la réprima avec autant de hargne que de haine.

Bien plus, l'administrateur colonial qui contrôle, réprime et punit est à la fois juge et partie. Plus que représentant de la République-empire, il en est l'alter ego. C'est donc de lui qu'il est question, de son ego. C'est plus sa dignité que son autorité qui est en jeu. La France et la colonie ne sont qu'un prétexte. L'administrateur s'en sert pour justifier le droit de punir. En clair, il n'y a de hiérarchie que l'administrateur. En fonction dans le bled le plus reculé de la colonie, loin des centres de commandement que sont Dakar et Brazzaville, donc loin de la hiérarchie, les lieutenants-gouverneurs et les gouverneurs généraux, bref l'administrateur n'a de référence que lui-même. On comprend donc l'inutilité de nombreuses instructions qui accompagnent décrets et arrêtés. Dans cette guerre qui oppose l'administrateur aux indigènes, celui-là ne peut pas attendre. On est en situation d'état d'urgence et par conséquent, il convient d'agir, quitte à rendre compte par la suite. D'où la primauté de l'injustice sur le droit ainsi que le reconnaît le ministre des Colonies Henri Simon dans sa note du 7 décembre 1917 au président René Poincaré : « L'exercice de ces pouvoirs répressifs a donné lieu parfois à des abus… ».

Or, tombant arbitrairement sur ses victimes, l'administrateur détermine selon ses humeurs la nature de l'infraction et de la punition. L'application est fonction de ses caprices. Plus il juge l'action de l'indigène audacieuse à son endroit, plus il sévit. On comprend alors pourquoi il est moins prolixe quant à la production des rapports. Si la tentative de regrouper les infractions dans les colonies d'Afrique s'est avérée facile pour nous, il en va autrement du nombre de peines et d'amendes. Combien de peines de prison et d'amendes furent infligées aux indigènes dans l'ensemble des colonies depuis le décret du 30 juillet 1887 jusqu'à l'éradication du régime en 1945 ? On le sait avec précision. Qu'à la suite du décret du président Poincaré, le gouverneur général Angoulvant exige un tel rapport dans ses instructions, est une preuve qu'au départ, on sait en France que des manquements dans l'exécution des peines disciplinaires seront légion :

« *58. Le chef de subdivision doit adresser, le plus souvent possible et au moins une fois par semaine, à son commandant de cercle, les volants des punitions infligées par lui.*

Il devra profiter, pour cela, de tous les courriers qui s'échangent entre lui et le chef-lieu du cercle.

59. De son côté, le commandant du cercle enverra chaque mois, au Gouverneur, les volants des punitions infligées tant par lui que par ses chefs de subdivision. »

Qu'il y ait eu une volonté de cacher la vérité sur le montant total des amendes, sur le nombre total de peines de prison est un euphémisme. La République ne pouvait que se discréditer en montrant au monde les dégâts matériels et physiques qu'elle causait en colonie. Elle aurait, pour ainsi dire, annihilé ses prétentions de civiliser, bref de sauver ces soi-disant sauvages.

Mais entre les deux guerres, la machine semble déglinguée. L'école nouvelle produisit sa cohorte d'évolués qui commença à remettre en question les fondements de la République-empire. Bien plus, le décret napoléonien du 31 juillet 1857 créant la « Force noire » en ajoute aux éléments qui opéreront les fissures dans l'édifice République-empire. Ainsi donc, l'irruption d'abord des évolués, ces « Français de circonstance » et de la « Force noire », puis des tirailleurs des colonies, amorce la fin de la République-empire. Évolués et tirailleurs vont secouer profondément les certitudes aussi bien en métropole qu'en colonie pour aboutir à l'acte d'éradication du monstrueux instrument en 1945.

Chapitre 1

« Briser toutes les résistances… » en colonie comme en néo-colonie

Les deux rapports en annexe qui exigent l'urgente annulation des peines infligées aux indigènes éclairent au moins deux choses. La première, c'est que tous les administrateurs, du gouverneur au commandant de cercle, abusèrent de leurs pouvoirs. La nature de la faute était souvent dérisoire. Pis encore, la faute portait plus sur l'ordre public, et bien plus sur la personne de l'administrateur, de l'agent que sur les indigènes. « Réponse insolente », « Chercher palabre », « Manquer de respect » sont des expressions qui en disent long sur l'humeur de l'administrateur que sur celui de l'indigène souvent en situation d'infériorité. Dans une telle situation, il convient de briser la résistance et au plus vite comme le soutiennent les théoriciens de l'administrateur bon tyran tels que A. Girault dans *Principes de la colonisation et de législation coloniale* [Paris : Larose, 1895] et Jules Ferry. Plus radical que Girault, Ferry ne voit pas conformes aux colonies, des « Vice-rois, à la fois civils et militaires » tel qu'on peut lire dans *Le Gouvernement de l'Algérie* [Paris : Armand Colin, 1892]. Ainsi que le résume Le Cour Grandmaison, en colonie algérienne, il y a d'un côté, des citoyens bénéficiaires de toutes les dispositions de 1789, et de l'autre des sujets asservis, réprimés. En Afrique au sud du Sahara, ce sera ni plus ni moins que l'enfer.

La deuxième remarque porte sur la hiérarchisation de la société coloniale donc de l'impossible assimilation. Les indigènes sujets sont à la merci aussi bien des administrateurs que de ceux qui assument les fonctions d'auxiliaires, à savoir les agents de l'administration locale, les chefs de canton, les collecteurs d'impôts. Et lorsque les territoires sont placés sous quelques maigres postes administratifs au service des multinationales concessionnaires, la répression se banalise. Il est alors question de défendre les privilèges de la race blanche, celle qui exploite. Et dans cette entreprise, tout Blanc, quel qu'il soit, en est un fervent défenseur. En Afrique de l'Ouest comme en Afrique centrale, le monstrueux instrument se trouve entre les mains de tout Blanc, de toute personne affiliée à la race blanche. Et comme je l'ai dit tantôt, en colonie, peu importe le niveau d'études ou de grade, on est puissant avec les armes. On porte les armes de la République, acquiert le savoir pour non seulement échapper aux affres du monstrueux, mais pour en être un fervent défenseur et utilisateur. Le chef de canton qui collecte l'impôt, recrute pour les plantations des Blancs pense aussi à se servir. N'est-il pas de ceux qui ont reçu l'autorisation de créer des plantations ? Alors, il forme ses milices pour appliquer les sanctions.

Donc, la répression coloniale ne connaît un retentissant succès que du fait de l'extension des privilèges à quelques indigènes obséquieux, inconditionnels défenseurs des privilèges de la race blanche. Obséquieux chefs traditionnels pompeusement nommés auxiliaires de l'administration, chefs de canton créés par le bon tyran pour régner sur les populations acéphales, tous ces serviles indigènes, tous les évolués qui acceptent les miettes des privilèges et une place à la marge de la République-empire, tous développent un appétit insatiable pour l'administration arbitraire. Dans les textes 1 et 2 en annexe, il est question de la dignité, du respect dû aux chefs de canton et non aux Français. Faut-il voir en l'acte d'annulation une volonté de dire le droit ? Absolument pas. Il est question de tenir prononcé le fossé entre les indigènes et les Français. Donner à l'évolué les mêmes droits c'est œuvrer à la perte de la France comme le dit sans ambages de Gaulle rejetant les sollicitations de Léon Mba.

Écrire que les nations francophones sont marquées par un excessif et récurrent abus de pouvoir est une lapalissade. Cette pratique administrative constitue l'essence même de ces nations. Elle traverse verticalement et horizontalement les espaces géographiques et sociaux. En janvier 1935, le lieutenant Paul Cheruy, secrétaire d'administration par intérim, dresse une suite de rapports au gouverneur. Ceux-ci suggèrent tous l'annulation des peines infligées aux indigènes. Voici quelques-unes assez parlantes de par la nature des infractions et des sanctions.

Annexes

Texte 1 : Rapport I

Commission permanente

Du

Conseil d'Administration

Séance du 26 Janvier 1935

Analyse

Annulation d'une sanction

De police administrative

Affaire présentée par Monsieur le Secrétaire Général P.I.

Rapport

Monsieur le Gouverneur,

Le 13 Décembre 1934, sous les nos 154 et 156, le Commandant de cercle de Magenta a infligé une peine disciplinaire de cinq jours aux nommés Ibrahima Konde, de Nongoro (Cercle de Kissidougou) et Karamoko Sano, de Koulia (Cercle de Dougou), pour le motif suivant : « De passage dans un village du cercle a cherché palabre au chef du village ; amené devant le chef de canton, a manqué de respect à ce dernier. »

Or, le fait ayant motivé ces sanctions de police administrative n'est pas prévu dans les dispositions strictement limitatives de l'arrêté général du 20 juin 1925, article 1er, paragraphe 7, qui sanctionne « Tout acte ou toute manifestation publique de nature à affaiblir le respect dû à l'autorité française ou à ses représentants. »

Ce texte concerne en effet exclusivement les agents européens de l'autorité (cf. circulaire générale no 129 du 20 Juillet 1923, articles 12 et 19 de l'arrêté local du 14 Février 1918 et circulaire no 86 A.P.I. du 8 Septembre 1934.)

C'est pourquoi, Monsieur le Gouverneur, les peines disciplinaires infligées le 13 Décembre 1934, aux nommés Ibrahima Konde et Karamoko Sano étant entachées d'excès de pouvoir, j'ai l'honneur de proposer leur annulation

Cheruy

Pour copie conforme,

Secrétaire administratif

Texte 2 : Rapport II

Colonie de la Guinée Française

Commission permanente

Du

Conseil d'Administration

Séance du 26 Janvier 1935

Analyse

Annulation d'une sanction

De police administrative

Affaire présentée par Monsieur le Secrétaire Général P.I.

Rapport

Monsieur le Gouverneur,

Le 30 Décembre 1934, sous les nos 41, 42, 43, 44 et 45, le commandant du cercle de Bayla a infligé une peine disciplinaire de cinq jours de prison à chacun des nommés Massa Kone, Daouda Kone, Djiguiba Soumaoro, Goueletiqui Kone et Lassena Kone, tous de Bilansana (Ourodougou), pour le motif suivant : « A répondu insolemment au chef de canton qui demandait 4 porteurs dans son village, et est allé jusqu'à le menacer en public, donnant ainsi le plus mauvais exemple devant toute la population des environs rassemblée à Bilansana pour la convocation des recrues. »

Le 1er Janvier 1935, sous le no1, le même Commandant de cercle a infligé une peine de deux jours de prison au nommé Bakary Ly, de Boola (Kossa-Guerze), pour un motif analogue : « Réponse insolente en public au chef de canton, qui lui demandait de se placer à l'occasion de l'arrivée du Gouverneur, dans le groupe de Kossa-Guerze. »

Or, le fait ayant motivé ces sanctions de police administrative n'est pas prévu dans les dispositions strictement limitatives de l'arrêté général du 20 juin 1925, article 1er, paragraphe VII, qui sanctionne « Tout acte ou toute manifestation publique de nature à affaiblir le respect dû à l'autorité française ou à ses représentants. »

Les actes irrespectueux vis-à-vis d'un chef de canton ou d'un chef de village relèvent en effet des Tribunaux indigènes, comme l'ont précisé la circulaire générale du 20 Juillet 1925 et la circulaire locale du 8 Septembre 1934, et ne sauraient faire l'objet de sanctions de police administrative.

C'est pourquoi, M. Le Gouverneur, les punitions disciplinaires infligées le 30 Décembre 1934 aux nommés Massa Kone, Daouda Kone, Djiguiba Soumaoro, Goueletiqui Kone et Lassena Kone, tous de Bilansana, et le 1er Janvier 1935 au nommé Bakary Ly, étant entachées d'excès de pouvoir, j'ai l'honneur de proposer leur annulation.

P. Cheruy

Pour copie conforme

Secrétaire administratif

Chapitre 2

Rapports analytiques des punitions.

Théâtralisation des sévices corporels et assassinats

Si la pléthore des infractions indique la volonté, à tous les échelons de l'administration, de frapper l'indigène, de le broyer, de le mettre en état de non nuisance, il en va de même pour les punitions. Elles sont prises conformément à la volonté, au degré de l'offense éprouvée par l'administrateur colonial. La punition doit être exemplaire. Elle doit être un message d'abord à la victime, ensuite à toute la population. Elle doit sauter aux yeux, elle doit résonner comme le pétard dans l'anus du pauvre Papka. Mieux, le contexte est on ne peut important. La punition doit se faire publique. Elle doit convoquer une multitude de spectateurs, les indigènes surtout. Elle doit être spectaculaire pour mieux taire. Elle doit frapper les gueules d'ébahissement. Ainsi, le paradigme punir charrie des actions telles que frapper, sévir, opprimer, réprimer, discipliner, punir, taire, stupéfier, etc. Tout acte de répression est donc un message ; mieux, une publicité destinée aux spectateurs, aux indigènes. L'acte de répression met en exergue la toute-puissance de la République-empire, donc de l'administrateur. Il a un pouvoir de dissuasion. Il est signal de la différence raciale entre l'administrateur et l'indigène ; de la différence de force entre celui qui punit et le puni ; de la différence de civilisation entre le Français et le non-Français. L'acte de répression doit donc agir puissamment sur les esprits ainsi que le soutient Angoulvant dans ses instructions :

« *42. Si dans l'exercice de ses pouvoirs disciplinaires, l'administrateur n'est pas astreint aux formes solennelles que la loi impose aux jugements des tribunaux, il n'en est pas moins nécessaire de donner, aux décisions de l'espèce, la plus grande publicité.*

43. Le fait même que les pouvoirs disciplinaires ont un caractère exceptionnel, fait de cette publicité une obligation stricte, tant dans l'intérêt de l'autorité qui en est revêtue que dans l'intérêt des résultats que l'on est en droit d'en attendre. Une punition prononcée comme en cachette prend immédiatement, dans l'esprit de celui qui en est l'objet, l'aspect d'une illégalité et d'un acte d'arbitraire ; elle n'a, d'autre part, aucun effet salutaire sur la masse de la population, puisque celle-ci est tenue dans l'ignorance du fait commis et de la sanction infligée. De plus, un tel procédé est condamnable en lui-même, car il peut trop facilement mener à des abus. » (1)

La punition est une arme redoutable lorsqu'elle est administrée publiquement, lorsqu'elle est théâtralisée. Quand tout indigène voit le puni mis à nu, dépouillé de son être et de ses avoirs, il devrait avoir peur, devenir sage et donc éviter de s'aventurer dans la voie de l'indiscipline. Plus la terreur exemplaire est publiée, plus efficace sera la punition. La monstration, la théâtralisation de la punition est donc nécessaire. Le gouverneur Angoulvant soutient, pince-sans-rire, que cette publicité préviendra les abus. Vœu pieux est-on vite tenu de souligner. Car l'administrateur colonial a-t-il intérêt à publier ses accès de colère contre des inférieurs qui s'amuseraient à le traîner dans la boue ? Il suffit de lire les actes osés des tirailleurs récalcitrants pour bien comprendre notre doute. En effet, dans *Tirailleurs sénégalais*, Julien Fargettas fait un catalogue des insultes dont les tirailleurs abreuvent les officiers et sous-officiers blancs, surtout avant la tragédie du camp de Tiaroye au Sénégal en 1945. Revenus de la guerre, ils sont encore plus insolents face aux piètres administrateurs qui se le coulaient bel.

En d'autres termes, l'arbitraire en colonie n'est pas acte à être publié. Il va à contre-courant des valeurs coloniales de la République. L'arbitraire est farouchement combattu en métropole, mais courant en colonie. Se risquer à faire la publicité des punitions, c'est célébrer l'arbitraire au-delà des frontières de la métropole, car qu'a-t-on au-delà, sinon la barbarie ? Agir ainsi n'est pas inconnu du commandement en métropole. Donc celle-ci est présente à la table de l'injustice. Elle en est le soutien. Qu'est-ce à dire sinon que la République annihile les acquis de la Révolution ? Qu'elle œuvre, *a posteriori*, à son suicide. Aujourd'hui, la fin des colonies transcende celle de la République-empire. La République d'aujourd'hui est victime de son jeu de duplicité, de deux poids deux mesures. On ne peut pas reconnaître le crime antisémite et ignorer les génocides esclavagiste et colonial. Aussi, l'administrateur d'hier, d'aujourd'hui est pris au piège du paradoxe.

L'implication des punitions d'ordre économique

La France qui s'engage dans l'aventure coloniale n'a pas les moyens de ses ambitions. Elle est exsangue à la suite des guerres onéreuses napoléoniennes et autres. Elle a un sous-sol pauvre. Elle a une noblesse paresseuse comparée à la noblesse anglaise comme l'écrit si bien Voltaire dans *Lettres philosophiques*. La Troisième République est donc un géant sur béquilles. Il faut donc qu'elle se réinvente. Elle ne peut pas s'embourber dans la voie de la Révolution. Elle ne peut pas tenir ses idéaux partout dans le monde. C'est pour cela qu'elle n'a qu'une seule voie, celle d'une République des colonies. Il faut qu'elle aille ailleurs piller ce qu'elle n'a pas. Une économie française fiable a besoin des ressources dont recèlent les colonies. République et colonies font bien une étrange copulation. Elle ne peut que prendre la voie à l'exception comme le démontre si bien Oliver Le Cour Grandmaison (2).

L'espace République-empire est conçu comme le lieu d'exception, du déploiement de l'arbitraire. On y fonctionne à contre-courant des lois républicaines. Cette façon d'administrer permet à la République d'être une chose et son contraire. On peut y exhiber « Liberté, Égalité, Fraternité » tout en opprimant. Ainsi, il y a à Dakar des Français jouissant pleinement de leurs droits qui répriment sans remords les Français de Dakar, de Gorée, de St Louis de naissance, de Rufisque (3). Il y a, dans toutes les colonies, une course vers le haut. Les indigènes peuvent avoir accès à cette couche privilégiée pourtant à la marge grâce à un certain nombre d'accomplissements. L'assimilation rudimentaire des valeurs françaises est souvent sanctionnée par un diplôme. Le service dans quelconque des armes républicaines, bref tout service rendu et reconnu par la République place l'impétrant au rang de l'évolué. Au terme des deux guerres où l'Afrique verse abondamment son sang pour la République, l'accès devient, pour les tirailleurs, automatique. Tout ancien combattant se sent supérieur aux agents coloniaux et n'hésite pas à pointer leur fainéantise au regard de la défense de la patrie. L'ancien combattant dans *Le Grand Blanc de Lambaréné,* non seulement rappelle au colonat sa bravoure, mais s'embarque dans la voie de la contestation. Revenu de guerre flanqué de son épouse blanche, le héros de Sembene Ousmane dans *O, mon pays, mon beau peuple*, prend place sur le pont principal du navire qui le conduit à Dakar, au grand dam du colonat.

Il y a donc en colonie une véritable guerre de positionnement. Tous les moyens sont bons, pourvu qu'ils vous placent au-dessus de l'indigène, qu'ils vous épargnent des horreurs de l'indigénat. À leur tour, ces Français de la marge sont au-dessus des indigènes. Du moment qu'ils ne vivent pas sous le joug de l'indigénat, ils sont prêts à tout faire pour monter ou maintenir leur position. Le jeu politique consiste alors à lever les uns contre les autres, à diviser pour mieux régner. En se réinventant, la République-empire se donnait les moyens légaux de ponctionner les régions qu'elle colonisait pour assurer sa survie. Elle a besoin d'espèces sonnantes pour nourrir son colonat, veule gent partagée entre le regret de l'Ancien Régime et les aspirations de la Révolution. Elle en a besoin pour mener à bien la guerre contre l'hydre nazie. Ainsi que le démontre Eric Jennings dans *La France libre fut africaine*, la gloire de de Gaulle est avant tout africaine. Emphatique, Jennings s'interroge et martèle à la suite de son interrogation :

« *Avec quelle rage -l'antigaullisme de gauche et l'antigaullisme de droite, les communistes et les vichystes, s'acharnent à propager la légende de "la résistance de Londres" ! [...] Aux uns comme aux autres, j'oppose la vérité : la France libre fut africaine." Voilà ce que soutenait fort justement au lendemain de la guerre Jacques Soustelle, ethnologue et commissaire national à l'Information de la France libre. À l'automne 1940, Londres en soi n'apportait effectivement à la France libre ni combattants, ni matières premières, ni territoire national, ni souveraineté.* » (4)

Aujourd'hui, j'ai mal, non à l'effort de guerre, mais à l'ingratitude de la République comme le crie Rachid Bouchared dans *Indignes*. Que de Gaulle ait politiquement commis un crime en complicité avec l'Assemblée nationale pour geler les pensions des tirailleurs, qu'il ait participé au crime d'État du camp Thiaroye, enfin qu'il ait permis la mise en place du criminel foccartisme est impardonnable. Ce sont de lourds crimes pour que je me joigne à Jennings pour dénoncer l'ingrat général :

« *De 1940 à 1943, les principaux fondements de la France libre ne se situent donc pas à Londres, comme l'affirment la plupart des récits, mais en Afrique française libre. Le combattant résistant archétypal de la première heure n'est pas un Savoyard coiffé d'un béret, mais plutôt un Tchadien, un Camerounais, ou un habitant de ce qu'on appelait alors l'Oubangui-Chari (actuelle République centrafricaine).* »

Aux yeux de l'Africain que je suis, Pétain est moins coupable que de Gaulle. Nous n'attendions rien de Pétain, mais tout de de Gaulle. Nos ancêtres s'étaient engagés sous l'impulsion du général pour la liberté, la justice pour tous, en colonie comme en métropole. Mais il nous accorda des régimes ogres qui aujourd'hui nous écrasent, empêtrés qu'ils sont dans un système dont personne, je dis personne, ne maîtrise les contours(5). Des années 60 à aujourd'hui, de de Gaulle à Hollande, les ramifications sont si complexes et les orientations si différentes que personne ne peut maîtriser ce monstre *françafricain*. Ce qu'il accouche, ce sont les troubles en métropole et dans les anciennes colonies, ce sont ISIS et Boko Haram. La misère généralisée en Afrique, les migrations de masse ou forcées, le terrorisme sont le produit de l'injuste système d'hier et la cupidité son fondement. L'Occident d'aujourd'hui vit des retombées de l'affairisme des concessionnaires et autres multinationales tandis que le sud colonisé en souffre.

Or, l'administration coloniale, qui a besoin des fonds pour administrer la colonie et mener ses guerres, doit aussi avoir des idées. Il est en effet hors de question que Paris use de ses maigres fonds pour développer les colonies et mener ses guerres. Les colonies doivent non seulement s'autofinancer, elles doivent trouver l'argent dont la métropole a besoin pour ses ambitions. Il faut donc pressurer pour que la colonie vive ainsi que le confirment les instructions du gouverneur Angoulvant :

« *72. L'indigène puni d'une amende disciplinaire est conduit devant l'agent comptable du cercle (payeur ou agent spécial) qui, sur la vue de l'ampliation qui lui est destinée, perçoit l'amende et en encaisse le montant dans les formes ordinaires.*

Il remet à l'indigène une quittance tirée du quittancer à souche et conservée en échange de l'ampliation à titre de pièce justificative.

73. En cas de refus de paiement de l'amende infligée, il peut être fait application de la contrainte par corps selon les règles suivantes :

Pour les amendes de 1 à 15 francs : détention de 1 à 5 jours au maximum ;

Pour les amendes de 16 à 50 francs : détention de 5 à 10 jours au maximum ;

Pour les amendes de 51 à 100 francs : détention de 10 à 15 jours au maximum. » (6)

Faire fonctionner la colonie et faire vivre aisément le colonat local demande des fonds que la métropole est loin de débourser. La colonie doit s'autofinancer. Le régime de l'indigénat avait entre autres cette mission. Il devait pourvoir les moyens dont la colonie avait besoin. Bien plus, coloniser c'est pourvoir au bien-être de la métropole. Les amendes deviennent alors une forme déguisée d'impôt. On réprime sans cœur ceux qui refusent de payer ou paient en retard. On les prive de leur liberté. La contrainte par corps est la voie trouvée pour châtier ceux qui ne peuvent pas payer comme il ressort des instructions du gouverneur Angoulvant :

« *73. En cas de refus de paiement de l'amende infligée, il peut être fait application de la contrainte par corps selon les règles suivantes :*

Pour les amendes de 1 à 15 francs : détention de 1 à 5 jours au maximum ;

Pour les amendes de 16 à 50 francs : détention de 5 à 10 jours au maximum ;

Pour les amendes de 51 à 100 francs : détention de 10 à 15 jours au maximum. » [(7)]

Et que faire de tout un village qui se refuse à payer les impôts ? Quelles méthodes l'administration doit-elle employer pour châtier les villages récalcitrants ? Grandmaison rapporte dans *De l'indigénat : Anatomie d'un « monstre » juridique : le droit colonial en Algérie et dans l'Empire français*, [Zones] qu'en AOF, des villages entiers furent brûler lors des campagnes de recouvrement d'impôt. En 1921, l'écrivain français d'origine guadeloupéenne, René Maran, dans *Batoula*, résume ainsi qu'il suit la situation :

« *Nous ne sommes que de la chair à impôt. Nous ne sommes que des bêtes de portage. Des bêtes ? Même pas. Un chien ? Ils le nourrissent, et soignent leur cheval. Nous ? Nous sommes, pour eux, moins que ces animaux, nous sommes plus bas que les plus bas. Ils nous crèvent lentement.* »[(8)]

L'exploitation des richesses coloniales exige des capitaux. Ce que veut Paris, ce sont ces richesses. Peu importent les moyens par lesquels elles arrivent en métropole. Le colonat local en a conscience. Quels moyens a-t-il pour conduire à terme le chemin de fer Dakar-Bamako ? Où trouver des fonds pour développer ports et voies de communication qui servent à l'acheminement des matières premières ? L'impôt de capitation, l'imposition de toutes les matières, de tous les biens et immobiliers en colonie est la voie trouvée.

Punitions d'ordre politique : l'internement, l'interdiction de séjour, la déportation, et les peines de prison

Qu'est-ce que c'est que la prison dans l'imaginaire africain ? Comment le prisonnier est-il perçu par sa communauté ? Que dire de la valeur chiffrée des jours de prison ? Pour un Africain, chef de famille ou d'une communauté, pourvoyeur des besoins physiques et moraux des siens, que vaut un jour d'emprisonnement ?

L'internement ou la « Résidence obligatoire » compte parmi les peines sanctionnant les infractions spéciales. Cette mesure est une claire démonstration de l'excessive dimension de l'arbitraire administratif en colonie. L'internement consiste à exiler l'indigène qui aurait remis sérieusement en question l'autorité française. Qu'est-ce que cela signifie concrètement ?

Proférer des propos irrespectueux, chanter, ou discourir avec pour objet la ridiculisation de l'administrateur juge et partie de ses décisions est acte à être sévèrement puni. Ce sont des manquements d'ordre politique. Cependant, il en existe bien au-dessus de ces manquements :

« *Ce sont des actes ou manœuvres susceptibles de compromettre la sécurité publique, ne tombant pas sous le coup des lois pénales ordinaires et paraissant comporter une peine supérieure au maximum prévu pour les punitions disciplinaires*

Les troubles politiques

Les faits insurrectionnels. »[9]

L'internement frappe à la fois des individus et des collectivités. Tout un village peut être frappé, soit d'exil, soit d'une amende collective et dans certains cas, être frappé des deux sanctions. Éloigner un dirigeant roi de son royaume, c'est œuvrer pour sinon l'extinction, du moins l'extrême affaiblissement de celui-ci. Car en contexte africain, tout roi est figure emblématique d'hier, d'aujourd'hui et de demain. Il trace les contours du présent et du futur du royaume. Interner un roi équivaut à tuer un royaume.

Gaston Louis Angoulvant, administrateur colonial en Asie et en Afrique, a été gouverneur général de l'AOF et de l'AEF. C'est en sa qualité de gouverneur général de l'AOF qu'il instruit ses collaborateurs en des termes que nous trouvons dans son décret du 7 décembre 1917. Le gouverneur Angoulvant s'inspire énormément de la lettre à lui adressée par Henri Terrasson de Fougères, alors lieutenant-gouverneur du Niger.

Si nos recherches nous ont permis de trouver un rare cas d'internement, il en va autrement pour les collectivités. Y eut-il des villages frappés d'internement ? Existe-t-il des situations d'exil de masse comme le prévoit le texte administratif ?

Dans l'imaginaire africain, exiler un homme ou une femme est acte de privation, de soustraction aux liens familiers extrêmement pénibles. L'exilé, éloigné des siens et de son terroir, est comme coupé de ses racines. C'est le plus souvent un acte conduisant à la mort d'homme qui est sanctionné, dans beaucoup d'ethnies africaines, par l'exil. Chinua Achebe présente un cas typique dans *Le monde s'effondre* [Paris : Présence Africaine, 1968. *Things Fall Apart* [London : Heinemann, 1954] Okwonkwo est contraint à l'exil lorsqu'il tue par accident un homme lors d'une cérémonie publique. L'exilé est une espèce de condamné à mort. Car éloigner un Africain de son terroir, de ses ancêtres, c'est l'enterrer en quelque sorte. La concession de l'exilé est toujours scellée et ses terres abandonnées. La peine d'exil dans beaucoup de collectivités africaines dure 7 ans tandis que celle de l'internement est de 10 ans. Tout éventuel retour est toujours marqué par un rituel. L'administrateur colonial fait peu de cas à la vision africaine du monde. Qu'il ait une pension, que l'administration lui fournisse les moyens de vivre ne résout pas le problème de privation. « On est quelqu'un quand on est nombreux. On ne peut être en sécurité que chez soi. » Tel est le schème de pensée de tout indigène en A.O.F comme en A.E.F. Tout monarque qui choisit la neutralité ou le refus d'être auxiliaire de l'administration française est potentiellement candidat à l'internement. Tout monarque qui s'oppose à un acte de l'administration et laisse ses sujets manifester leur colère est candidat à la « résidence obligatoire. »

Comment ne pas penser à Toussaint Louverture exilé dans le Jura ? Au sultan des Bamoun, Njoya, exilé à Yaoundé ? Ce qu'ils avaient fait ? Ils avaient soutenu les actions de leur peuple en insurrection contre la France. Déterritorialisé, dépaysé, isolé et soumis à des privations, l'interné indigène doit pouvoir facilement se repentir, se soumettre à la toute-puissance du colon français. Henri Terrasson de Fougères, lieutenant-gouverneur de la colonie du Niger [1920 a 1924] affirme, pince-sans-rire, que l'internement est une situation clémente, acceptable pour tout indigène comme il ressort de sa proposition de décret au gouverneur général de l'A.O.F, Gabriel Louis Angoulvant :

« *La peine de l'internement est douce. J'ai déjà noté qu'elle se résume en une simple résidence obligatoire de dix ans au plus. Le condamné reçoit par ailleurs une pension sur les fonds du budget local, ce qui lui permet de subsister sans faille. On ne peut qualifier de peine la mesure de Séquestre prévue par le décret de 1917 ; elle a surtout pour but d'éviter à un condamné la dilapidation de ses biens en son absence.* »

Raisonnement par l'absurde doublé d'un cruel cynisme de la part de Terrasson de Fougères ! Il sait que l'internement est un acte extrêmement préjudiciable à celui qui en est frappé. C'est pourquoi il suggère au gouverneur Angoulvant de prendre des mesures pour la protection des biens du condamné. Comment comprendre cette mesure sinon que l'internement entraîne toujours une perte non seulement pour le condamné, mais surtout pour sa famille, son peuple s'il est monarque ? Perte de sa liberté, perte de ses biens, car en son absence, tout le monde se sert comme les souris dansent plus souvent en l'absence des chats. Ce cynisme est d'autant plus éclatant que le lieutenant-gouverneur Terrasson de Fougères soutient dans le paragraphe suivant que l'internement est une affaire d'État. Au-delà du simple irrespect à l'endroit d'un administrateur, tout acte menant à l'internement est attentat à l'existence de l'État. Par conséquent, tout administrateur se doit de le traiter comme une affaire de l'État, une trahison. Tous les moyens sont alors bons pourvu que l'intégrité de l'État soit intacte. En d'autres termes, ce qui ne fut présenté que comme simple infraction devient une menace pour la survie de l'État, car comme le suggère Terrasson de Fougères au gouverneur général Angoulvant :

« *Tout Etat est obligé pour sa sauvegarde personnelle, d'instituer des peines politiques. En France, ces peines ne comprennent plus depuis l'abolition de la peine de mort en 1848, que la déportation dans une enceinte fortifiée, la déportation simple, la détention et le bannissement. Si nous jugeons utile de prévoir des peines politiques contre nos propres citoyens, nous devons les estimer opportunes au regard des populations qui ne nous sont pas forcément attachées et parmi lesquelles peuvent surgir des éléments hostiles à notre domination. Il est bon que nous puissions disposer en cas de danger d'une arme efficace contre des meneurs, quitte à n'en user que exceptionnellement.* »

En termes clairs, la France détruisit des peuples pour sa survie. Le crime d'État en contexte colonial est de norme. Donc, l'État colonial, puis néocolonial, plus que tout autre État, ignore les droits de l'Homme, de tout homme. C'est un État répressif du moment qu'il s'est constitué sur les cadavres d'innocents, sur la loi du plus fort. Par conséquent, le prix à payer est trop lourd pour les collectivités comme pour des individus. Plus clairement, l'internement du sultan Njoya conduit à la 'mort' non seulement de l'homme politique, mais aussi de tout son projet de société. Inventeur d'une écriture, Njoya vit son œuvre s'arrêter dès son internement. Njoya n'était pas un nouveau venu sur la scène coloniale. Il avait défié l'Allemagne, avait appris de la rencontre et s'était bâti un château qui aujourd'hui sert de référence à toute ambition. Le voici tel que le laissa le sultan indocile. Njoya voulait son peuple éduqué dans ses mœurs et coutumes, dans son ingéniosité. C'est pour cela qu'il inventa une écriture qu'il voulait enseigner à tous les Bamoum. La France en prit ombrage et l'interna en pays ewondo.

Délibérément, le berceau des droits de l'Homme, la France de Voltaire étouffa une œuvre exaltante que Patrice Nganang essaie de mettre à l'ordre du jour, du débat public. Ainsi qu'il le confie à Fabien Mollo au sujet de *Mont Plaisant* [Paris : Philipe Rey, 2011] « J'écris pour un Cameroun qui souffre de la stagnation historique. »[10]

Notes et références

1. Gabriel Louis Angoulvant (1872-1932) est un administrateur colonial français, en poste dans plusieurs pays d'Asie et d'Afrique, puis gouverneur général en AEF et en AOF. Auteur de la *Pacification de la Côte d'Ivoire, 1908-1915 : méthodes et résultats* [Paris : Larose, 1916], il est partisan de la méthode forte et dure : opérations militaires, internements, amendes de guerre, regroupement de villages et déportation. Angoulvant est la terreur même en colonie.

2. *Coloniser - Exterminer : Sur la guerre et l'État colonial.* Paris : Fayard, 2005. Olivier Le Cour Grandmaison est un des rares juristes contemporains à soulever les problèmes actuels de la République française. Il les lie à son passé colonial.

3. Ces quatre communes sont des départements français tout comme l'Algérie est française. Il n'empêche que de flagrantes violations des droits de l'Homme et du citoyen y soient des pratiques quotidiennes.

4. Tiré de l'article sur Jeuneafrique.com : | Morts pour la France | Livres : quand l'Afrique sauvait la France | Jeuneafrique.com. Lire aussi Eric Jennings. *La France libre fut africaine*. Paris : Éditions Perrins, 2014.

5. Ce malaise est généralisé aujourd'hui. Je prends le cas du Cameroun où les armes, je l'ai dit ci-dessus, furent formées dans la logique de répression. Elles nous ont donné les pogroms de 2008 sous les paroles incendiaires du tyranneau Paul Biya. Elles écrasèrent sous Ahmadou Ahidjo, les nationalistes de l'UPC. Aujourd'hui que surgit un ennemi réel, extérieur, Bokom Haram, comment soutenir ces armes qui sont en fait mon ennemi, la source de mes malheurs ?

6. Décret du 7 Décembre 1917, p.21

7. Décret du 7 Décembre 1917, *op.cit.,* p.22.

8. *Baoutala*, Paris : Albin Michel, 1921.

9. Angoulvant, Instructions, 7 Décembre 1917, *op cit.*, p.24]

10. http ://www.jeuneafrique.com/Article/ARTJAWE

Chapitre 3

Des Rapports statistiques des punitions ou sanctions

Personne aujourd'hui ne peut donner, de façon chiffrée, le montant des amendes perçues par l'administration coloniale. Et pourtant, les gouverneurs généraux instruisent que les lieutenants-gouverneurs, les chefs de subdivision, les commandants de cercle tiennent une comptabilité stricte des sanctions relatives aux infractions spéciales. Malheureusement, la majorité des administrateurs coloniaux ignore les instructions du gouverneur général de rendre compte, de façon régulière et à tous les échelons de l'administration des infractions suivies des peines y afférentes. Pourquoi cette option générale de ne pas dresser les rapports réguliers et exacts des sanctions infligées aux indigènes ? Que cache l'État-menteur ? Combien y a-t-il des sanctions de 1887 à 1946 ? (1) Et des amendes ? À combien reviennent, en données chiffrées, les internements, les déportations, les peines de prison que subissent de pauvres indigènes sans défense ? Combien d'indociles rebelles furent internés ? Que dire des formes de pillage déguisé tels les travaux d'utilité publique ? Combien d'indigènes donnèrent de leur sueur dans l'exécution des travaux pourtant rémunérés du point de vue du colonat local ? Quel est le montant des biens séquestrés pendant toute la durée de l'indigénat ? (2) Notre préoccupation dans ce chapitre n'est nullement de donner, de façon exacte, les données chiffrées du coût de l'indigénat.

Au chapitre précédent, nous avons analysé les données qui se rapportent aux punitions à savoir, les privations de liberté allant de la simple journée de prison à l'internement, c'est-à-dire à l'exil ; des amendes qui varient entre 50 francs à 500 francs. Dans ce chapitre, j'essaie, en m'appuyant sur quelques rares cas, d'estimer ce que coûta l'indigénat à l'ensemble des Africains au sud du Sahara.

En attendant que des archives fondées sur la notion de secret et de mensonge d'État nous révèlent quelques aspects du pillage organisé autour du code, il est de bon ton de citer un cas, celui du lieutenant-gouverneur Edouard Hesling (3). Pendant une période de trois ans, soit de 1920 à 1923, il redresse, de façon régulière et détaillée, le rapport des punitions dans la colonie de Haute-Volta. Mais il faut noter qu'il manque les amendes à ces données chiffrées des punitions. La vérité est volontairement tronquée puisque le lieutenant-gouverneur évoque, pour le période de 1923, quelques amendes récoltées. On se dit qu'il aurait pu le faire pour les années précédentes. Donc dans son rapport du 18 octobre 1924, il énonce ainsi qu'il suit les statistiques des peines et amendes infligées :

« *L'application de ces divers paragraphes a donné lieu*

En 1920, à 2881 punitions de prison et 1004 amendes ;

En 1921, à 2832 punitions de prison et 945 amendes ;

En 1922, à 3456 punitions de prison et 1304 amendes ;

En 1923, à 4334 punitions de prison et 1628 amendes :

Représentant, pour 1923, un total de 54.168 journées de prison et 71.165 francs d'amende. Pour donner à ces derniers chiffres leur véritable physionomie, il faut considérer qu'ils concernent une période d'une année entière et s'appliquent à un ensemble de plus de trois millions d'individus ; ils signifient, en définitive, qu'il n'y a été infligé quotidiennement, que 5 jours de prison et 7 francs d'amende, pour 100.000 habitants. »

Faut-il rappeler que ce système de tonte des populations commence le 30 juillet 1887 et se poursuit bien au-delà du décret et de son éradication en 1946 ? Le Lieutenant-gouverneur de la Haute-Volta semble minimiser l'ampleur de la saignée financière sur ces peuples souvent sans emploi, vivant des travaux champêtres ou de la chasse. Lorsqu'on traduit les journées de prison en manque à gagner, lorsqu'on tient compte de la taille des familles concernées, on comprend le désastre financier dans lequel la France plonge les populations en A.O.F et en A.E.F. Coloniser, c'est choisir d'installer à long terme des peuples entiers dans une totale paupérisation. Encore que les données statistiques ci-dessus ne portent que sur une période de l'année, de surcroît choisie par le lieutenant-gouverneur Hesling. S'agit-il des punitions portant sur la période d'un, de deux ou de trois mois ? Que dire du reste de l'année ? Pourquoi les données ne s'étendent-elles pas sur toute l'année ? Pourquoi l'administrateur ne rend-il pas compte de ses décisions semaine après semaine comme l'exige le gouverneur général Angoulvant ?

Pour le cas particulier de la Haute-Volta, il m'a été impossible de mettre la main sur les statistiques des autres années. Tout se passe comme si les lieutenants-gouverneurs s'empressaient de dresser les infractions, de les sanctionner chaque fois quand bon leur semblait. Ils ne réagissaient que lorsqu'ils étaient interpellés. Quotidiennement, rendre compte de la pratique de l'indigénat fait peu cas de rigueur. On tondait les populations comme et quand on voulait tout en prenant soin de cacher les preuves. Cette volonté de rétention des informations saute aux yeux lorsqu'on lit la réponse de Richard Brunot, lieutenant-gouverneur par intérim de la Côte d'Ivoire au gouverneur général en date du 23 septembre 1924. L'administrateur Brunot résume ainsi qu'il suit le rapport des sanctions et punitions dans sa colonie :

« *Bingerville, le 23 Septembre 1924*

Gouverneur Côte d'Ivoire

À

Gouverneur Général

No 316 - Réponse du 5 Septembre 1924 année 1923 primo au titre indigénat nombre peines prononcées (six mille trois cent soixante-quatorze)(sic) nombre amendes (deux mille quatre-vingt-un)(sic) montant total amendes (quatre-vingt mille cinquante-sept francs) nombre condamnés prison (quatre mille sept cent dix-sept)(sic) nombre total journées de prison (cinquante-neuf mille deux cent quatre-vingt) secundo nombre prisonniers droit commun juridiction française condamnés plus cinq ans néant-moins cinq ans (soixante-huit)(sic) juridiction indigène plus cinq ans (trente-quatre)(sic) moins cinq ans (mille trois cent soixante-dix neuf)(sic)./

Affaires P.A.

Brunot

Le 26 Septembre 1924. »

Ce rapport dressé le 5 septembre porterait sur l'année 1923. La première partie du rapport porte les données statistiques qui malheureusement n'indiquent pas les mois et semaines pendant lesquels les indigènes ont été sanctionnés. Fait remarquable, le nombre très réduit des condamnés pour ce qui est des juridictions française et indigène. Comment expliquer la disproportion des chiffres sinon qu'on punit trop souvent en situation d'indigénat ? Lorsqu'il y a respect des lois ainsi que des droits des mis en cause, il y a peu de peines.

J'ai noté ci-dessus la brièveté du rapport de Brunot. Celui de Georges Poiret, lieutenant-gouverneur de la colonie de Guinée [1912, 1914, 1915 et de 1916 a 1925] est on ne peut plus insultant. J'ai noté dans la deuxième partie de ce livre, le caractère frondeur des Guinéens. Dire que l'indocilité élit son lit dans cette colonie est une lapalissade. J'ai noté le passé glorieux de ses indociles. On doit aussi avoir en tête la cruauté de la répression dont les indigènes de Guinée sont l'objet. Comment expliquer une telle légèreté de la part d'un administrateur qui sert au plus haut rang depuis des années ? L'administrateur Poiret donne en une phrase, du reste de style télégramme, le suivant rapport au gouverneur général :

« *Conakry, le 22 Octobre 1924*

Lieutenant-gouverneur

À

Gouverneur Général

No 241-Réponse 219-1 299 amendes montant 673 frs-2* 623 peines prison total 4.599 journées. /.*

Poiret. »

Ce rapport indique des chiffres invraisemblables. Est-il rationnellement acceptable que 299 amendes n'aient généré que 673 francs alors qu'en colonie de Côte d'Ivoire, nous venons de voir qu'un nombre de 281 amendes ont rapporté à la colonie une somme de 4.057 frs ? Soit Poiret est administrativement incompétent, alors on comprendra la légèreté du rapport ainsi que la grossière erreur de calcul, soit il est agacé et alors il se montre réticent de donner l'information que lui demande la hiérarchie. Dans un cas comme dans l'autre, un fait saute aux yeux, cet administrateur colonial obéit avec peine et donne un rapport inexact des sanctions et peines infligées dans sa colonie (4).

Le rapport de Gaston Léon Fourn, lieutenant-gouverneur du Dahomey [1917 à 1928] du 30 septembre 1924 au gouverneur général laisse entrevoir les raisons de la rétention d'information :

« *Conformément à votre câble N* 166 du 27 Septembre, j'ai l'honneur de vous adresser ci-inclus (sic) la statistique des peines infligées en 1923 par application du code de l'indigénat.*

Ainsi que j'ai eu l'honneur de vous en rendre compte dans mon rapport annuel, des erreurs matérielles ont été relevées au cours de l'année, <u>*mais aucun abus*</u> *[C'est l'administrateur Fourn qui souligne]. Le nombre des peines infligées : 3.385, rapproché du chiffre de la population, soit de près de 900.000 habitants, confirme l'assertion.* »

La mention d'abus est, à mon avis, aveu. Il y a eu de nombreux abus que les administrateurs étaient réticents de coucher dans leurs rapports. Juges et parties, il était avant tout question d'eux, de leur dignité confondue avec la dignité de la France. En d'autres termes, que cache en fait le concept « erreurs matérielles » ? Est-il pensable que le rapport ait été annuel comme l'écrit l'auteur de ce rapport ? Alors pourquoi le gouverneur général trouverait-il nécessaire de demander des explications à l'administrateur Fourneau ? Comment ne pas dire que c'est suite à des irrégularités constatées que la hiérarchie a réagi ? Plus précisément, la réponse du câble laisse apparaître qu'il y a abus de pouvoir par les administrateurs et autres agents coloniaux chargés d'appliquer le régime de l'indigénat. Car Fourn continue dans son rapport :

« *Cependant, si l'on peut à la suite d'un examen minutieux du dépouillement des peines de l'indigénat infligées en 1923 affirmer qu'il n'y a pas eu abus au Dahomey, il n'en reste pas moins que les moyens de répression des fautes que donne l'indigénat aux Administrateurs peut prêter à des abus et à des exagérations de la part d'agents manquant de pondération. Je sais bien que le contrôle de l'Administration supérieure doit corriger ces défaillances et les prévenir, et les résultats heureux constatés plus haut sont incontestablement dus à la vigilance de ce contrôle.* »

Comment le lieutenant-gouverneur résident à Porto-Novo peut-il contrôler un agent zélé défenseur de l'ordre colonial dans un cercle reculé du Dahomey ? Bien plus, la punition ne doit-elle pas être rapide et spectaculaire ? Quel moyen ont les agents de l'intérieur pour rendre compte de leur jugement avant exécution ? Si c'est quasiment impossible pour les lieutenants-gouverneurs de contrôler les chefs de subdivision et autres commandants de cercle, agents zélés, que dire du gouverneur général résident à Dakar et à Brazzaville ? Comme on peut l'imaginer, les inquiétudes de la hiérarchie sont fondées. Il y a certainement eu des agents zélés qui ont administré le régime spécial avec légèreté. De ce point de vue, le câble du gouverneur revêt alors l'allure d'une demande d'explication et les rapports à lui adressés sont une manière d'explication du comportement des administrateurs en charge de l'application du régime. Le lieutenant-gouverneur prend sur lui la décision de faire comprendre au gouverneur général les actes des commandants de cercle et autres agents de l'administration française.

Répondant à la même demande, Henri Gaden, lieutenant-gouverneur de la colonie de Mauritanie [1919 à 1926] dresse un état des lieux dans un rapport constitué de trois pièces le 18 septembre 1924. Les deux premières pièces sont deux listes d'infractions spéciales [l'une pour les indigènes de race maure et l'autre pour les indigènes de race noire].

Semblant de travail.fouillé, le rapport de Gaden a quatre colonnes. La première colonne est réservée aux articles, la deuxième au nombre d'infractions par article, la troisième mentionne le nombre de journées de prison par article et la quatrième colonne le nombre d'amendes par article. Mon commentaire porte d'abord sur l'ensemble des peines et amendes infligées, l'intention étant de démontrer l'ampleur du pillage des indigènes de la colonie de Mauritanie. Ensuite, je sélectionne quelques articles pour la simple raison qu'ils apparaissent comme ceux qui ont été sanctionnés le plus souvent. Ils ont généré à l'administration un montant considérable d'argent qui, vu sous la loupe des conditions de vie des réprimés, n'est tout compte fait qu'un véritable vol systématiquement organisé.

Il ressort de ce rapport que pendant l'année 1923, les Mauritaniens de race noire et de race maure ont enfreint un total de 44 infractions conçues et publiées pour l'ensemble de la colonie. Ces infractions ont ainsi donné lieu à 1350 punitions, 10.601 journées de prison, et une colossale somme de 37.098 francs d'amendes. Rappelons que la Mauritanie, la Haute-Volta et la Guinée, sont les colonies les plus pauvres du lot. Il suffit de traduire les punitions et journées de prison en espèces sonnantes pour mesurer l'ampleur du plumage des Mauritaniens. Administrer devient alors ponctionner l'administré le plus efficacement possible. On comprend cet acharnement lorsqu'on se rend compte qu'il est question, très souvent de règlement de comptes. L'administrateur veut le plus souvent faire payer à l'indigène son audace. Plus l'administré rejette l'arbitraire, plus profondément l'administrateur se sent humilié. Il comprend alors sa fragilité. Tout pouvoir contre le peuple est fragile. Et le peuple, c'est l'indigène divers et multiple. Pour éradiquer l'audace dans la tête de l'indigène, l'administrateur ne ménage aucun moyen. Tout est bon, pourvu que l'indigène comprenne qu'il est au bas de l'échelle.

Sa vie n'a de valeur que lorsqu'il obéit à l'administrateur. L'on n'a pour preuve que la satisfaction des administrateurs Toqué et Gaud qui plantent un explosif dans l'anus du Centrafricain Papka et le font exploser. Plusieurs fois humiliés par Pakpa, ces administrateurs sont heurtés au tréfonds de leur amour-propre. En contrepartie, ils veulent frapper les gueules indigènes de stupéfaction. Il n'est question ni plus ni moins que du plaisir au prix d'une vie, ainsi que susurre un des tortionnaires de Papka [5] :

« *Ça a l'air idiot ; mais ça médusera les indigènes. Si après ça ils ne se tiennent pas tranquilles !* »

J'isole cet aveu pour mieux dire la cruauté au cœur de la gestion coloniale. Plus l'administrateur se sent humilié, plus souvent il sévit et de manière arbitraire et exemplaire. C'est en ce sens qu'il faut lire la grande concentration des punitions et amendes en Mauritanie. Des 44 infractions recensées, les plus courues sont 10, 11, 31, 32, 40, 43. Elles portent sur les rapports directs entre administrateur et administrés. Elles laissent éclater l'insubordination de l'indigène face à l'arbitraire. Plus l'indigène défie l'administrateur, plus celui-ci sévit pour frapper les autres de stupeur. Ainsi, l'administrateur aura tondu les administrés pour un total de 861 peines, 2745 journées de prison et en espèces sonnantes la coquette somme de 24.683 francs. Tout cela en Mauritanie, un désert inculte et pauvre ! La préoccupation majeure, on le voit, est moins l'indigène que l'administrateur. Comment ne pas dire que bien que désuète figure du roi dans la République, l'administrateur est vice-roi pour ne pas dire vice-dieu ?

Le rapport n'indique pas à quelle période de l'année 1923 les peines et les amendes sont infligées. De même, le rapport ignore totalement le classement raciste fait en Mauritanie où le lieutenant-gouverneur juge que la population doit se regrouper en race noire et en race maure. On ignore le quota par race de l'ensemble des quarante-quatre punitions/sanctions/répressions. Quel est le pourcentage par race de ces punitions. Combien s'appliquent aux indigènes de race noire et/ou aux indigènes de race maure ?

Dans les textes d'explications qui accompagnent la liste des infractions ainsi que les statistiques, l'administrateur laisse voir que sa préoccupation porte sur l'autorité et les finances. On comprend pourquoi lui-même et ses collaborateurs sévissent en infligeant des peines qui répriment toute remise en question de l'ordre colonial et bien sûr le non-paiement des impôts. Ponctionner les matières premières au détriment des populations est déjà crime contre l'humanité, mais ruiner les pauvres indigènes pour assurer le pillage est pire. En tout contexte, la taxation sans représentation est acte criminel [(6)].

Poussons le raisonnement pour mieux nous interroger. À quel groupe ethnique les articles 10 et 11 se réfèrent-ils ? Aux indigènes de race noire ou à ceux de race maure ? Ils sont foncièrement différents d'un groupe ethnique à l'autre. Ils sont d'ordre politique pour ce qui est des Maures [Interdiction de fabrication et de port d'armes à feu] et du domaine de simple irrespect pour les Noirs [Refus d'exécuter les travaux d'ordre public]. Quoi qu'il en soit, les articles 10 et 11 génèrent un énorme montant en nombre de jours de prison et d'amendes. Qu'il s'agisse des Maures ou des Noirs, l'intention de terroriser et de piller est évidente. Il est question de faire comprendre à l'autre qu'il est un danger véritable pour l'ordre républicain en même temps qu'une source de revenus. En évoquant la notion d'utilité publique pour les Noirs ou le recours aux armes pour les Maures, l'administrateur veut jouer sur la gravité de la faute commise par l'indigène. Il s'agit de lui faire comprendre qu'il est un véritable danger pour tous, un obstacle sinon à éliminer, du moins à contrôler. Il est question de culpabiliser l'indigène, de le présenter comme réfractaire à l'ordre public.

Interner, exiler ou tout simplement punir de peines de prison sont des actes extrêmement graves si on se place du côté des indigènes. Ils sont pour la majorité des hommes qui n'ont pas de source de revenus fixes. Ils vivent pour la majorité de l'agriculture pour ne pas dire de la cueillette. Ils ne connaissent pas le système d'impôt qui surgit au détour de l'acte de coloniser et d'opprimer. Bien pire, ils paient les impôts sans moyen de contrôle de gestion, de contrôle de l'administration qui gère la colonie. Il est donc question d'un contexte de taxation sans représentation. Bien pire, l'administration demande les services des indigènes pour exécuter les tâches qui lui incombent. Il peut les payer sinon à quoi servent les impôts ? Les faire exécuter par les indigènes équivaut à les imposer deux fois. Notons pour insister qu'en colonie, la taxation sans représentation est de règle. Tout le monde paie les taxes. Mais personne n'est en position de demander des comptes à l'administration. Il y a donc comme une double taxation lorsqu'on impose des taxes aux populations pour ensuite leur demander des services d'utilité publique. Et comme en colonie payer les taxes est obligatoire, tout manquement conduit aux peines spéciales. Il y a de ce fait abus, car l'indigène est finalement taxé doublement. Mais le lieutenant-gouverneur Gaden justifie la pratique ainsi qu'il suit :

« *Ces infractions s'expliquent par la nécessité où nous nous trouvons, en Mauritanie, d'agir sur l'indigène plus directement que dans tout autre colonie pour tout ce qui concerne les manifestations de la vie administrative.*

Le libre jeu de la concurrence n'y existe pas encore et nous sommes obligés d'intervenir pour faire assurer les transports et la nourriture des troupes stationnées dans les postes, pour fournir des guides et des montures aux détachements en déplacement, arrêter les provocations à un désordre public si fréquentes, en raison du caractère querelleur du Maure, et mettre un terme aux déprédations des indigènes dévastant les forêts, pour étendre de façon abusive leurs cultures. »

Compte tenu de ce qu'on aurait affaire à une race en danger, une race ennemie d'elle-même, le régime doit être appliqué même de façon abusive. Car il est question de sauver l'indigène de lui-même. Le laisser à lui-même serait se porter complice d'un suicide. Vous avez dit hypocrisie ?

Notes et références

1. Citer cette date comme celle de la fin de l'indigénat est inexact dans la mesure où la plupart des administrateurs continuent à l'appliquer bien au-delà du texte officiel comme le laissent entendre les instructions du ministre Soustelle. Bien plus, j'ai déjà parlé de l'insidieuse astuce des assistants techniques consistant à maintenir le système dans les lois des nouvelles nations. Ainsi, la cruauté de la taxe de capitation des pauvres et sans emploi. Cette taxe est imposée à tout individu mâle en âge de paiement donc de 21 ans ! Comment en effet demander à un sans emploi de payer les taxes alors qu'il n'a pas de quoi se nourrir ? Au Cameroun, cette taxe n'est supprimée qu'à la suite des mouvements sociaux des années 90.

2. Le combat de Mongo Béti, entre autres, a consisté, pendant des années, à dénoncer la complicité entre la presse en métropole et le colonat local. Soit elle éconduit le commun du citoyen en métropole, soit elle garde un silence de carpe sur les atrocités qui ont lieu en colonie. C'est ce silence coupable et complice qui le pousse à écrire *Main basse sur le Cameroun* [Paris : Maspero, 1972], ouvrage censuré en France pendant des années.

3. Mes recherches dans les archives de plusieurs anciennes colonies montrent que Hesling est un des rares administrateurs à avoir essayé de dresser un rapport des punitions dans la colonie qu'il administre. Encore faut-il souligner qu'il ne le fait que des années après le rappel de la hiérarchie. De plus, il faut compter sur le fait que le lieutenant-gouverneur Hesling doit aussi s'en remettre à la bonne volonté de ses chefs

de subdivision et autres commandants de cercle qui, pour la majorité, sont lents à s'exécuter.

4. La notion de bon tyran doit expliquer l'irrespect de la hiérarchie généralisée. Les administrateurs coloniaux se considéraient au-dessus de la loi. En fait, ils étaient la loi. On comprend pourquoi leur réinsertion en métropole fait problème et qu'ils commanderont la création d'un corps nouveau, ainsi que des fonctions nouvelles au sein de la République : le ministère de la Coopération et sa pléthore de coopérants et d'assistants techniques.

5. La raison d'être des défilés militaires participe de cette volonté de terrifier, d'anéantir les velléités de penser de l'opprimé ; dans ce cas, des indigènes. La vue des armes puissantes et diverses a pouvoir de dissuasion.

6. Telle est une des causes de la révolte des colonies britanniques d'Amérique contre la puissance impériale anglaise. L'Amérique de Jefferson est tatillonne sur la gestion des administrateurs. Tous les deux ans et quatre ans, les administrés ont le pouvoir de dégager tous ceux de leurs administrateurs qui ont été incompétents. Les cycles d'élection sont pour ainsi dire connus de tous et les règles bien huilées pour les uns et les autres. Voter équivaut à sanctionner en bien ou en mal.

Chapitre 4

De la République des colonies à la nazie-République

La France sous Vichy est une France nazie. La France libre sous de Gaulle, et sa cuvée d'administrateurs coloniaux, est aussi nazie. Car en République-empire, la vie d'un indigène n'est pas plus importante que la chaussette de l'administrateur, quel que soit son rang. De naïfs historiens ont hurlé lorsque Robert O. Paxton dans son ouvrage, *Vichy France : Old Guard and New Order 1940-1944* [New York : Columbia University Press, 2001] (1), devenu classique, a dénudé le régime de Pétain. Le vieux héros de la Première Guerre mondiale était plus qu'un collaborateur d'Hitler. Il couvait en lui, l'antisémitisme qui caractérise les régimes politiques français, de l'Ancien Régime aux différentes républiques qui suivront 1789. Comment penser un seul instant que le chef du gouvernement de Vichy ignorait le Code noir indexant les Juifs ou l'Affaire Dreyfus ? Personne aujourd'hui ne semble couvrir les relents putrides des actes d'un homme et d'un régime qui, *a posteriori*, sont auteurs de crimes contre l'humanité. L'unanimité est vite atteinte ; tout le contraire du *Discours sur le colonialisme* [Paris : Présence Africaine, 1956] (2), d'Aimé Césaire. Avec preuve à l'appui le poète et homme d'État martiniquais démontra que le colonialisme n'était ni plus ni moins que du nazisme. Toute la classe politique et intellectuelle française le mit en quarantaine toute sa vie. C'est cette cécité intellectuelle hypocritement entretenue que Charles Didier Gondola met à nu dans *Africanisme : Crise d'une illusion* [Paris : L'Harmattan, 2011].

Donc au moment où le président François Hollande prend la parole au sommet France/Afrique, la relecture des discours d'hier s'impose. Devant le président sénégalais Macky Sall, Hollande avoue : « *Je voulais réparer une injustice parce que les évènements qui ont eu lieu ici sont tout simplement épouvantables, insupportables.* » (3) Les périphrases du président Hollande sont évitement. Le Président devait parler de massacres des soldats, quelques-uns des tirailleurs qui, par deux fois, ont redonné à la France un honneur perdu. Au camp Thiaroye fut commis un des plus honteux crimes de l'État. Des officiers ourdirent un plan contre des militaires qui ne demandaient que leurs dus. Ces officiers exécutèrent leur plan. Ils massacrèrent de nombreux militaires non armés. Par la suite, ils voilèrent leur crime. Ils étaient la France. Il en était de même des victimes. La France tourna les armes contre des Français. Il a fallu près de 70 ans à la France soit du 5 mars 1945 au sommet France/Afrique pour que le président français reconnaisse que son pays a érigé le mensonge d'État comme forme de gouvernance. Tout en reconnaissant qu'avouer le crime n'équivaut nullement à la réparation, il convient d'insister que la France est encore plus coupable. Les massacres du camp Thiaroye commandent de la part de la France une réouverture du procès pour une officielle condamnation. Insistons pour dire que la République française et ses consœurs francophones ont toujours fait du mensonge d'État une pratique de gouvernance. Elles ont été sciemment les acteurs de crimes contre l'humanité. Elles se sont appuyées sur un système monstrueux, des lois d'exception, bref de l'indigénat, pour « asservir, contenir et réprimer ». Tout en acceptant les aveux dont le pardon de la France, je m'interroge et interpelle. J'interpelle Hollande pour qu'il aille au-delà des paroles et pose des actes non contradictoires [(4)].

Qu'au lendemain de son élection Hollande s'incline sur la tombe de Jules Ferry n'est pas un acte politique innocent. Il est orientation et positionnement. Aujourd'hui a la couleur d'hier ; de de Gaulle à Hollande, on prend les mêmes pour recommencer. Car Hollande glorifiant Jules Ferry oublie-t-il qu'il soutient l'irruption du « bon tyran » dans les colonies ? Y a-t-il malédiction plus que de vulgaires déchets qui occupent pour la vie la scène de l'histoire d'un pays ? La Vème République, comme les autres, est une République des colonies. Elle est le lieu du déploiement de la monstruosité et de l'injustice. En choisissant de loger au cœur de la République les pratiques esclavagistes coloniales, la France préparait, *a posteriori*, le régime nazi de Vichy ainsi que ses corollaires, les dictatures francophones. En voici quelques traits du cheminement.

Longtemps après le Gouvernement provisoire de la République française [GPRF] composé de communistes, de socialistes, de radicaux et autres, gouvernement français mis en place le 3 juin 1944 et que dirige Charles de Gaulle, il fut institué un gouvernement qui agit sous de multiples pressions. Celles-ci sont internes et externes. La nature de l'alliance indiquait la provenance de ces pressions. D'abord des communistes qui ne voient pas les choses comme les socialistes, encore moins les radicaux de droite. Mais tous ont les mêmes ambitions, maintenir la France au rang des grandes nations. En faire une grande économie, une véritable puissance. Epuisée et ruinée, sans ressources en métropole, comment pouvait-elle se hisser à un tel niveau et se maintenir ?

Question facile pour un de Gaulle qui s'était appuyé sur les colonies pour déclarer une France libre. Notre fameux général connaissait ses Africains. Il pouvait les manier pour être ce qu'il voulait, pour forger un grand destin à la France. Il avait Jacques Foccart pour, à l'ombre, mener le sale boulot quand en République, il embrassait ses frères africains, recevait sur le tapis rouge des nègres qu'il méprisait. Vous avez dit hypocrisie ? Et puis qu'est-ce qu'un État, sinon un hypocrite agent ?

Il en va autrement pour les colonisés combattants. De retour, les tirailleurs se sentent tels qu'ont été leurs ancêtres. Guerriers farouches, ils avaient été libérateurs de leurs oppresseurs. En métropole, ils avaient vécu une réalité autre que celle des colonies. Ils y étaient traités, par le peuple français, comme des hommes, des êtres humains ayant des droits. Ils y étaient aimés. Ils y avaient aimé. Il suffit de lire Sembene Ousmane, de voir les films de Bassek Ba Khobio, de Rachid Bouchareb pour comprendre le degré de révolte des tirailleurs de retour en colonie. N'avaient-ils pas aidé à sortir la France des fanges de l'hydre allemande ? Comment accepter qu'une France libérée assume le rôle de l'hydre ? Loyaux serviteurs, ils demandent leurs droits, de jouir de la liberté d'être, d'aller et venir. Ils demandent que la justice en métropole soit aussi une réalité en colonie. Tout comme ils ne veulent pas partir de Dakar sans que justice soit faite, sans qu'ils soient loyalement payés par la République, nos tirailleurs demandent la liberté pour tous les leurs, pour leurs peuples. Tout cela atteste que la République-empire entre dans une nouvelle phase de son existence, une phase de turbulence. Ceux qui continuent à croire aux indigènes bons moutons prompts à obéir ont tort. La France sera désormais perçue comme elle a toujours été, à savoir une nation qui prêche la liberté, l'égalité et la fraternité pour tous. Que ces valeurs soient pratiquées en métropole et rejetées en colonie est une espèce de racisme nazi.

Car disons-le une fois de plus, les intellectuels républicains ont pensé, planifié, donc grandement contribué à l'acte de coloniser. Ils ont par la suite pensé et orienté les manières les plus efficaces de gérer les colonies. Hier comme aujourd'hui, il s'avère que ces discours pré et post indépendances participaient du crime contre l'humanité. Tout le corps d'assistants techniques, le ministère français de la Coopération sont des structures qui publiquement perpétrèrent les injustices les plus criantes. Le fruit, il faut le dire, était pourri et le malaise se sentait. Tel est, il me semble, le sentiment qui domine une partie de l'opinion aussi bien en métropole qu'en colonie à la fin de la Deuxième Guerre mondiale.

Jacques Soustelle qui devient ministre des Colonies sous le gouvernement de Charles de Gaulle du 21 novembre 1945 au 26 janvier 1946 comprend la situation. Il n'attend pas l'embrasement pour proposer un vernis de réforme. Il est question pour lui de taire des voix qui ont, dès la libération, les accents d'accusation d'un Aimé Césaire. En effet, sollicité par ses pairs pour s'adresser à l'Assemblée nationale française, Aimé Césaire, dans son *Discours sur le colonialisme,* fait un accablant catalogage des crimes pensés et exécutés par la République-empire. La France est coupable de crimes contre l'humanité tout comme l'est l'Allemagne nazie. Aux représentants du peuple français, Césaire lance « colonialisme = nazisme ». Ses compatriotes ne le lui pardonneront jamais. Écho sonore, voix de victimes sans voix, Césaire annonçait pour ainsi dire l'année 1995 quand Jacques Chirac, alors président de la République, reconnaîtrait la responsabilité du gouvernement de Vichy dans la déportation des Juifs entre 1942 et 1944. Nonobstant, ce geste, la République continue à placer la Shoah au-dessus du colonialisme. Au cœur de Vichy, l'outrage c'est aussi le colonialisme à son apogée. Nier ces crimes aujourd'hui, louer un Jules Ferry comme le fait François Hollande au lendemain de son élection, c'est oublier que c'est de l'Afrique que la France renaît. Faut-il le marteler pour que jaillisse la vérité cachée ? Qu'est-ce donc que la France en 1940 ? Un pays inexistant sur la carte du monde. La France est allemande en 1940. Pétain et son Vichy ne sont qu'un régime du pan-nazisme. Le renier est pure myopie. Le reconnaître c'est dire les origines de la France qui renaît avec l'appel, non du 18 juin 1940 à Londres, mais de l'appel de Brazzaville.

En effet, de Gaulle ne va-t-il pas réussir à lancer la France libre à partir de la colonie. Les tirailleurs sénégalais, je veux dire, les indigènes de tous les continents répondent présents. Ils aident de Gaulle à former la France libre. Ils acceptent le sacrifice bien avant les Américains. Ils aident de Gaulle à tutoyer Churchill et les Anglais. Qu'est donc le général aux yeux de Churchill en 1940 ? Une coquille vide, un commandant sans soldats. Les Français nombrilistes se refusent à voir la réalité. Ils s'accrochent à leur coquille qui ne redevient général qu'adossé à l'Afrique. À propos du différend entre les deux hommes, François Sergent titrait *Libération* du 6 janvier 2000 : « *De Gaulle-Churchill, frères ennemis. Des dépêches de 1943 révèlent que pour son allié le général était à «éliminer »* (5). Que m'importe, moi activiste au service de l'Afrique paupérisée, que m'importe que Churchill ait voulu tuer de Gaulle ? Les querelles franco-anglaises ne sont pas notre préoccupation. Ce qui me turlupine c'est la question de savoir d'où venait le poids politique et militaire de de Gaulle. Churchill avait l'Angleterre libre. Churchill avait l'empire britannique en dehors de l'armée impériale sur le sol anglais. Mais où étaient la France et sa force ?

Donc les braves fils d'Afrique, d'Asie et des Antilles sont forcés à former une armée française quand un général sans armée se bat à Londres. Ils acceptent le sacrifice comme lors de la Première Guerre mondiale. Ils sont tirailleurs sénégalais, mais enfants de toutes les colonies. Ils s'engagent pour donner un territoire à la France, pour donner la voix au général, pour aligner la France au rang des nations, des Alliés. Il faut voir *Indigènes* de Rachid Bouchareb pour comprendre la ferveur qui s'empare de beaucoup d'entre eux. Ils croient au général comme ils croient aux idéaux de 1789. Ils y croient plus que les Français de souche, tricheurs et vains jouisseurs. Les tirailleurs croient et s'engagent pour être fauchés à larges andins sur le champ de bataille tandis sur leurs sols est pratiquée la même monstruosité qu'ils combattent.

Sur le pont des navires de retour, en terre africaine, indochinoise, antillaise colonisée, ils retrouvent la même réalité, la même monstruosité. Revenus dans leurs territoires, ils y sont soumis à l'ignoble indigénat. Certains voudront s'y soustraire, mais la majorité le jugera inhumain. Pour eux, il n'y a pas d'équivoque : la France est la nation la plus génocidaire du monde.

En exergue à cet ouvrage, j'ai convoqué Olivier Le Cour Grandmaison pour bien dire que « coloniser, c'est exterminer », sciemment et scientifiquement.

Hitler ne fit pas autrement pour ce qui fut des Juifs. L'indigénat, on l'a amplement démontré, est semblable aux instruments du système nazi. Le gouvernement de la République en a conscience. Car les indigènes qui ont aidé à libérer la France occupée par l'Allemagne nazie deviennent juges de cette soi-disant mère patrie. Tirailleurs et évolués deviennent les ennemis de l'intérieur. Ils constituent les fissures qui conduiront à l'implosion du système. Ils demandent non seulement la fin du code en colonie, mais aussi la liberté totale. Ce sont leurs demandes qui poussent la métropole à prendre des mesures d'assouplissement. Sans nous étendre sur la loi-cadre, commentons l'initiative du ministre Soustelle qui déclare son intention de mettre fin au code.

Mais qui est cet homme ? Peut-on avoir foi dans ses déclarations ? Nommé gouverneur d'Algérie en 1955, au début de la guerre de libération, ne se montrera-t-il pas inconditionnel et farouche défenseur de l'Algérie française ? Ne fera-t-il pas partie d'AOS, cette association terroriste qui voulait que l'Algérie fût à jamais française ? Soustelle commande l'enlèvement des chaînes au cou des indigènes tout en les y maintenant. Car dès qu'il devient ministre des Colonies, il adresse aux gouverneurs une suite de câblogrammes ayant pour objet une fausse suppression de l'indigénat. Le décret est même publié au *Journal Officiel* du 26 janvier 1945. Insistons pour mieux dire qu'il n'a jamais été question, pour Soustelle, de suppression de l'indigénat. Ce que propose le Gouvernement provisoire de la République française est un acte politique extrêmement grave. Car supprimer un des piliers de son existence, c'est s'auto-anéantir. On comprend dès lors l'agir des inconditionnels du colonialisme comme Soustelle. S'il semble adhérer au centralisme jacobin, il ne dédaigne pas les cris de sédition. Soustelle donne d'une main ce qu'il prend de l'autre. Sublime hypocrisie, mensonge d'État !

Quand on vit et travaille en colonie, on voit les choses autrement. On comprend pourquoi le gouverneur général Pierre Cournarie reprend le décret du ministre Soustelle en ses propres termes. Selon Cournarie, mettre fin à l'ignoble système est suicidaire. Il faut maintenir le régime autrement. Il met en pratique ce qu'il avait déjà proposé à la conférence de Brazzaville, donner les pouvoirs de 'police-juge' aux différents administrateurs coloniaux, des lieutenants-gouverneurs aux chefs de subdivision et leurs agents. Par le décret du 22 décembre 1945, Cournarie habille son message de « priorité absolue ». Hypocritement, l'administrateur colonial prend d'une main ce qu'il donne de l'autre. Autrement dit, le régime de l'indigénat sera officiellement supprimé, mais en pratique, il sera maintenu sous d'autres formes. Soustelle et Cournarie ont une même vue. Leur différence que reflètent les textes officiels n'est que simple rhétorique. Convoquons d'abord le texte de Cournarie, une relecture des instructions de la hiérarchie sur la suppression de l'indigénat :

« TOUTES COLONIES SAUF TOGO

'PRIORITE ABSOLUE'

Le décret du 22 décembre 1945 publié au Journal Officiel du 26 décembre et promulgué en AOF par arrêté du 26 décembre porte suppression à partir du 1er janvier 1946 du régime de l'indigénat tel qu'il est défini : Primo : par article 1 à 3 du décret du 5 septembre 1887- secundo par les articles 1 à 21 du décret du 15 novembre 1924 et les actes modificatifs subséquents -stop- En conséquence diffusez immédiatement tous cercles votre colonie ou territoire et préparez en vertu vos pouvoirs propres et en accord avec Procureur République pour être publiés aussi rapidement que possible primo : arrêtés établissant contraventions réprimées par simple peine amende secundo : arrêtés établissant contraventions réprimées par peines amende et prison-stop- Ces arrêtés permettront faire sanctionner par tribunaux ce qui avait été précédemment domaine indigénat et que vous estimerez devoir maintenir -stop- Lorsque peine amende sera seule en cause procédure arbitrage par juridiction compétente en vertu article 28 décret du 3 novembre 1931 facilitera tâche personnel circonscriptions administratives./.

Cournarie

La Direction du Cabinet. »

Comme on le constate, le gouverneur général semble ignorer les instructions de la hiérarchie. Cournarie n'imprime pas la réforme comme le demande le ministre Soustelle. On comprend pourquoi le Ministre revient à la charge, mais peut-on avoir foi en ces instructions ? Quand de Gaulle comprend les Algériens, Soustelle ne sera-t-il pas un des ennemis jurés du général ? Dans un câblogramme du 31 décembre 1945 au gouverneur général à Dakar à 11h.50, Cournarie ordonne :

« No 911 CIRC. AP

Par mon câblogramme circulaire du 10 Décembre 1945 je vous ai fait part de mon intention de supprimer par décret pour premier janvier les peines ordinaires de l'indigénat. Certains chefs de territoire m'ont demandé d'ajourner jusqu'aux premiers mois de 1946 mise en vigueur de cette réforme. J'ai l'honneur de vous faire connaître que des considérations impérieuses de politique générale ne me permettent pas différer réalisation de la mesure dont je vous ai fait part. J'ai soumis à la signature du Président du Gouvernement Provisoire décret qui comporte suppression des peines ordinaires de l'indigénat à compter 1er Janvier prochain. Comme je vous l'ai dit dans mon câblogramme circulaire suppression de l'indigénat ne signifie pas désarmement de l'autorité mais seulement transfert à l'autorité judiciaire de la répression des infractions. Je vous ai indiqué à titre d'exemple des procédures susceptibles être adoptées. Je suis disposé à examiner en vue d'une réalisation rapide toutes propositions que jugerez nécessaires de me soumettre chaque fois. /.

Soustelle »

Publier officiellement le décret de suppression du code, mais le maintenir autrement. Une démarche politique sur fond hypocrite. En d'autres termes, l'indigénat ne sera jamais supprimé. Les infractions spéciales seront pour ainsi dire glissées dans les structures suivantes. Soustelle est on ne peut plus clair. Sa volte-face traduit le sentiment des colons locaux qui deviendront, pour la plupart, les coopérants. Car en fait, Cournarie ne fut pas le seul à traîner le pas, car le ministre Soustelle reconnaît que des chefs de territoire ont demandé ajournement. Ils se seraient adressés directement au ministre, à Paris. Ils ont purement et simplement ignoré l'ordre hiérarchique. Simple querelle de chapelle. De Gaulle, son ministre et ses administrateurs coloniaux amusent la galerie. Ils n'ont aucune considération pour les indigènes. À aucun moment, la République ne pensa à la fin de l'indigénat. Soustelle est on ne peut plus clair à ce sujet : « *Comme je vous l'ai dit dans mon câblogramme circulaire suppression de l'indigénat ne signifie pas désarmement de l'autorité mais seulement transfert à l'autorité judiciaire de la répression des infractions.* » Comment de Gaulle à qui Soustelle soumet le texte de la fausse suppression de l'indigénat pouvait-il penser autrement ? Comment s'étonner qu'il ait mis en place, avec Jacques Foccart, une terrible machine dans les anciennes colonies africaines ? La Françafrique, osons le dire, fut l'espace de l'épanouissement de l'indigénat, une parfaite mécanique qui contrôle, punit et réprime.

Ainsi, oser supprimer les infractions spéciales c'est fragiliser les Français des colonies, c'est cautionner la politique du mérite, c'est rejeter la République des colonies. Cela équivaudrait à un suicide pour la France que portent de Gaulle et ses proches Gaulois. Pour la majorité d'entre eux travaillant aux confins de l'Afrique, supprimer l'indigénat participe d'un véritable désarmement de l'autorité. L'agent de l'administration n'aura plus l'arsenal qui lui permettait de se faire respecter et de préserver les privilèges non mérités. Comme on le voit, le concept « autorité de la France » est une manière de parler de l'amour-propre de tout médiocre Français en colonie. Car le système l'a injustement hissé au sommet de la Colonie. À ce citoyen gorgé de privilèges immérités sera adjoint l'évolué, l'Africain auxiliaire d'administration.

L'évolué formé à Paris au lendemain de la Deuxième Guerre mondiale est, idéologiquement, le pendant du colon. Houphouët-Boigny, Léopold Sédar Senghor, Abdou Diouf, Paul Biya et autres sortis du moult de la République des colonies étaient formés pour prendre la relève du colon. Ils furent moulés par le système, spécialement à l'École coloniale de Paris, pour succéder au colon français. Conséquemment, ils adhèrent tous au centralisme jacobin, à la toute-puissance de l'autorité administrative. Toute proportion gardée, ils croient tous au « régime de sabre ». En d'autres termes, et ce depuis les indépendances, tous les régimes francophones sont militaires. Tous les dirigeants y sont de bons tyrans. À eux comme aux Français, le régime offre tous les droits sur les populations, sinon comment expliquer la pléthore des coups d'État, des biens mal acquis en terre française ? Le monstrueux c'est ce militaire ou civil déguisé qui, comme les rois de l'Ancien Régime, a droit de vie ou de mort sur les êtres vivants. En A.O.F comme en A.E.F, ce monstrueux régna et continue à régner avec la complicité de l'Élysée. L'A.O.F et l'A.E.F sont un contexte de déni de justice. Ils constituent l'espace du déploiement des mécaniques à broyer. La justice y est absente. Ou pour mieux dire, elle y est préjudiciable aux indigènes et favorable au couple colon/évolué, juge et partie. Partisans de l'inconditionnel maintien de l'indigénat, ces fonctionnaires de l'État colonial et néocolonial vont tout mettre en œuvre pour que l'ignoble système soit insidieusement transmis aux systèmes politiques des nations francophones qui voient le jour après la fausse décolonisation. En d'autres termes, le couple maudit colon/évolué est conçu pour consolider la Françafrique sans laquelle la France n'est rien sur l'échiquier mondial.

Notes et références

1. Robert O. Paxton *Vichy France : Old Guard and New Order 1940-1944*. New York : Columbia University Press, 2001.

2. Aimé Césaire, *Discours sur le colonialisme*. Paris : Présence Africaine, 1956. Nous avons déjà évoqué dans cet ouvrage le maréchal Bugeaud, un des principaux défenseurs de l'administrateur colonial comme bon tyran. Césaire énumère ces crimes en Algérie où l'homme se fait plaisir en touchant à la fumée les Algériens réfugiés dans des grottes.

3. Lors du sommet France/Afrique à Dakar en décembre 2014, Hollande avoue : « *Je voulais réparer une injustice parce que les évènements qui ont eu lieu ici sont tout simplement épouvantables, insupportables. Et la France se grandit chaque fois qu'elle est capable de porter un regard lucide sur son passé.* »

4. Dans un certain nombre d'articles parus dans Tolérance@ca, une revue publiée au Canada, je doutais déjà de la sincérité de François Hollande comme pourfendeur et destructeur de la Françafrique. Aujourd'hui, les atermoiements du président me donnent raison. Hollande disserte contre le monstrueux tout en étant un acteur de l'ombre.

5. Pauvre de Gaulle réfugié politique à Londres ! Avait-il des papiers ? Était-il en règle ? N'est-ce pas de sa situation de sans-papiers à Londres que de Gaulle formera la France libre ? Comment se fait-il que des années après, la France soit si cruelle envers les sans-papiers venus de ses colonies ?

Conclusion

Monstruosité, Survivances et Exorcisation

Paris et la permanence du colonial

Le monde francophone est assis sur la monstruosité ayant pour ancêtre l'esclavage et la colonisation. Au cœur de ces actes immondes sont tapis le Code noir et le code de l'indigénat. On a beau en parler comme de l'histoire passée, leurs relents putrides sont tapis jusqu'au cœur de certaines valeurs républicaines. Les valeurs républicaines fondées sur le judéo-christianisme annonçait l'hypocrite vivre ensemble. La laïcité viendra corser cette vision qui exclut les autres. C'est la France catholique qui opprime la France juive, fait un retentissant mea-culpa pour ignorer ses crimes en Algérie, au Sénégal, au Mali bref en Afrique musulmane [(1)]. De Louis XIV [Code noir] à Vichy, c'est le double génocide nègre avant le génocide juif. On s'indigne et répare la Shoah en laissant à l'ombre le musulman noir au centre même de l'esclavage et de la colonisation. Que la République donne libre voix à la frange juive qui use et abuse des droits des victimes est appel à une clameur des laissés-pour-compte. La douleur du Juif n'est pas plus digne que celle du musulman noir. Voilà le message que les Coulibaly envoient aux garants des idéaux de 1789. Voir autrement équivaut à s'engager dans un vulgaire « deux poids deux mesures ». La République est aujourd'hui, malgré les contrôles, multiethnique. Elle le sera encore plus.

Or, l'irruption de la multiethnicité s'accompagne de pratiques culturelles et de croyances tout aussi multiples. Cela commande une autre manière de gérer la cité. La République française est aujourd'hui profondément modifiée. Fermer les yeux sur le visage multiple de la France, c'est jouer à la politique de l'autruche, c'est repousser à demain la bombe placée au cœur de la République [(2)]. La France des extrémismes est une réalité. Ils naissent des injustices sciemment nourries. L'Afrique en est le siège par la volonté de la France. En semant l'arbitraire dans ses ex-colonies, en optant pour la Françafrique comme mode de gouvernance, la France a semé les injustices qui la rattrapent aujourd'hui. L'islamisme radical en métropole est déjà bien ancré au Maghreb et en Afrique noire. Qu'il soit AQMI, Boko Haram, qu'importe. Ils sont la voix d'une multitude de voix que le colonialisme a laissées et continue de laisser à l'ombre, en marge de la prospérité (3).

Qu'à la fin de l'année 2013 la France convoque les chefs d'État africains à l'Élysée pour discuter de la sécurité et qu'au même moment elle intervienne, pour la 53ème fois en République centrafricaine, est une grosse aberration. Comment penser qu'une France en perte de vitesse sur le plan international et qui a besoin de ses anciennes colonies pour se maintenir brandisse avec honnêteté l'arme de la sécurité ? Comment croire qu'une France qui utilise ses multinationales comme Elf, Bouygues et autres pour déstabiliser les États rebelles puisse sereinement garantir la sécurité des Africains ? On a beau dire, l'intervention au Mali se justifie par les appétits des matières premières. Il en va de même de l'opération Sangaris, la 53ème en République centrafricaine. En effet, nous devons lire le « Sommet de la sécurité à Paris, 6 et 7 décembre 2013 » comme un retour au temps des colonies. Paris veut montrer au monde sa boursouflure postindépendance. Paris aujourd'hui comme hier est le centre de la toute-puissance, de la force brutale, de la violence d'État, comme au temps des colonies. La permanence du colonial est en même temps autodestruction, car les victimes, hier comme aujourd'hui, montent à l'assaut de la métropole (4).

Au moment où Nelson Mandela rend l'âme après avoir combattu l'horreur par tous les moyens, au moment où, pince-sans-rire, Hollande s'en va en guerre dans son pré-carré de République centrafricaine en même temps qu'il convoque ses bons tyrans à sa séance de photo, comment ne pas se rappeler l'affaire Gaud-Toqué en Oubangui-Chari [actuelle République centrafricaine] le 14 juillet 1903 ? Comme le démontre si bien Achille Mbembe dans *De la Postcolonie* [Paris : Karthala, 2000, 1999], commander en colonie comme en néocolonie, c'est théâtraliser la violence. Comment voir en l'humiliation de Laurent Gbagbo en Côte d'Ivoire autre chose qu'une reprise du passé ? Que dire de celle de Kadhafi qui a pourtant financé les campagnes électorales de Sarkozy ? Comment comprendre que le président français serre la main d'un sanguinaire comme Biya qui en 1990, puis en 2008, massacre de nombreux innocents citoyens ? En colonie comme en néo-colonie la vie, d'un être humain n'est pas plus importante que celle d'une souris.

Telle est, il me semble, la profonde signification de l'acte de Gaud et Toqué.

Ils étaient administrateurs coloniaux. L'un, Georges Toqué, administrateur de Fort Crampel, et l'autre Fernand Gaud, commis des affaires indigènes, figures emblématiques du bon tyran. Ils avaient le pouvoir de vie et de mort sur les indigènes. Ils pouvaient les gracier le 14 juillet ou les faire exécuter en public. Comme l'énonce l'un des décrets de l'indigénat, le non-Français, l'indigène, doit respecter l'autorité administrative française. Il doit voir en elle une force qui s'apparente au pouvoir divin. Cette autorité ne peut, ne doit jamais être contestée, 'dé-respectée', car tout bon tyran est demi-dieu. Son droit divin est inaliénable en tout temps en colonie. Comment inculquer ce dogme sinon théâtraliser la toute-puissance du pouvoir colonial ? Voilà les racines d'enracinement de l'essence du tout-puissant colonat local. Pour Gaud et Toqué, il faut se montrer le plus fort et le plus généreux. Il faut surtout que publiquement, l'exemplarité du pouvoir fort soit vue, comprise, vécue et acceptée par tous. Comment ne pas voir en Hollande, Gaud et Toqué ? Au sujet de l'opération Sangaris, le président français aurait énoncé, il faut « frapper fort, tout de suite. »

Toqué et Gaud tenaient-ils en temps de colonie un discours différent ? N'avaient-ils pas en tête l'extrême violence pour maintenir l'autorité, la domination française ? Bernard Towe, fertile en imagination, rapporte ainsi qu'il suit le meurtre de Fort-Crampel. La dynamite n'est plus placée au cou de la victime comme le reconnaît Toqué dans son ouvrage :

« Dans cette région, Georges Toqué, jeune administrateur à Fort-Crampel, et Fernand Gaud, commis des affaires indigènes, libèrent le 14 juillet 1903, comme c'est la coutume lors de la fête nationale, un certain nombre de prisonniers. Or, l'un d'entre eux, Papka, ancien guide à l'origine d'une embuscade contre les troupes françaises, n'aura pas cet honneur. Pour l'exemple, les deux hommes décident de l'exécuter, mais d'une manière particulière afin de marquer les esprits : grâce à une cartouche de dynamite placée dans l'anus. Ils pensent ainsi se faire respecter des locaux et faire passer cet acte barbare pour de la magie : « *Ça a l'air idiot ; mais ça médusera les indigènes. Si après ça ils ne se tiennent pas tranquilles !* » Après ces propos d'une idiotie inénarrable vient le feu d'artifice. Papka est pulvérisé à la dynamite devant les Centrafricains médusés. Malheureusement pour eux, l'affaire éclate dans la presse française en février 1905. » (5)

Insistons pour dire que ce passé cauchemardesque revient sous les formes que nous avons déjà évoquées. Quand sous Sarkozy les forces françaises frappent de façon spectaculaire Abidjan et traînent Gbagbo dans la boue, le monde médusé applaudit d'un côté et reste pétrifié de l'autre. L'horreur s'est amplifiée depuis lors. Que ce soient les décollations de Boko Haram au Nigeria, d'EI en Libye, Syrie et autre Irak, le monde aujourd'hui paie le prix des extrémismes que furent l'esclavage, la colonisation ou le nazisme conçus et exécutés par l'Occident [(6)]. Tant que l'Occident sous la férule des Hollande, Obama et autres Cameron brandiront l'arme de la répression, les contre-extrémismes répondront coup pour coup. Nous n'apprenons jamais de nos horreurs. La douleur des Juifs n'est pas plus humaine que celle des Palestiniens. On ne corrige pas des fautes en commettant d'autres. Tant qu'à Paris survivront les tares de l'impérialisme d'hier, l'empire fourbira des armes pour contre-attaquer, car l'impérialisme a assuré sa survie en même temps qu'il déclarait sa fin.

De la nécessité de lire les codes de l'indigénat

Écrire que l'Afrique francophone d'aujourd'hui est une pâle copie de l'A.O.F et de l'A.E.F et que la France continue sa politique coloniale de pillage et d'extermination est-ce une pure spéculation, une simple vue de l'esprit ? Le colonialisme, tout comme le nazisme, fut un crime contre l'humanité. Le refus de la France d'expier ses crimes et de les réparer interpelle tous ceux qui sont un tant soit peu sains d'esprit.

Ainsi, le parti pris de rassembler en un volume les textes relatifs au 'Régime d'exception' se justifie par le fait même que l'on ne sait presque rien sur les fondements de nos États ogres [(7)]. Pour comprendre pourquoi de Ahidjo à Biya, de Bongo à Bongo, de Eyadema à Eyadema, de Kabila à Kabila pour ne prendre que quelques cas extrêmes, rien ne change malgré la virulence de nos combats, il faut interroger notre hier colonial, il faut le fouiller, le disséquer. C'est bien de cela qu'il s'agit lorsque nous lisons Olivier Grandmaison qui se penche, depuis des années, sur le singulier cas d'Algérie. Dans *De L'indigénat Anatomie d'un "monstre" juridique : Le droit colonial en Algérie et dans l'empire français,* Le Cour Grandmaison écrit très justement à propos :

« Si le passé de la « Plus Grande France » fait l'objet d'études toujours plus nombreuses conduites par des chercheurs (chercheuses) issu(e)s de disciplines variées, la législation d'outre-mer demeure, comparativement, trop souvent négligée. »[(8)]

Comment expliquer ce désintérêt ? Est-ce par souci délibéré de cacher un passé honteux ? Est-ce encore le relent du complexe de supériorité qui ravale tout ce qui est africain aux oubliettes ? Pourquoi les juristes africains affichent-ils la même attitude que leurs homologues de l'Hexagone ? Pourquoi le passé colonial est-il superbement ignoré ? C'est encore Le Cour Grandmaison qui donne un sens à ces multiples interrogations et justifie mon obstination de réunir, en un volume, les textes qui, en majorité, furent/sont laissés aux termites et autres rongeurs en A.O.F et en A.E.F.

« *Quant aux textes-lois, décrets, arrêtés et circulaires-, ils sont inaccessibles au plus grand nombre faute de recueils récents et facilement consultables.* »

J'ai fini mon parcours universitaire jusqu'au sein de l'illustre Sorbonne sans feuilleter un livre sur le code matraque, un article sur l'arbitraire administratif qui gérait la condition de mon peuple. Et pourtant, j'étais constamment hanté par les « Tontifap » [Twenty five ou vingt coups de fouet] aux fesses des indigènes irrespectueux, les coups de pied aux postérieurs, les laissez-passer, les impôts de capitation, l'exil et l'internement, le Njockmassi [travaux forcés] que me peignaient les refrains et autres chansons des enchaînés. Ce sont ces pratiques essentiellement postcoloniales qui m'ont poussé vers ce travail. Il suffit d'entendre les derniers survivants du drame colonial pour voir, marquée sur les corps, la main lourde du bon tyran et de ses acolytes. Il suffit de voir le comportement de nos tyranneaux pour apprécier l'actualité du code. Notre oralité nous dit une Afrique que jamais ne peignent les textes officiels. Il suffit de prêter l'oreille aux différents murmures, d'observer quelques corps brisés pour comprendre que le trauma est le lot encore de beaucoup aujourd'hui. Et pour bien comprendre cette Afrique d'aujourd'hui, cruelle contre elle, ogre de ses propres enfants, cette Afrique pilotée par les Sékou Touré, Mobutu Seseko, Jean-Bedel Bokassa, Ahmadou Ahidjo, Gnassingbé Eyadema, Paul Biya, etc., il convient de lire les décrets, arrêtés et autres 'lois d'exception'. Il m'a fallu parcourir les capitales des anciennes colonies françaises pour fouiller dans des archives mal tenues, des volumes laissés à la merci des termites et autres cancrelats, pour mettre au grand jour ce que Le Cour Grandmaison, à la suite de bien d'autres juristes, qualifie de « monstruosité » coloniale. Depuis des années, je catalogue les données de ce 'monstre juridique', multiples et diverses dans le but d'engager le discours autre que celui qui a cours. Car il faut dire qu'il y a autant de versions du code qu'il y a des colonies, d'administrateurs coloniaux.

Or, sans être juriste, j'ai entrepris un voyage au cœur de l'indigénat qui m'a conduit à la ferme conviction que la France porte une lourde dette envers l'Afrique paupérisée. Car une juste compréhension et analyse de l'indigénat aboutit à un crime organisé, à un vol systématique. Pis encore, la France manœuvre depuis les années 60 pour que le pillage continue. Cette réalité commande à cet État criminel non une simple repentance, mais une véritable expiation doublée d'un ferme engagement à réparer les dégâts commis. Tout comme elle a reconnu et réparé les crimes de Vichy contre les Juifs. Il ne suffit pas de reconnaître le massacre des Algériens à Paris orchestré par Maurice Papon le 17 octobre 1961. Que François Hollande reconnaisse au dernier sommet France/Afrique qu'un crime fut commis au camp Thiaroye à Dakar n'est qu'un premier pas. Car le 5 mars 1945 devint le coupable ainsi que l'écrit Mabon :

« *Le Jugement a été prononcé le 5 mars 1945 : six ont été condamnés à 10 ans d'emprisonnement avec dégradation militaire et interdiction de territoire, un à 7 ans et dégradation militaire, deux à 5 ans et dégradation militaire, trois à 5 ans, un à 4 ans, six à 3 ans, six à 2 ans, trois à 18 mois et six à 1 an. Quelques-uns ont été condamnés à verser une amende. Le pourvoi en cassation a été rejeté le 17 avril 1945.* »[9]

L'aveu de Dakar est déjà verdict. Avouer publiquement ses crimes est un pas vers un procès équitable. On peut considérer l'aveu comme une réparation. Il y a urgence d'un procès classique avec la France dans le box des accusés. Il faut un verdict dûment prononcé par une cour. Qu'importe que ce soit celle de la République. Il faut que la Justice dise le droit et prononce la France coupable. Ensuite, elle devra payer aux victimes et à leurs communautés. Elle devra expier ses fautes. Et comme le procès de Thiaroye se situe dans la logique du monstrueux instrument conçu dans le but de ponctionner, pour ainsi dire, les Africains, la France et ses suppôts doivent être jugés. Elle s'en servit pour tondre les indigènes. Le pillage colonial est un crime prémédité. Crime contre l'humanité, il explique les morts affamés d'hier et d'aujourd'hui, l'extrême pauvreté que le FMI et la Banque mondiale attribuent aux Africains. C'est une conspiration contre des groupes de peuples, donc génocide.

La France glissa insidieusement dans les lois des nations d'Afrique francophone tout ou partie des infractions spéciales. En préservant d'une telle manière ses acquis coloniaux, elle ouvrait, pour ainsi dire, la voie aux pogroms et autres crimes économiques d'aujourd'hui. Les bons tyrans africains d'aujourd'hui ne sont pas un produit du hasard. Les Bolloré et autres brigands économiques aujourd'hui ont leurs précédents. On est donc en droit de se demander : quelle est la somme totale en espèces sonnantes, en années de privation de liberté, de travaux forcés, en morts que l'Afrique paya de 1887 à 1945 ? Quelle est-elle depuis les fausses indépendances ? Aux confins du Sénégal, de la Guinée ou du Mali, du Gabon, du Congo ou du Cameroun, bref en A.O.F et en A.E.F vivent des familles dont les parents furent et continuent d'être victimes d'une tonte systématique. Ces familles ont droit à la justice. La République ne peut condamner hier comme aujourd'hui, l'ignominie de Vichy et trouver les méthodes hitlériennes appropriées aux populations africaines. La fin de la Françafrique commence par le paiement de la dette coloniale de la France. Nos commentaires des rapports des peines et des amendes constituent un appel à nos historiens et statisticiens. L'urgence c'est pourvoir les victimes de la France en données chiffrées du code matraque, de sa dette envers ses victimes.

L'indigénat, redisons-le, ne fut nullement une erreur de gouvernance. C'était une méthode pensée et méticuleusement appliquée. De ce point de vue, osons accuser la République des colonies de crimes prémédités. Osons lui demander une claire expiation. Osons lui demander des comptes si nous sommes de Ngoma ou de Nguelemendouka. La France libérée du nazisme est, à nos yeux, coupable. Car en veillant à ce que l'indigénat survive à la fin des colonies, en le transmettant aux nations à qui elle octroie les indépendances, en veillant à ce qu'il continue à sévir dans les nations nouvelles, en mettant pour ainsi dire en place la Françafrique, la France se positionnait comme acteur de crimes contre l'humanité. La République est tout aussi kleptocrate que ceux à qui elle transmet la gestion des nouvelles nations.

Du code de l'indigénat aux constitutions francophones

L'avènement, dans la précipitation, des nouvelles nations francophones commande la fabrication d'instruments de gestion de ces entités. La plupart de ces nations naissent dans la douleur, à l'instar de l'Algérie et du Cameroun. Deltombe, Domergue et Tatsitsa ont fait un travail de fourmi pour bien dire que Paris a beau prêcher au monde son esprit de justice, de paix et de volonté d'émanciper l'Afrique, les autorités des IVe et Ve Républiques noient les aspirations des peuples africains dans le sang [*Kamerun ! Une guerre cachée aux origines de la Françafrique*]. Bien que consacré au Cameroun, l'ouvrage brosse, de façon synthétique la situation dans l'empire agonisant. Il montre comment Paris fait valser ses administrateurs de colonie en colonie, de Paris en colonie pour, soit corrompre ses amis, soit écraser tous ceux qui s'opposent à sa politique. Ainsi, ils montrent comment Diên Biên Phu oriente les actions politiques et militaires aussi bien en Algérie qu'au Cameroun. À noter aussi que des soulèvements populaires de Dakar à Madagascar mettent à mal les autorités coloniales. Elles sont pour la plupart noyées dans le sang. Comment imaginer alors la France mettant en place des nations avec de faibles États ? En Afrique francophone, la notion d'État fort constitue le fondement même des nations. Des instruments de gestion tels que les constitutions, les branches du gouvernement, les armes, les institutions de formation, etc., doivent être bâtis conformément au principe de la toute-puissance de l'autorité. Or, pendant la colonie, le code de l'indigénat s'est avéré efficace. Alors faut-il aller chercher loin ?

Deltombe, Domergue et Tatsitsa brossent merveilleusement le processus de mise en place des constitutions en Afrique francophone. Rappelons avec eux que le Cameroun est le deuxième pays francophone après la Guinée de Sékou Touré à cueillir son indépendance. Ce que se passe alors au Cameroun servira de modèle pour les autres pays. Dans des aveux à ces auteurs, Paul Audat et Jacques Rousseau, administrateurs coloniaux au Cameroun en 1959, s'enorgueillissent de ce qu'ils ont taillé sur mesure et à la demande du bon tyran Ahmadou Ahidjo un terrible instrument de répression. Ainsi que le résument les auteurs de *Kamerun !* (386)

« *La première Constitution camerounaise est donc le fruit d'un syncrétisme inattendu entre les cultures juridiques très différentes, où les us et coutumes se mêlent aux préjugés coloniaux et à la tradition juridique française centralisatrice. Mais tous les protagonistes se retrouvent autour de la nécessité d'un pouvoir présidentiel fort, voire écrasant, dans un pays en guerre...* »

La situation est-elle unique au Cameroun ? Qu'est-ce donc que l'acte de coloniser ? N'est-ce pas un acte de guerre ? Qu'est-ce que la gestion des colonies ? N'est-ce pas celle d'une constante pacification ? Le pouvoir en colonie est non seulement répressif, il est un condensé de tous les pouvoirs. Il scelle la toute-puissance d'un homme, l'administrateur, qu'il soit haut-commissaire, chef de région ou chef de subdivision, commandant de cercle, etc. Les pays francophones (in)dépendants de la France passent pour ainsi dire dans le moule colonial comme l'écrivent si bien Deltombe, Domergue et Tatsitsa :

«À la suite du Cameroun, les autres Constitutions africaines des pays francophones reproduiront cette disposition qui ouvre les portes au pouvoir personnel, sans contrôle parlementaire... » [*Kamerun !* (385)].

On peut donc se hasarder d'affirmer, toute proportion gardée, que tous les administratifs, tous les articles du code de l'indigénat ont été, en Afrique francophone, durcis et incorporés dans la liste des lois qui s'imposent à tous dans les nouvelles nations. Les codes n'ont-ils pas aidé à gérer la transition souvent pendant des années avant la mise en place des institutions ? Par exemple, c'est l'armée française tropicale, nommément les *tirailleurs sénégalais* qui aident la métropole à gérer les colonies et à assurer l'ordre pendant la transition. Il en va de même pour le code pénal. Il suffit de consulter le code pénal camerounais No 67/LF/ 1 publié dans le *Journal Officiel* du Cameroun du 12 juin 1967 pour mieux apprécier le travail de réchauffement des lois du code de l'indigénat. Si l'article 247 du code pénal camerounais reprend avec sévérité l'infraction portant sur le vagabondage, le code gabonais est bien plus sévère comme il ressort du code n° 21/63 du 31 mai 1963 qui condamne, avec plus de fermeté que celui du Cameroun, tout vagabondage. Tout un chapitre de ce code est consacré à cette infraction :

« *Chapitre XVI*

Du vagabondage et de la mendicité

Article 196 : Toute personne valide qui ne peut justifier d'aucun moyen de subsistance, ni d'un domicile certain, et qui, volontairement, n'exerce habituellement ni métier, ni profession, se trouve en état de vagabondage est passible à ce titre d'un emprisonnement de un à six mois.

Article 197 : Les mendiants, d'habitude valides, seront punis de peine de vagabondage. »

Autre infraction reprise dans les codes des nouvelles nations, le refus de dénoncer les délinquants fiscaux, les criminels, rebelles. Elle est tout simplement reprise dans le code pénal du Cameroun indépendant. En effet, l'article 107 reprend ainsi qu'il suit cette infraction :

« *Est puni des peines de l'article précédent le citoyen qui en temps de paix n'avertit pas les autorités militaires, administratives, ou judiciaires dès le moment où il est en connaissance de toute activité de nature à nuire à la défense nationale.* » (10)

Conçue dans la précipitation, cette loi confirme ce que nous avons soutenu tout au long de ce livre : l'État francophone est, comme l'État colonial, un 'régime de sabre'. Le rédacteur de cet article a l'armée, les militaires en tête avant les autorités judiciaires. Bien plus, il est question avant tout de la défense nationale et non de la protection du citoyen.

Tout régime de sabre, tout État fort contrôle la parole dans son espace de juridiction. C'est ainsi qu'en colonie, le colonat veille à ce qu'il n'y ait pas 'Propagation de fausses nouvelles'. Il en sera de même pour le Cameroun naissant dans l'article 113 : Propagation de fausses nouvelles. Il est même adoubé par les articles 240 et 169 à propos des commentaires tendancieux. L'administrateur a une peur bleue de la contradiction, de la remise en question de ses propos et actions. Générer les nouvelles nations, c'est être en position de force et n'avoir de comptes à ne rendre à personne. Les sanctions aux contrevenants sont prohibitives comme on peut lire :

« *Est puni d'un emprisonnement de 3 mois à 3 ans et d'une amende de 100.000 à 2.000.000 de francs, celui qui émet ou propage des nouvelles mensongères lorsque ces nouvelles sont susceptibles de nuire aux autorités publiques ou à la cohésion nationale.* »

Quand on muselle, on peut alors piller sans avoir de comptes à rendre à qui que ce soit. Par conséquent, les colonies comme les nouvelles nations fonctionnent sur la base de la taxation sans représentation. Les populations sont, comme l'écrit si bien René Maran dans *Batouala*, de la « chair à impôts ». Que le/la citoyen(ne) ait un emploi ou pas, il/elle doit payer l'impôt de capitation. L'article 183 du code pénal prévoit des sanctions exemplaires pour tous ceux qui, volontairement, se soustraient au paiement de l'impôt. Tout ticket d'impôt est, comme le laissez-passer des premières années de l'indépendance du Cameroun, essentiel pour la liberté de circulation.

Il ressort de ces quelques commentaires que le code de l'indigénat, comme le code pénal, fait la part belle à l'administrateur. Il est conçu pour protéger les intérêts injustes et exorbitants d'une poignée de gouvernants. Les codes sont pour ainsi dire un instrument d'inégalité en colonie comme en néocolonie. Au Cameroun, c'est à la suite des mouvements populaires des années 90 que l'impôt obligatoire est supprimé.

De l'école coloniale aux institutions francophones

La France des droits de l'homme, la République de Liberté, Égalité, Fraternité s'est positionnée hier et aujourd'hui comme une nation criminelle. En se dotant d'une école pour former une pléthore d'administrateurs et une élite zélée qui devaient concevoir et appliquer le monstrueux instrument de contrôle, d'asservissement et de répression des populations, elle s'engageait, pour ainsi dire, sur la voie du crime prémédité. Telle fut la mission de l'École cambodgienne qui devient l'École coloniale. Elle donne à la République sa cohorte de gouverneurs, lieutenants-gouverneurs, chefs de subdivision, commandants de cercle ayant pour mission de réprimer et pour librement piller. Redisons-le, le crime de la France n'est pas plus d'avoir formé des monstres administratifs comme Pierre Messmer, Félix Eboué, Georges Toqué, Fernand Gaud, que d'avoir assuré la continuité des assassinats de masse pour une école extrovertie. Car en y formant les Paul Biya, Abdou Diouf, et autres Africains évolués, la France assurait, pour ainsi dire la relève du colonat renvoyé en métropole, à défaut d'être maintenu dans la coopération. Elle assurait la pérennité d'un système criminel.

En effet, les Écoles nationales d'administration succèdent à l'École coloniale. Adoubées des Écoles de guerre, elles continuent à maintenir les pays francophones sous la « loi du sabre ». En francophonie, on est chef de district, sous-préfet, préfet, gouverneur comme on est militaire, gendarme, policier. C'est à la mesure des méthodes de l'École coloniale que les grandes écoles francophones forment le personnel de commandement aux lendemains de la décolonisation. Véritables dérivées des sources pourries, ces écoles pondent chaque année une nuée de fonctionnaires de commandement corrompus et extrovertis. Les Écoles d'administration, à l'instar de l'ENAM [École nationale d'administration et de magistrature] de Yaoundé sont des moules à l'idéologie du bâton, de l'arbitraire, du vol et de la jouissance. La mise en place de ces écoles participe d'un fin calcul.

Ce sont les anciens de la colonie reconvertis en coopérants qui assument la responsabilité de la continuité coloniale. Ils acceptent l'importante mission de conception et de formation des cadres des nouvelles républiques. Ces anciens sont dans le commandement et dans la formation. Ils sont les instruments de l'ombre. Ils sont coopérants pour assumer la même fonction qu'assuma en colonie, le colonat local. Ils ont pour mission de défendre les intérêts de la France. On dit de cette classe qu'elle constitue le socle de la Françafrique [(11)]. Rappelons pour marteler avec Véronique Dimier que dans les années 60, au moment où émergent des nations francophones, la plupart des « 32 gouverneurs et 1792 administrateurs » [(12)] à recaser deviennent des conseillers spéciaux ou ambassadeurs, médecins, enseignants, concepteurs de programmes que gère ce ministère. Être coopérant au lendemain des indépendances, c'est veiller à ce que la « Grande France » survive aux vents de décolonisation. En clair, ils vont aider à mettre en place les nouvelles constitutions, les décrets et autres arrêtés qui vont constituer le socle des Républiques francophones. Dimier cite pour appuyer son texte, la lettre du 1er août 1961 du premier ministre Michel Debré à ses collaborateurs des différents ministères :

« *La majeure partie des administrateurs coloniaux ayant formulé des demandes d'intégration sont actuellement en service, soit au ministère de la Coopération, soit dans les Etats africains et malgaches au titre de la coopération technique. À la suite de leur intégration, ces fonctionnaires vont donc en principe être appelés à occuper des postes qui leur seront confiés dans l'administration métropolitaine. Or, les Etats africains ont encore besoin d'eux. Il ne leur sera pas possible de remplacer immédiatement ces agents et leur départ risque de créer un vide fâcheux dans diverses administrations. Il est à craindre que les États intéressés nous imputent la responsabilité d'une éventuelle désorganisation et considèrent non sans raison comme méconnues les clauses de convention d'assistance en personnel qui nous lient à eux. Pour éviter ces graves inconvénients, il convient de prévoir le maintien de la plupart des administrateurs dans leur emploi de coopérants techniques pendant un certain temps après leur intégration.* »

Insidieuse idée que celle du messie colonial ! Bien mieux, la réparation commande la 'mort' des gouverneurs, lieutenants-gouverneurs, chefs de subdivision, commandants de cercle, bref de la machine administrative d'hier et d'aujourd'hui. Ils sont au centre de la monstruosité qui a écrasé et écrase encore les populations en Afrique. Ainsi que l'écrit Le Cour Grandmaison :

« ... en 1926, l'ancien gouverneur des colonies, Robert Doucet, dénonce lui aussi la puissance de l'administration établie dans les possessions françaises, et « l'anarchie législative » engendrée par l'existence, en outre-mer, d'un « monarque absolu », « anonyme » et « irresponsable. »

Hier comme aujourd'hui, cette administration fonctionne de façon contraire aux lois d'un État de droit. Elle ne garantit nullement nos libertés individuelles et collectives. Elle se sert au lieu de servir l'individu et la communauté. On ne peut pas la réformer. Elle est viciée, car tout part et revient sur le bon tyran, le chef de l'administration, le président de la République. Le bon sens commande la mort du bon tyran. Les différents programmes de démocratisation apportés à grand renfort depuis les années 90 par les USA, le Canada ainsi que les anciennes puissances colonisatrices ne marchent pas. Il convient donc de lui donner une 'mort' conséquente. Celle-ci commande deux démarches. La première, c'est la fermeture pure et simple des écoles d'administration des nations francophones, le retournement du système éducatif, du système économique. Ce dont l'Afrique francophone a besoin, c'est une école ancrée dans les réalités locales, une économie qui réponde aux besoins des populations. Je ne suis rien dans une communauté dont les bonnes terres sont consacrées à la culture du café arabica, un produit que nos populations n'ont jamais consommé. À quoi sert l'exploitation du pétrole au Gabon, au Cameroun, au Congo si la part des populations c'est la gestion de la pollution ?

Il faut aussi « tuer » les forces de l'ordre en Afrique francophone. Le cas du Cameroun indique la profondeur du mal.

L'armée, la gendarmerie, la police, les services secrets en Afrique francophone ont été créés dans la logique coloniale, c'est- à -dire du contrôle des indigènes à défaut de leur totale extermination. Ce qu'on a nommé « Le régime de sabre » en constitue la pierre fondamentale. Les armes républicaines qui naissent des cendres de ces structures d'oppression doivent être véritablement révolutionnaires. Elles doivent se situer à l'antipode des cendres de ces structures nocives coloniales et néocoloniales. Les armes nouvelles de la République doivent être le résultat d'un consensus populaire. Elles doivent venir du peuple, être le peuple. On ne protège pas un peuple, il se protège. Ce n'est pas l'arme qui protège, mais la parole de paix, l'espace de paix, l'espace de bien-être. Toute arme financée par le peuple et qui se tourne contre le peuple est malédiction. Telles m'apparaissent nos armes mises en place par Pierre Messmer, Maurice Delauney, et autres Jacques Foccart... Elles ont pour piliers Pierre Semengue, Jean Fochivé, Samuel Kamé, etc. Tout militaire qui, comme le général Pierre Semengue [(13)], s'enorgueillit d'avoir coupé les têtes de ses compatriotes pour raison de « Pacification », la française insistons, participe de la honte de la nation.

Il convient de profondément révolutionner à défaut de « tuer » nos « armes » comme « nos constitutions », « nos grandes écoles », « notre administration ». Tous ne sont, en fin de compte, que des déchets de l'histoire parce que structures de crimes fabriquées pour maintenir nos peuples dans la servitude. Car ce sont les tortionnaires coloniaux, fervents défenseurs de la suprématie blanchie qui agirent dans l'ombre pour poser les fondements des autocraties en Afrique francophone. Un système judiciaire à la solde de criminels ne peut se prévaloir de la fonction d'utilité publique. Les prisons de New Bell à Douala, Kondengui à Yaoundé suscitent un profond effroi à nos citoyens. Ils sont comme les locaux de la sinistre Brigarde mobile mixte [BMM], du secrétariat d'État à la défense [SED] aujourd'hui, de Mantoum, Tcholliré, des camps de concentration sous Ahmadou Ahidjo. Décrets et autres arrêtés ne sont que des fonds de haine. Il convient de mettre en place un autre socle que celui de demi-vérité que semble privilégier François Hollande, le président français, l'actuel gérant de l'héritage colonial. Il y a une autre manière d'amener les Centrafricains, les Maliens, les Ivoiriens à être eux-mêmes leur armée. Les peuples doivent faire sans retenue, sans parti pris, sans complaisance, le procès des présents régimes en Afrique francophone. Cela commande qu'on ouvre les archives coloniales et néocoloniales, qu'on les analyse afin de proscrire des nouvelles structures les séquelles d'un passé nocif que nous a filé la fausse décolonisation. Telle est la pensée sous-jacente à ce travail de regroupement des textes du passé, de leur facile mise en circulation.

Notes et références

1. Bien que je ne sois pas du tout sympathisant de Dieudonné Mbala Mbala, je comprends son combat contre une frange de la France, celle hypocrite qui considère que le colonialisme est salutaire et le nazisme un crime contre l'humanité. Son « Je suis Charlie/Coulibaly » résonnera comme *Discours sur le colonialisme* pour appeler un profond changement républicain. Esclavage et colonialisme sont Shoah.

2. Après les émeutes qui secouent la France, Mathieu Kassovitz écrit et produit son long métrage *La Haine* [France, 98 minutes, 1995]. Juif, Arabe et Africain connotent la France marginalisée. Sa rébellion est discours prémonitoire qui vient d'être repris par *Bande de filles* de Céline Sciamma [France, 113 minutes, 2014].

3. L'aveuglement de l'Occident impérialiste est proprement inouï. Imaginer que des gens dits civilisés et qui depuis des siècles sèment l'injustice au Sud peuvent se croire à l'abri est incompréhensible. Aujourd'hui, le Sud paupérisé monte à l'assaut de l'Occident. J'ai nommé cela colonialisme à rebours. La France sera africaine comme l'Afrique a été française. C'est une question de temps.

4. La multiplication des lois et mesures contre l'immigration est vaine poursuite. L'Occident vorace doit arrêter ses appétits, il doit transformer le Sud en poche de prospérité pour arrêter le flux des pauvres vers le Nord.

5. Gaud et Toqué frappèrent fort et tout de suite comme on peut le lire en

http ://www.leparisien.fr/international/centrafrique-l-armee-francaise-patrouille-calme-precaire-a-bangui-07-12-2013-3386163.php.

6. La création d'Israël après le génocide nazi est, à mon avis, une preuve irréfutable de l'hypocrisie occidentale. Ayant créé de toutes pièces le problème juif, l'Occident se tait la conscience en détruisant les Palestiniens pour une nation juive avec un territoire, le terroir palestinien. Au regard de ce qui se passe à Gaza, on a affaire à une extermination programmée, avec l'aide de ceux qui, aux Nations unies, dictent les lois sur les crimes humanitaires.

7. Seule une minorité de francophones parle et lit couramment français à la veille des indépendances. Lorsque de Gaulle décide de décoloniser, très peu de francophones africains sont assez lettrés pour lire et dire la loi. Par conséquent, ce sont les administrateurs coloniaux comme Pierre Messmer qui mettent en place les structures des nouvelles nations. En d'autres termes, ce sont ceux qui perdent d'énormes privilèges qui mettent en place les structures de leur perte. Pouvaient-ils alors penser à une indépendance véritable ? Bien plus, celles-ci arrivent précipitamment, sans qu'il y ait une pensée profonde en ce qui concerne la destinée de ces nouvelles nations. Peut-on alors s'attendre à autre chose qu'une reprise du passé ? Insistons pour dire que la France dégage de l'Afrique sans véritablement décoloniser.

8. http : // www.editions. Zones.fr, 2010.

9. Armelle Mabon, « Synthèse sur le massacre de Thiaroye (Sénégal 1er décembre 1944 », Colloque international, Université de Londres, décembre 2014. Mabon est aussi l'auteur de *Prisonniers de guerre indigènes, visages oubliés de la France occupée*, La Découverte, 2010.

10. Ce texte est subtilement repris d'abord par Ahmadou Ahidjo dans son décret contre la subversion en 1962 et récemment par Paul Biya dans sa loi portant sur le terrorisme. Voir supra.

11. Des années après ses travaux, Xavier-François Verschave est la voix juste qui tenta d'arrêter la saignée en exposant le système de Jacques Foccart.

12. Véronique Dimier, « De la décolonisation… à la décentralisation : Histoires des préfets coloniaux » in *Politix* n° 53, vol. 14, 2001, pp 203-225. Dimier démontre que l'intégration des agents de commandement colonial en métropole a été sinon impossible du moins très difficile. Ayant été formés dans une logique de répression, ils étaient *ipso facto* hors de leur contexte en métropole. Est-il besoin de dire que le concept « Préfets coloniaux » est péjoratif ? Le ministère de la Coopération fut alors créé, mais aussi les services d'assistants techniques et autres coopérants, pour caser ces fonctionnaires d'une espèce autre.

13. Pierre Semengue aux auteurs de *Kamerun ! Une guerre cachée aux origines de la Françafrique. http ://www.dailymotion.com/video/xgfd4j_tetes-coupees-le-general-pierre-semengue-assume_news Kamerun !*

Bibliographie Sélective

Césaire, Aimé (1969). *Une Tempête.* Paris : Seuils.

--------//-------- (1950). *Discours sur le colonialisme*. Paris : Présence Africaine.

Dimier, Véronique, « De la décolonisation… à la décentralisation. Histoire de préfets 'coloniaux' », in *Politix* n° 53, vol.14, 2001, pp. 203-225.

Delauney, Maurice (1992). *Kala, Kala*. Paris : Robert Laffont.

Doho, Gilbert (2007). *Poésie et luttes de libération au Cameroun.* Yaoundé : Éditions Ifrikyia.

Deltombe, Thomas, Domergue, Manuel, Tatsitsa, Jacob (2011). *Kamerun ! Une Guerre cachée aux origines de la Françafrique (1948-1971)*. Paris : La Découverte.

Donnat, Gaston (1986). *Afin que nul n'oublie. L'Itinéraire d'un anticolonialiste*. Paris : L'Harmattan.

Fanon, Frantz (1961). *Les Damnés de la terre*. Paris : Maspero.

Fargettas, Julien (2012). *Les Tirailleurs sénégalais : Les soldats noirs entre légendes et réalités, 1939-1945*. Paris : Tallandier.

Foucault, Michel (1975). *Surveiller et punir : Naissance de la prison.* Paris : Gallimard.

Gondola, Didier (2007). *Africanisme, la crise d'une illusion.* Paris : L'Harmattan.

Grandmaison, Olivier (2005). *Coloniser - Exterminer : Sur la guerre et l'État colonial.* Paris : Fayard.

---------//--------------(2010). *De L'indigénat. Anatomie d'un "monstre" juridique : Le droit colonial en Algérie et dans l'empire français*. Http : // www.editions. Zones.fr

Konings, Piet & Nyamnjo, Francis (2003). *Negotiating an Anglophone Identity : A Study of the Politics of Recognition and Representation in Cameroon*. Netherlands : Brill.

Larcher, E. (1902). *Trois années d'études algériennes*. Paris : A. Rousseau.

Larcher, E & Rectenwald, G. (1923). *Traité élémentaire de législation algérienne*. Paris : A. Rousseau.

Lefeuvre, Daniel, (2006). *Pour en finir avec la repentance coloniale*. Paris : Flammarion.

Le Rapport Brazza. Mission d'enquête au Congo : *Rapport et documents*. Paris : Le Passager clandestin, 2014.

Mabon, Armelle (2010). *Prisonniers de guerre indigènes : Visages oubliés de la France occupée*. Paris : La Découverte.

Marseille, Jacques (2004). *Empire colonial et capitalisme français. Histoire d'un divorce*. Paris : Albin Michel.

Massonié, G. (1909). *La Question indigène en Algérie. L'Internement des indigènes, une illégalité*. Paris : Ligue des droits de l'Homme.

Mercier, R. (1933). *Le Travail obligatoire dans les colonies françaises*. Vesoul : Imprimerie nouvelle. [« Sous les 'climats tropicaux', 'le Blanc' est incapable de 'fournir un effort physique soutenu.' Il 'ne peut avoir, sous ses latitudes, qu'un rôle de direction, de contrôle ou de surveillance.']

Mbembe, Achile (2010). *Sortir de la Grande Nuit*. Paris : La Découverte.

-----------//---------- (2000). *Critique de la Raison Nègre*. Paris : La Découverte.

-----------//---------- (2000, 1999). *De la Postcolonie*. Paris : Karthala.

Monnet, P. (1925). *La Législation du travail dans les colonies françaises*. Paris : Jouve. ['La colonisation est une lutte et à la guerre comme à la guerre.']

Nganang, Patrice (2011). *Mont Plaisance*. Paris : Philippe Rey.

Pommier, René (1907). *Le Régime de l'Indigénat en Indochine*. Thèse pour le Doctorat, Université de Paris-Faculté de Droit.

Ruyssen, R. (1908). «Le Code de l'Indigénat en Algérie », in *Congrès International d'Afrique du Nord,* Paris, 1908. Imprimerie Administrative Victor Heintz, Rue d'Isly, 87 Place, Bugeaud.

Sala-Molins, Louis (1992). *Les Misères des Lumières : Sous la raison, l'outrage*. Paris : Hémisphères, 2008.

-----------//---------- (1987). *Le Code Noir ou le calvaire de Canaan.* Paris : PUF Quadrage, 2006.

Sautayra, Emile. *Législation de l'Algérie*. Paris :

Verges, Françoise (2005). *Aimé Césaire. Nègre je suis, nègre je resterai.* Paris : Albin Michel.

-----------//---------- (2003). *La République coloniale. Essai sur une utopie*. Paris : Albin Michel.

Vigné d'Octon, P (1911). *La Sueur du Burnous*. Paris : Les Nuits rouges, 2001.

L'Administrateur colonial. Cet Inconnu. Paris : L'Harmattan, 1998.

L'HARMATTAN ITALIA
Via Degli Artisti 15; 10124 Torino
harmattan.italia@gmail.com

L'HARMATTAN HONGRIE
Könyvesbolt ; Kossuth L. u. 14-16
1053 Budapest

L'HARMATTAN KINSHASA
185, avenue Nyangwe
Commune de Lingwala
Kinshasa, R.D. Congo
(00243) 998697603 ou (00243) 999229662

L'HARMATTAN CONGO
67, av. E. P. Lumumba
Bât. – Congo Pharmacie (Bib. Nat.)
BP2874 Brazzaville
harmattan.congo@yahoo.fr

L'HARMATTAN GUINÉE
Almamya Rue KA 028, en face
du restaurant Le Cèdre
OKB agency BP 3470 Conakry
(00224) 657 20 85 08 / 664 28 91 96
harmattanguinee@yahoo.fr

L'HARMATTAN MALI
Rue 73, Porte 536, Niamakoro,
Cité Unicef, Bamako
Tél. 00 (223) 20205724 / +(223) 76378082
poudiougopaul@yahoo.fr
pp.harmattan@gmail.com

L'HARMATTAN CAMEROUN
TSINGA/FECAFOOT
BP 11486 Yaoundé
699198028/675441949
harmattancam@yahoo.com

L'HARMATTAN CÔTE D'IVOIRE
Résidence Karl / cité des arts
Abidjan-Cocody 03 BP 1588 Abidjan 03
(00225) 05 77 87 31
etien_nda@yahoo.fr

L'HARMATTAN BURKINA
Penou Achille Some
Ouagadougou
(+226) 70 26 88 27

L'HARMATTAN SÉNÉGAL
10 VDN en face Mermoz, après le pont de Fann
BP 45034 Dakar Fann
33 825 98 58 / 33 860 9858
senharmattan@gmail.com / senlibraire@gmail.com
www.harmattansenegal.com

Achevé d'imprimer par Corlet Numérique - 14110 Condé-sur-Noireau
N° d'Imprimeur : 135439 - Dépôt légal : janvier 2017 - *Imprimé en France*

www.ingramcontent.com/pod-product-compliance
Lightning Source LLC
LaVergne TN
LVHW011501061026
849535LV00004BA/1165
* 9 7 8 2 3 4 3 0 9 9 4 5 3 *